I libri di Viella

307

Gennaro Sasso

# Purgatorio e Antipurgatorio

## Un'indagine dantesca

viella

Prima edizione: gennaio 2019
ISBN 978-88-3313-095-8

**_viella_**
*libreria editrice*
via delle Alpi, 32
I-00198 ROMA
tel. 06 84 17 758
fax 06 85 35 39 60
www.viella.it

# Indice

# Prefazione

Il lettore che, giunto alla fine del più ampio dei due saggi che compongono questo volume, affronti anche il secondo, non avrà dubbi sulla ragione per la quale vi è stato incluso: del primo esso è, infatti, non tanto un'appendice, quanto piuttosto il compimento. Le pagine conclusive del primo saggio e quelle del secondo contengono la spiegazione del perché, nell'ideazione e nella scrittura del *Purgatorio*, Dante avvertì la necessità di anteporre, a quello nel quale le anime bevevano «lo dolce assenzo de' martiri», e si preparavano al viaggio che le avrebbe condotte in Paradiso, un luogo che, appartenendo alla regione purgatoriale, non era propriamente Purgatorio, ma veniva prima e se ne distingueva in modo tanto netto che, a partire da Benvenuto da Imola, si convenne di chiamarlo con il nome di Antipurgatorio. Di qui risalendo alle pagine iniziali del saggio e proseguendo nella lettura, anche potrà intendersi perché la ricerca della struttura del Purgatorio abbia richiesto che i concetti che Dante mise a fondamento della sua costruzione fossero non già astrattamente dedotti da opere filosofiche e teologiche a lui note, e considerati di per sé stessi, ma colti invece nel vivo della sua invenzione e nei molti problemi a cui dà luogo. Di quei concetti Dante variamente si giovò, di questo non può dubitarsi. Non tuttavia per metterli in versi, ma per dar luogo, piuttosto, a una costruzione autonoma che, in quanto tale, ha problemi di interna congruenza, e in questa prospettiva dev'essere studiata, a partire da quello che, presentandosi come il più difficile, consiste nel rapporto che, senza mai farne oggetto di autonoma considerazione, egli stabilì fra l'Antipurgatorio e il Purgatorio, fra il luogo antistante la montagna e collocato ai suoi piedi, e sui primi suoi contrafforti, e la montagna stessa con i suoi sette gironi sormontati, sulla cima, dal Paradiso Terrestre. La distinzione che Dante introdusse fra la zona definibile come Antipurgatorio e l'altra definita come Purgatorio, fu opera sua, ed è, salvo errore, senza riscontri nella tradizione teologica. Non riconducibili a una fonte determinata, e nate piuttosto dalla fantasia che non dalla teologia, o da questa reiventate tuttavia alla luce di quella, le questioni che ne nascono si inscrivono piuttosto nell'area di quest'ultima che non della prima; e delineano, infatti, la questione se il luogo antistante il Purgatorio sia di semplice attesa o già di espiazione, se l'attesa che necessariamente vi si compie ne contenga già in sé l'inizio, e che rapporto quindi sussista, se sussiste, fra espiazione e espiazione. A delinearsi sul margine ideale dell'Antipurgatorio è perciò il peccato, che lì è soprattutto presente, e che può raccogliersi, senza tuttavia esservi esaurito, nell'idea generale della negligenza e della difficoltà che essa oppone a chi cerchi di penetrarne la natura e di cogliere il nesso che intrattiene con il peccato inteso nelle sue forme specifiche. I problemi non si riducono a questo. Ma si è voluto darne un esempio: la trattazione di essi si trova nel saggio al quale necessariamente il lettore è rinviato.

A quanto detto vorrei solo aggiungere l'avvertenza, inevitabile quando si tratti di studi danteschi, relativa alla completezza bibliografica; che è, in questo più che in altri campi di studio, veramente irrealizzabile, e si trasforma in un discreto incubo se ci si lasci prendere, non dico dalla velleità di venire a capo di quel che si scrive oggi, ma dalla curiosità che mi suscita quel che di Dante si diceva e scriveva ieri, tra la fine del secolo decimonono e gli inizi del ventesimo. Ho cercato di informarmi delle cose più recenti. Ma non ho resistito tuttavia all'anzidetta curiosità. Ho letto decine di saggi e articoli di quella stagione lontana, dalla quale sono pur venuti fuori Pio Rajna, Ernesto Giacomo Parodi e Michele Barbi. Ne ho tratto quel che potevo in relazione allo studio che conducevo, senza dispormi né all'apologia né, meno che mai, a sentimenti di superiorità: Dante quegli studiosi lo conoscevano bene, e se talvolta si producevano in pedantesche misurazioni della cavità infernale o delle pareti del Purgatorio, non è detto che anche per queste vie non offrissero idee utili all'interpretazione del testo. Ma queste sono cose ovvie, e il punto della questione non sta qui. Sta bensì nella differenza che si nota fra il modo che allora si teneva nel leggerlo da parte di chi, in modo implicito o esplicito, pensava di trovarvi l'inizio di una tradizione culturale che si era tradotta in unità politica, e quello in cui, per lo più, lo si legge oggi. Ossia in un'età in cui il riconvergere della storiografia e della critica in filologia è, a guardar bene, non un ritorno a quel *modus legendi*, che in Dante indicava il punto d'inizio di una tradizione, e, tra la fine del decimonono secolo e l'inizio del ventesimo, rifletteva una convinzione politica relativa all'unità d'Italia, ma il documento della crisi intervenuta nelle certezze che stavano alla sua radice e la alimentavano. Non è un argomento da affrontare qui. Non si può tuttavia non notare che a stabilire la distanza da quel mondo è, non solo quel che da allora si è pensato anche nel campo degli studi danteschi, ma soprattutto il rapido susseguirsi di due guerre mondiali che, nel secolo ventesimo, hanno sconvolto l'Europa, e l'Italia che ne è parte, conducendole al tramonto. Per non finire con questa parola, rivolgo un particolare ringraziamento a Cecilia Castellani e a Paolo Falzone, per l'aiuto fondamentale che danno alle mie ricerche in questa mia tarda età.

Roma, agosto 2018

Avvertenza

Le opere dantesche sono citate secondo le sigle ormai entrate nell'uso: *Vn* = *Vita nuova*, *Cv* = *Convivio*, *VE* = *De vulgari eloqentia*, *Mn* = *Monarchia*. *If* = *Inferno*, *Pg* = *Purgatorio*, *Pd* = *Paradiso*, *ED* = *Enciclopedia dantesca*, diretta da U. Bosco, 6 voll., Roma 1984.

L'*Indice dei nomi* è doppio perché a quello che include i nomi dei personaggi storici si aggiunge l'altro che comprende i personaggi danteschi, che talvolta sono anche storici (per es. Virgilio) e perciò compaiono in entrambi gli indici.

# 1. Purgatorio e Antipurgatorio: questioni di struttura

1. C'è un passaggio, nel colloquio che Dante intrattenne con Forese Donati quando lo incontrò fra le anime soggiornanti nel sesto girone del Purgatorio, che richiede attenzione. Non perché in sé non sia chiaro e nasconda particolari difficoltà. Ma per le questioni che, a osservarlo bene, tiene nascoste in sé e che conviene cercare di rendere esplicite. Improvvisamente, a conclusione della parte del colloquio, che aveva riguardato i tempi dell'amicizia e la storia degli affetti, nonché la ragione del pauroso dimagrimento che Forese mostrava nel suo volto scavato e «torto»,[1] Dante l'aveva avvertito che, in realtà, altro lo interessava e che per questo confidava che la spiegazione dell'amico potesse riuscire veloce e concisa. Più del dimagrimento e della particolare pena alla quale, come anima espiante, Forese era sottoposto (vv. 67-76: «di bere e di mangiar n'accende cura/ l'odor ch'esce del pomo e de lo sprazzo/ che si distende su per sua verdura. / E non pur una volta, questo spazzo girando,/ si rinfresca nostra pena:/ io dico pena e dovrei dir sollazzo, ché quella voglia a li alberi ci mena/ che menò Cristo lieto a dire 'Elì',/ quando ne liberò con la sua vena»), altro a Dante interessava. Gli interessava di capire come mai, considerato che in Forese l'ora del pentimento non era venuta se non nell'ultimo istante della sua vita («se prima fu la possa in te finita/ di peccar più, che sovvenisse l'ora/ del buon dolor ch'a Dio ne rimarita»), gli stesse accadendo di incontrarlo «qua sù», ossia nel penultimo girone del monte, e non dove si sarebbe aspettato di trovarlo, e cioè «là giù di sotto/ dove tempo per tempo si ristora». Forese era passato «a miglior vita» da soltanto cinque anni (vv. 77-78): come mai erano bastati a far sì che egli non si trovasse in basso, «dove tempo per

1. *Pg* XXIII 57.

tempo si ristora»?[2] E in quale parte della regione purgatoriale largamente intesa, era il luogo in cui Dante si aspettava che l'avrebbe trovato? Il luogo «dove tempo per tempo si ristora» era l'Antipurgatorio e la zona di esso in cui sarebbe stato normale che Dante avesse incontrato Forese, o non invece un girone collocato a una minore altezza rispetto a quello in cui, non senza sorpresa, l'aveva trovato? Antipurgatorio era la «costa dove s'aspetta»? Che a queste domande sia da dare risposta affermativa, è probabile. Ma resta aperta la questione più importante. Abbreviata al massimo la permanenza di Forese nella zona anteriore al Purgatorio, resta la questione posta dalla estrema rapidità della scalata che egli aveva fatta della montagna fino al penultimo girone. In che modo vi era pervenuto? E che cosa importava, in termini di struttura purgatoriale, il suo trovarsi lì, a un passo, potrebbe dirsi, dalla meta?

Era, dunque, un problema strutturale quello che Dante poneva e al quale confidava che, come poi avvenne, Forese sarebbe stato in grado di dare la soluzione. Ma la questione andava ben al di là della risposta che gli era stata data dal suo amico, che alla pietà della sua desolata consorte, al suo pianto «dirotto», alle preghiere e ai sospiri, aveva attribuita la ragione

2. Su questo verso, cfr. M. Barbi, *Problemi di critica dantesca*, I, Firenze 1934, p. 283, che cita a riscontro un passo di Fra Giordano, *Prediche inedite*, Bologna 1867, p. 91. Per quanto riguarda la «costa ove s'aspetta», il Vandelli, nel rifacimento del commento scartazziniano (Milano 1952, p. 505), la identificò senz'altro con l'Antipurgatorio, «che è quella parte, la più bassa, del pendio del sacro monte, nella quale stanno i negligenti al pentimento». Ma non si pose la questione generale di struttura che qui è adombrata. Lo stesso vale per N. Sapegno, *La Divina Commedia*, II, *Purgatorio*, Firenze 1985, p. 259. Per «struttura» intendo non tanto l'aspetto fisico e topografico dell'Antipurgatorio e del Purgatorio, quanto, piuttosto, il suo aspetto morale, penitenziale e, si dica pure teologico. Deriva di qui la differenza che può notarsi fra questa indagine e quelle che, tra la fine del decimonono secolo e gli inizi del ventesimo, si condussero sulla struttura fisica del monte, dando a volte l'impressione che fosse la sua scalabilità a dover essere considerata possibile in considerazione dell'impresa compiuta da Dante e Virgilio. Non è il caso di porre a paragone questi due diversi approcci interpretativi di una realtà che offre anche il problema sia della sua plausibilità fisica sia della sua accessibilità. Elementi importanti per l'interpretazione si ricavano anche da queste indagini sulla conformazione fisica dell'Inferno e del Purgatorio, che hanno del resto una tradizione illustre, che riguarda soprattutto la struttura dell'Inferno, e risale, per fare qualche nome, a Antonio Manetti, al Giambullari, e quindi a Galilei. Per come tuttavia è intesa qui, la struttura include sì anche alcune caratteristiche fisiche della zona purgatoriale, ma messe in relazioni agli elementi intellettuali, morali, teologici con cui Dante ha costruito la sua idea del Purgatorio: un'idea complessa della quale occorre studiare l'interna coerenza e congruenza, e, in una parola, il significato.

del breve soggiorno che aveva dovuto subire nelle zone più basse del monte, e al di qua, forse, del Purgatorio vero e proprio. La questione che Dante aveva posta alludeva infatti a una condizione obiettiva di cose: non solo al tempo che le anime approdate alla riva del Purgatorio dovevano attendere per pervenire al luogo di esso in cui, per usare l'*oxymoron* a cui Forese aveva fatto ricorso, avrebbero bevuto «lo dolce assenzo d'i martiri» (v. 86),[3] ma alla logica interna al tormento purificatore a cui sarebbero state sottoposte. Dell'incontro con Forese, e del luogo (il sesto girone) in cui l'aveva trovato, Dante, dunque, si servì, non solo per esprimere i sentimenti che il ricordo dell'amicizia che li aveva legati in vita gli suscitava, ma per consentirsi una veloce annotazione strutturale; che risultò, per un verso, preziosa, e, per un altro, tuttavia, deludente. A causa della sua estrema concisione e allusività, non fu infatti in grado di arrecare un contributo decisivo al chiarimento della struttura del Purgatorio e dei luoghi problematici che è possibile rinvenirvi. Pose il problema, e non ne indicò la soluzione. Alla domanda di Dante Forese aveva risposto chiamando in causa la pietà della Nella, la sua eroica dedizione alla causa del marito che, approdato sulla spiaggia del Purgatorio, come ogni altra anima che lì fosse pervenuta chiedeva, e sperava, che in terra si pregasse per abbreviare la sua attesa. La pietà della Nella era stata superiore a ogni immaginazione. Profondamente, perciò, l'aveva commosso e lo commuoveva: «[...] sì tosto m'ha condotto/ a ber lo dolce assenzo d'i martiri/ la Nella mia: con suo pianger dirotto,/ con suoi prieghi devoti e con sospiri/ tratto m'ha de la costa ove s'aspetta,/ e liberato m'ha de li altri giri» (vv. 85-90). Ma la risposta al quesito finiva qui, e non si può dire che lo risolvesse in ciascuna delle sue parti. Il ribadimento della bontà della Nella e del suo essere «a Dio più cara e più diletta», introduceva infatti, per energico contrasto, all'altro tema che s'incontra nel canto, e cioè alla furente invettiva che, culminando nella barbarica violenza dei versi dedicati, nel canto successivo, al fratello Corso Donati,[4] Forese

3. E cfr. *Pg* XXIII 72: «i' dico pena, e dovria dir sollazzo».

4. *Pg* XXIV 64-99. Cfr. 82-90: «'or va', diss'el; 'che quei che più n'ha colpa,/ vegg'io a coda d'una bestia tratto/ inver la valle ove mai non si scolpa. / La bestia ad ogne passo va più ratto/ crescendo sempre, fin ch'ella il percuote,/ e lascia il corpo vilmente disfatto. / Non hanno molto a volger quelle ruote',/ e drizzò li occhi al ciel, 'che ti fia chiaro/ ciò che 'l mio dir più dichiarar non puote». Si veda, a commento di questi versi, la ricca nota di G. Inglese, *Commedia*, II *Purgatorio*, Roma 2011, p. 299. Che «la valle ove mai non si scolpa» fosse l'Inferno, e non Firenze, come aveva suggerito I. Del Lungo, *La Divina Commedia*, Firenze 1928, p. 566, si ricava, mi pare, dalla definizione di essa come come del luogo in cui il peccato è

dirigeva contro le «sfacciate donne fiorentine» (v. 101) e, nel nome di queste, contro la generale corruzione della città. Di quel clima, e questo è quel che propriamente si dice ai versi che dal 112 conducono alla fine del canto, con Forese anche Dante si era reso partecipe: «se tu riduci a mente/ qual fosti meco, e qual io teco fui/ ancor fia grave il memorar presente» (vv. 115-117).[5] Versi famosi, dei quali si parlerebbe con profitto se a tema fosse la spinosa questione del traviamento, e se, riferendosi a questa, si dovesse perciò chiamare in causa la famosa Tenzone e la sua disputata autenticità.[6] Ma a tema è ora la questione concernente la struttura del Purgatorio e il posto che le anime espianti occupavano sui suoi gironi. Una questione che apparirà non semplice, non del tutto chiarita nei suoi aspetti problematici, e da studiare ancora, se in luogo di desumerla dai testi teologici e filosofici usati allo scopo da Dante, e di cercare di definirla per sé stessa,[7] la si con-

punito in eterno: il che, se fosse detto di Firenze, sarebbe pur sempre in riferimento all'Inferno che la si definirebbe, ma relativamente a un periodo determinato, al quale male si adatterebbe il «mai». L'allusione al modo in cui Corso Donati morì (Marchionne di Coppo Stefani, *Cronica fiorentina*, *RR. II. SS* XXX 1, 264) suggerisce, non che Firenze fosse essa l'Inferno, ma che, città, per usare l'espressione di Dino Compagni, *Cronica*, III xlii [224-225] ed. Cappi, Roma 2013, p. 115, «tribolata», era come se in quel momento lo fosse.

5. Su questi versi, disputatissimi rispetto alla possibilità che alludano alla *Tenzone*, cfr. G. Contini, *Dante come personaggio-poeta della 'Commedia'* (1957), in *Un'idea di Dante. Saggi danteschi*, Torino 1976, pp. 52-53, e Inglese, *Purgatorio*, p. 290.

6. Una veloce sintesi della questione si legge in E. Chiarini, *ED*, V, 561a-563b. Ma va ricordato anche L. Russo, *La letteratura "comico-realistica" nella Toscana del Duecento. Rustico di Filippo, Dante e Forese Donati* (1946), in *Ritratti e disegni storici*, III, *Studi sul Due e Trecento*, Bari 1951, pp. 192-223 (e si veda, in particolare, p. 221). Conviene considerare che, per sé stessi, i versi del *Purgatorio* alludono a un costume e a uno stile di vita che, qualunque sia stato nella realtà biografica dei due personaggi, è qui presentato in termini realistici; e aggiungere che la riduzione, proposta da G. Contini, del «traviamento» alla dimensione letteraria, nasce sì dalla giusta avversione nutrita nei confronti dei «drammi esistenziali», ma, sotto il velo dell'eleganza e del fastidio per le interpretazioni «drammatizzanti», potrebbe tuttavia nascondere la nota moralistica, che fu invece esplicita, per esempio, in Del Lungo e, poi, in Domenico Guerri, che anche dal desiderio di rimuovere dalla vita di Dante l'onta rappresentata da quei sonetti, fu spinto a sostenerne l'inautenticità.

7. A prescindere da analisi specifiche, è in questa disposizione a trattare la questione come se Dante ne avesse fatto lo specifico oggetto della sua analisi, che sta il limite del saggio di G. Busnelli, *L'ordinamento morale del Purgatorio dantesco*, Roma 1908, che, per altri versi, resta un contributo importante, e anche dell'altro, che lo precedette di due anni, su *La concezione del Purgatorio dantesco*, Roma 1906, che anch'esso è da tener presente. Del gigantesco studio di F. D'Ovidio, *Il Purgatorio*, in *Il Purgatorio e il suo preludio,* Napoli 1906, pp. 151-614, si dirà di volta in volta. Altra letteratura sarà citata via via.

sidererà sì anche in questi aspetti, ma ponendola in relazione alla struttura che egli aveva conferita al Purgatorio e ai problemi di coerenza che vi suscita, a cominciare da quello concernente il suo rapporto con la parte del monte che sta al di qua della porta sorvegliata dall'angelo guardiano, e alla quale si è convenuto di dare il nome di Antipurgatorio.[8] Considerare gli elementi teologici presenti nella struttura che Dante conferì al Purgatorio, e a ciò che introduce a esso, è, come del resto è ovvio, indispensabile. Ma la struttura conferita al secondo regno è, quali che siano i materiali adoperati, una costruzione di Dante: non la si comprenderebbe nelle sue interne articolazioni, nelle sue difficoltà e, infine, nella sua ragione fondante, se semplicemente ci si restringesse a dedurla dai testi di cui fece uso.

2. Sarà tuttavia opportuno, prima di entrare nelle analisi specifiche, non dimenticare quel che, per un verso, essendo ovvio e a tutti noto, potrebbe tuttavia, per un altro, rivelarsi di meno semplice interpretazione una volta che fossero state rese esplicite alcune questioni che vi si nascondono. La regione a cui si dà, ma *lato sensu*, il nome di Purgatorio era costituita, in sostanza, da tre zone che, tutte appartenendo a esso e contribuendo alla sua definizione, erano, tuttavia, ciascuna separata dalle altre. La prima è identificabile nella spiaggia alla quale approdavano le anime destinate, dopo un'attesa più o meno lunga sui contrafforti del monte del Purgatorio, a varcare la soglia sorvegliata dall'angelo e a essere ammesse al luogo dell'espiazione. La seconda era collocata sui contrafforti della montagna; e si vedrà che presenta problemi. Da che Benvenuto da Imola la definì come Antipurgatorio, è questo il nome con cui la si designa. Ma, come è ben noto, il nome non è dantesco. La terza è la parte del monte che, a partire dalla porta sorvegliata dall'angelo, si innalza fino al Paradiso Terrestre, che la sovrasta. Che la spiaggia appartenesse al Purgatorio senza, in senso proprio, appartenergli, risulta dal testo, in modo a sufficienza chiaro. La spiaggia apparteneva alla regione del Purgatorio perché era il luogo in cui si riunivano le anime che, lì traghettate dall'angelo nocchiero, avrebbero poi dovuto proseguire nella direzione della montagna, e altra strada non

8. Il primo a usare il nome di Antipurgatorio per definire il territorio che si distendeva al di qua della porta del Purgatorio è stato, per quanto mi consti, Benvenuto da Imola, *Comentum super Dantis Alagherii Comoediam*, a cura di G.F. Lacaita, III, Firenze 1887, p. 50, che non si pose però la questione che, in termini sia teologici sia strutturali, ne nasceva. Se ho ben visto il termine non compare negli altri commentatori antichi, e non saprei dire chi per primo, fra i moderni, lo riprendesse.

c'era. Ma, per un altro verso, tuttavia non vi apparteneva, se si considera che di fermarvisi alle anime che vi erano state deposte dall'angelo nocchiero non era consentito. Fermarvisi sarebbe stato infatti segno di pigrizia; e a spronarle verso la montagna provvedeva, del resto, Catone, come si sa, con i suoi modi bruschi. Se questi fossero mancati, esse sarebbero restate lì smarrite, «rimirando intorno/ come colui che nove cose assaggia»,[9] proprio come accadde a una di loro, a Casella, che, incerto, al pari delle altre del cammino che lo attendeva, avendo riconosciuto Dante ed essendone stato riconosciuto, con lui aveva indugiato tanto da intonare *Amor che ne la mente mi ragiona* «sì dolcemente» che dalla sua «dolcezza» questo era stato vinto e con lui tutti quelli che si trovavano lì. Tutti, e dunque anche Virgilio che, essendosi incantato ad ascoltare i versi di Dante intonati da Casella, sembrava aver dimenticato che il suo compito era di guidare il suo alunno alla meta, non di ascoltare canzoni, sia pure di alta qualità letteraria.[10] Ma «lo mio maestro e io e quella gente/ ch'eran con lui parevan sì contenti/ come a nessun toccasse altro la mente» (vv. 115-117). È una notazione importante, che non deve sfuggire: è infatti, nel poema, l'unica che, andando al di là dello specifico contesto, alluda a un giudizio implicita-

9. *Pg* II 53-54.

10. Se, a proposito di Casella e del canto da lui dispiegato intonando *Amor che ne la mente mi ragiona*, si accettasse l'interpretazione di L. Pietrobono, *Dal centro al cerchio. La struttura morale della Divina Commedia,* Torino s.d., pp. 209-212, il quale ha ritenuto che, nell'ascoltare quei suoi versi, Dante sentisse rinascere in sé la stessa superba brama di tutto conoscere che l'aveva fatto piegare con desiderio verso la fiamma in cui, nell'Inferno, era martirizzato Ulisse, e inducendolo perciò di nuovo nel peccato, occorrerebbe dedurne che anche Virgilio, che lui pure a quel canto aveva prestato ascolto, e ne era stato rapito, vi fosse stato coinvolto, e nello stesso modo. Anche lui, dunque, sarebbe stato vittima, oltre che di Ulisse, della «donna gentile». L'estensione, da Ulisse alla «donna gentile», di quel sentimento potrebbe credersi che fosse una sorta di *reductio ad absurdum*, operata dal critico, e estranea tuttavia al Pietrobono. Ma non è così. Il Pietrobono non era uomo da indietreggiare davanti alle sue eccessive audacie; e così non esitò (pp. 211-212) ad attribuire quell'atteggiamento anche a Virgilio, onde il rimorso di cui dette segno per aver ceduto alla dolcezza di quel canto (*Pg* III 7-9). Non ha considerato, tuttavia, che, se il cedimento a quell'ascolto fosse stato la conseguenza di una così grande colpa, Dante non avrebbe scritto a commento: «o dignitosa coscienza e netta,/ come t'è picciol fallo amaro morso!». Per mio conto, in tutto questo, pur escludendone Virgilio, non riesco a vedere né la tentatrice presenza di Ulisse né quella della donna gentile, ma solo un poetico indugio sul tempo passato, e non perduto, ora che il distacco da quello si stava per rendere ancora più netto di quanto già non avesse comportato il viaggio compiuto nella buia notte dell'Inferno. Ci vedo anche, come dico nel testo, il documento dell'omaggio che, ascoltando Casella, Virgilio rendeva a chi l'aveva proclamato suo maestro e autore.

mente formulato da Virgilio, ossia dalla «nostra maggior musa», sulla poesia di Dante e sulla sua grandezza.[11] Ma non riguarda, tuttavia, la spiaggia, sulla quale si è detto abbastanza e niente resterebbe da aggiungere se non convenisse fin d'ora avvertire che, nell'allontanarsi da essa, non c'erano, nella zona che si trovava al di qua della porta del Purgatorio, luoghi specifici nei quali le anime dovessero consumare la loro attesa, e che fossero a ciò predisposti. Con l'eccezione della valletta in cui erano riuniti i principi negligenti, l'Antipurgatorio non era diviso in parti corrispondenti ai diversi peccati commessi in vita. Fra esso e il Purgatorio non si dava, da questo punto di vista, se non differenza. Il luogo della vera e propria espiazione necessariamente doveva essere uno: non era pensabile che fosse preceduto da uno, deputato anch'esso a quel compito. Di qui, come si avrà modo di vedere, la difficoltà che concerne la sua definizione.

11. Non mi pare che la cosa sia stata notata; e avrebbe dovuto, sia perché, a causa di quel suo estatico indugio, anche Virgilio si era esposto, insieme alle altre anime, al rimprovero di Catone, sia per il giudizio che, come dico nel testo, implicitamente, egli dette sulla poesia di Dante. Il quale era stato bensì accolto, come sesto, nella schiera degli antichi poeti che erano andati incontro a Virgilio quando l'avevano visto, scortando Dante, rientrare nel Limbo. Ma non, direi, per iniziativa di Virgilio: nel prendere atto dell'invito che essi facevano a Dante di far parte della loro schiera, egli si era infatti limitato a compiacersene sorridendo (*If* IV 99: «e'l mio maestro sorrise di tanto»). Non so decidere se l'indiretto omaggio che Virgilio tributò a Dante fermandosi ad ascoltare il canto intonato da Casella fosse dato con intenzione o *praeter intentionem*. Ma può tuttavia vedervisi una sorta di restituzione che Virgilio faceva a Dante di quel che questi gli aveva riconosciuto quando l'aveva proclamato (*If* I 85-87) suo «maestro» e «autore». Della singolarità dell'affermazione di Dante relativa all'essere Virgilio il suo «solo» maestro e autore, ho detto qualcosa ne *Le autobiografie di Dante*, Napoli 2008, pp. 187 ss., e non riprenderei la questione se non mi fosse capitato sott'occhio un passo, che era uscito dalla mia memoria, in cui B. Croce, *La Poesia. Introduzione alla critica e storia della poesia e della letteratura*, Bari 1943, p. 164, si chiese «di che cosa» egli fosse «maestro e autore a Dante», e rispose che «nessuno lo sa, nessuno l'ha mai saputo», salvo che «nessuno ha osato e nessuno osa di dubitare della gratitudine attestata da» lui. Il passo è singolare perché la questione che quei versi pongono riguarda, non la «cosa» che l'allievo aveva appresa dal maestro, ma l'intero magistero che quest'ultimo aveva esercitato su di lui, sì che è proprio l'impossibilità di rispondere a una domanda che metteva in questione l'opera poetica di Dante anteriore alla *Commedia* che costituisce la questione ed è prova della sua serietà. – Conviene aggiungere che, quando riconobbe in Casella l'ombra che gli si era rivolta con modi affettuosi, fu Dante a chiedergli di cantare per lui: «se nuova legge non ti toglie/ memoria o uso a l'amoroso canto/ che mi solea quetar tutte mie voglie,/ di ciò ti piaccia consolare alquanto/ l'anima mia, che, con la mia persona/ venendo qui, è affannata tanto!» (vv. 106-111). E fu lui, quindi, intenzionalmente, a provocare l'incidente.

3. La zona definibile come «spiaggia» terminava, e ne cominciava un'altra, alla quale si perveniva quando, giunti ai piedi della montagna del Purgatorio, ci si trovava nel punto in cui la montagna cominciava a innalzarsi obbligando, chi avesse inteso procedervi, a scalare i suoi, come li si potrebbe definire, pendii o contrafforti. Lì aveva inizio la seconda delle tre parti. Nel punto in cui quella pianeggiante toccava il suo limite, fra la pianura, dunque, e l'inizio dei contrafforti, lì, propriamente, aveva inizio la zona che, antistante alla montagna del Purgatorio, si è preso a definire con il nome di Antipurgatorio; del quale dovrà, a tempo debito, mostrarsi come, non essendo la natura, la qualità e le interne differenze del luogo a definire i peccatori che vi erano in attesa, fossero invece la natura e la qualità del loro peccato a definire, di volta in volta, nelle sue differenze, il luogo in cui essi fossero pervenuti e si trovassero. Insomma, in questa parte della regione purgatoriale, non era la natura del luogo a definire il peccato, ma era questo, in certo senso, a definire il luogo; che non era tuttavia, nemmeno in questo caso, definito una volta per tutte. Nell'Antipurgatorio, fossero riunite in gruppi, o stessero a sé, le anime erano, per lo più, in movimento, libere comunque di muoversi nello spazio antistante la famosa porta. Senza dubbio, paesaggio antipurgatoriale era, nella sua asprezza, vario e diversamente segnato, quello in cui le anime sostavano in attesa. Ma erano le anime che vi sostavano a caratterizzarlo di volta in volta; e se n'è già indicata la ragione strutturale. Si vedrà quante difficoltà incontri il tentativo che si compia di definire la funzione che, nella storia della purgazione, è assegnabile all'Antipurgatorio. Ma la difficoltà deriva proprio da ciò, che il luogo in cui le anime si purgavano era identificabile nei sette gironi del monte; e che solo in riferimento a essi può, in senso specifico, parlarsi di pena purgatoriale.

A differenza di quelle dell'Inferno che stavano ferme nel luogo a cui la giustizia di Dio le aveva destinate e che Minosse indicava girando la sua coda intorno al suo corpo, e a differenza delle altre che sui gironi del Purgatorio erano costrette a passare una parte cospicua del tempo richiesto dall'espiazione (è un problema ulteriore e di non facile soluzione decidere se ciascuna dovesse soggiornare per qualche tempo su un girone diverso da quello a cui era destinata), le anime dell'Antipurgatorio non avevano dunque in questo un luogo fatto per ospitarle e al quale fossero destinate mentre attendevano di essere ammesse sul monte. Da sole, o in gruppi, erano, come si è detto, anime in movimento o libere di muoversi in quello spazio; e che sia così può comprendersi, perché a Dante sarà apparso inconcepibile che, al di qua di quello al quale erano destinate sul monte, ve ne fosse un altro, altrettanto fermo e specifico, che gli corrispondesse. La distinzione che può notarsi, nonché segnarsi, fra un luogo che, per sé stesso, definiva chi vi fosse pervenuto (e pervenuto, deve aggiungersi, secondo necessità), e un luogo che, di volta in volta lo fosse dall'anima che vi sopraggiungeva e vi sostava, – questa distinzione, e la questione che ne nasce, sono entrambe importanti. Con l'eccezione della spiaggia, che potrebbe essere ritratta come il luogo che, dopo esservi state condotte, le anime dovevano affrettarsi ad abbandonare per raggiungere quello dell'attesa, come la si potrebbe definire, antipurgatoriale, tutto il resto poteva dunque essere definito bensì Antipurgatorio. Ma restando fermo, tuttavia, che, senza essere destinate a occuparvi luoghi specifici, in esso erano condannate a sostare anime che, avrebbero poi espiato i loro diversi e specifici peccati sulle cornici del monte. Se tutte, infatti, erano attese dal Purgatorio, dove avrebbero occupato gironi diversi e corrispondenti alla qualità dei peccati commessi in vita, si fraintenderebbe la natura dell'Antipurgatorio se si pretendesse di potervi individuare i luoghi diversi in cui le diverse anime erano destinate a consumare il tempo che occorreva per essere ammesse nel Purgatorio; se, in altri termini, lo si intendesse predisposto ad anticipare, nelle sue distinzioni, la distinta natura del monte. Non questo, in effetti, si ricava dallo studio che si dedichi alla sua natura, ma tutt'altro: e cioè che, a causa della varietà stessa delle anime che vi approdavano, il luogo che accoglieva la loro attesa si distingueva, provvisoriamente deve aggiungersi, e di volta in volta, in sé stesso a seconda della natura di quelle che vi erano pervenute e vi sostavano per alquanto tempo. In altri termini. Non essendo topograficamente distinto in parti destinate ad accogliere quelle di coloro che in vita si erano macchiati di peccati specifici, il luogo era caratterizzato dalla diversità dei peccatori che in quel determinato momento vi erano sopraggiunti e vi si trovavano. E non erano perciò le diversità fisiche, che quel territorio certamente presentava, ad aver valore, o preminente valore. A differenza di quel che si era visto nell'Inferno e si sarebbe constatato nel Purgatorio, non erano predisposte ad accogliere classi diverse di peccatori. Ad aver valore, e si deve insistervi, erano le differenze sussistenti fra le anime che vi erano accolte e che, con la loro diversità, definivano esse il luogo che, di volta in volta, le accoglieva. Come, nel canto settimo, sarebbe stato chiarito da Sordello,[12] le anime in attesa di entrare nel Purgatorio, potevano muover-

12. *Pg* VII 40-41. Sapegno, *Purgatorio*, p. 73, ha osservato che l'esser senza fissa dimora riguarda «probabilmente» tutte le anime dell'Antipurgatorio, e non il solo Sordello.

si in libertà nel territorio che si distendeva ai piedi della montagna e, a rigore, non erano costrette a stare in gruppi. A parte i principi negligenti che erano stati adunati tutti insieme in una «valletta» che bene si adattava a raccogliere personaggi che con negligenza avevano vissuta la loro vita politica, soltanto a due gruppi includenti, da una parte, gli scomunicati, da un'altra i morti di morte violenta, – a due gruppi, quindi, per alcuni versi simili, massimamente dissimili per altri, Dante intese attribuire una particolare compattezza e una precisa fisionomia, specificando anche il tempo della pena. Di altri gruppi non parlò. Preferì alludere a anime che, sebbene stessero lì in attesa di essere ammesse nel Purgatorio, erano, per dir così, sole con sé stesse: si pensi a Casella, si pensi a Belacqua, che negligente è al massimo grado e sembra tuttavia stare a sé, si pensi a Sordello, anime dell'Antipurgatorio, delle quali, a differenza del secondo, non si saprebbe dire per quale peccato stessero lì, quale cornice del monte le attendesse e per quanti anni l'attesa sarebbe durata: l'unica cosa che sul serio sembri indiscutibile essendo il loro far parte per sé stesse. Chi ha letto con attenzione i canti iniziali del *Purgatorio*, e della questione non si sia dimenticato via via che procedeva nella lettura, sa bene che, con l'eccezione, degli scomunicati (si pensi a Manfredi) e, forse, dei morti di morte violenta (si pensi a Buonconte),[13] e dei negligenti (si pensi a Belacqua) che avevano notizia del tempo che erano destinati a trascorrere nell'Antipurgatorio, e vi accennavano, di questo le altre anime non rivelavano, e tanto meno esibivano, la consapevolezza che certamente ne avevano, e, in proposito, preferivano tacere. Né, per quel che le riguardava, Dante dette, in modo esplicito, informazioni; sì che, se la questione gli sembri importante (ma è importante, perché riguarda la struttura del Purgatorio), il lettore dovrà provvedere lui a risolverla con i suoi mezzi. Ci sono due situazioni, e due questioni, sulle

Direi che è, non probabile, ma indubitabile: «loco certo non c'è posto;/ licito m'è andar suso e intorno» (*Pg* VII 40-41). L'«io» di Sordello rientra nel «noi», e non costituisce un'eccezione, della quale non si comprenderebbe la ragione.

13. Non mi sembra che per queste anime in attesa del Purgatorio, valgano le considerazioni di L. Filomusi Guelfi, *La struttura morale del 'Purgatorio' dantesco*, in «Giornale dantesco», 5 (1897), pp. 365-366, il quale le distinse da quelle dei principi negligenti, perché in esse prevalse la *contritio* dell'ultimo istante, e mancò la *confessio*. Veramente singolare, come esempio di vivacissima fantasia esegetica, è la tesi di L. Pietrobono, *Dal centro al cerchio. La struttura morale della Divina Commedia*, Torino 1923, pp. 225-226, il quale propose che i morti di morte violenta fossero stati in vita vittime della seconda delle tre fiere, del leone. È evidente che, non proponendo se non sé stesse, interpretazioni di questa qualità si escludono da ogni possibile confutazione.

quali conviene richiamare l'attenzione, non essendo, salvo errore, accaduto che fossero messe a raffronto. Sono intrecciate, e nascono dalla stessa domanda. Ma danno luogo a esiti diversi. La prima riguarda Casella, la seconda Provenzano Salvani. A Casella Dante aveva chiesto ragione del ritardo che stava subendo a essere ammesso nel Purgatorio («ma a te com'è tanta ora tolta?»),[14] e, per la precisione, a essere condotto, dalla foce del Tevere, alla spiaggia del Purgatorio; e la risposta era stata che, in realtà nessuno gli aveva «fatto oltraggio,/ se quei che leva quando e cui li piace», più volte gli aveva «negato esto passaggio».[15] Se ne deduce, non solo quel

14. *Pg* II 93.

15. Il verso, e la questione che vi è adombrata, sono di difficile interpretazione, anche perché, salvo errore, questo è l'unico passo in cui Dante attribuisca all'angelo nocchiero anche un'implicita funzione di giudice: ispirato da Dio, com'è ovvio, ma giudice. È probabile che abbiano agito su Dante, da una parte il ricordo di Verg. *aen.* 6, 315-316 (Inglese, *Purgatorio*, p. 56), e, da un'altra, l'idea che l'attesa che le anime erano destinate a patire nell'Antipurgatorio dovesse valere a partire dal momento in cui sarebbero giunte alla foce del Tevere per essere condotte alla spiaggia su cui, a debita distanza dalla riva, si ergeva la montagna del Purgatorio. Non so se, in sesnso stretto, possa definirsi Antipurgatorio anche il luogo sito alla foce del Tevere: quel che conta è tuttavia che, come poi gli altri, stesse al di qua della montagna, e costituisse l'inizio di un'espiazione che, in attesa che quella specifica avesse luogo, cominciava, quale che ne fosse il modo, a realizzarvisi, e che la meraviglia che Dante provò nel constatare che Casella non era ancora stato ammesso ai «martìri», derivava sia dalla conoscenza che egli aveva della data della sua morte, che doveva essere avvenuta da qualche tempo, sia anche dall'ignoranza in cui, viceversa, ancora si trovava a proposito del tempo che le anime erano destinate a trascorrere nell'Antipurgatorio: sarà Manfredi il primo che, al riguardo, gli dette informazioni (*Pg* III 136-141). Aggiungerei, perché forse non è inutile, che dai vv. 94-96: «nessun m'ha fatto oltraggio,/ se quei che leva quando e a cui piace,/ più volte m'ha negato esto passaggio», non si deduce che Casella avesse ripetutamente chiesto all'angelo di essere preso a bordo del vascello, e altrettante volte ne fosse stato escluso: si può anche intendere che, di fatto, più volte egli era stato escluso dal numero di coloro a cui l'angelo riservava un posto nel vascello. Non sono sicuro che il v. 95 «se quei che leva quando e a cui piace» sia da identificare, come si legge nei commenti moderni, nell'angelo nocchiero: sarebbe improprio, infatti, attribuire direttamente a lui una facoltà che, in questa forma e nel suo non dar ragione di sé stessa, non poteva appartenere se non a Dio, della cui volontà quello non era che uno strumento: il che è poi riconosciuto anche da Inglese, *Purgatorio*, p. 56, che pure quella facoltà attribuisce all'angelo, quando osserva che il ritardo prescritto alle anime è deciso da Dio che, per suo «insondabile giudizio», sa che non «sono pronte a cominciare la purificazione». Ben detto: ma allora perché attribuirla all'angelo? A determinare questa interpretazione è stato il paragone con *aen.* 6, 315-316 dove Caronte rifiuta alcuni che chiedevano di essere trasportati oltre l'Acheronte. Ma costoro erano morti insepolti, e Caronte non era un ministro, o un esecutore, del Dio cristiano. Infine, non direi con Inglese, *Purgatorio*, p. 56, che nella

che è ovvio, e cioè che tutto, la regola come l'eccezione, dipendeva dalla volontà di Dio, che, come stabiliva i termini, così poteva modificarli, ma anche altro. Casella, che molto aveva atteso su quella riva e, poiché più volte il passaggio gli era stato negato, se non aveva cercato di ottenerlo del tempo che passava invano certo si era accorto, non sapeva tuttavia, o non mostrava di sapere, quanto tempo in realtà, avrebbe dovuto attendere, sì che a ragione diceva che nessun torto gli era stato fatto.[16] Inverso nella conclusione, ma parzialmente identico nella premessa, il caso di Proven-

sorpresa provata da Dante nel trovare che Casella era ancora in attesa di essere ammesso al monte del Purgatorio, agisse anche l'idea che in tal modo il tempo sottratto all'espiazione, lo fosse anche alla futura beatitudine. Credo non sia pedanteria osservare che la beatitudine paradisiaca è «futura» in quanto la si consideri a partire dal tempo in cui ha termine il soggiorno purgatoriale, ma che si distende all'infinito nelle direzioni del passato e del futuro per ciò stesso che, a rigore, non ha né un passato né un futuro, essendo eterna. Insomma, una volta entrati nella dimensione dell'eterno, e si lasci da parte, in questa sede, la difficoltà che si rende manifesta nel dare un inizio all'eterno, il tempo non c'è più, e non è dal tempo caratterizzante la esistenza mortale che può trarsi la misura del'eternità!

16. I tempi dell'attesa, per le anime destinate al Purgatorio erano due, come due erano i luoghi: la foce del Tevere, dove aspettavano che l'angelo nocchiero trovasse a esse un posto sul suo vascello e le trasferisse sulla spiaggia dell'isola del Purgatorio, e quest'ultima che si estendeva fino a comprendere i contrafforti della montagna del Purgatorio. La questione che, per quel che concerne il secondo momento, a me pare importante, anzi di essenziale importanza, è quella che riguarda la consapevolezza che le anime avevano del tempo che vi avrebbero trascorso, e del modo diverso in cui si disponevano nei confronti di tale consapevolezza. Di interesse decisamente minore, a parte che ci troviamo nell'impossibilità di risolverla, è quella che concerne i vv. 98-99, dai quali si ricava che da tre mesi era stato tolta la regola dell'attesa e le anime erano tutte libere di essere traghettate sulla spiaggia del Purgatorio. Perché allora Casella, del quale evidentemente Dante conosceva la data della morte, non era sbarcato tre mesi prima? Poiché ignoriamo la data della sua morte, non siamo nella condizione di controllare il calcolo dantesco. Ma certo peccherebbe di eccessivo realismo (dopo tutto si trattava di anime) e di conseguente sopravvalutazione dello spazio necessario ad accoglierle, chi osservasse che, tolto il divieto, occorrevano comunque tempo, e spazio, perché il vascello potesse ospitarle tutte; e che da mancanza di spazio derivò l'attesa di Casella. Debbo dire che alla questione non mancò chi dette soluzioni assurde: p. es. G. Albini, *Il canto II del Purgatorio*, Firenze 1902, pp. 29-30, il quale propose che il «gentil cantore» avesse «qualche pecca che non lasciavolo andare *a maggior fretta*, e però da sé stesso rimorso e per sé stesso indugiandosi, solo dopo tre mesi dal cominciato giubileo sentì di poter volgersi alla marina ove l'angelo senza più ripulse lo ricevette». A ragione Inglese, *Purgatorio*, p. 57, vede qui un «nodo mal posto e mal dipanato» da Dante. Si vedano tuttavia, al riguardo, le considerazioni di A. Tartaro, *Il giubileo di Dante*, in *Cielo e terra. Saggi danteschi*, Roma 2008, pp. 38-41. Sulla questione del Giubileo bonifaciano, è ovvio il riferimento al fondamentale saggio di A. Frugoni, *Il Giubileo di Bonifacio VIII* (1950), in *Incontri nel Medio Evo*, Bologna 1979, pp. 71-77.

zano Salvani. A differenza di Casella, che non sapeva del momento in cui l'angelo gli avrebbe consentito il «passaggio» al Purgatorio,[17] egli era a conoscenza del fatto che il suo soggiorno nell'Antipurgatorio non aveva, come avrebbe dovuto, pareggiato gli anni della sua vita terrena. Sapeva che era durato assai di meno. Del che Dante si stupì e ne chiese la ragione a Oderisi, che non gliela dichiarò,[18] restando fermo che il soggiorno nell'Antipurgatorio o gli era stato del tutto risparmiato o, come vedremo, aveva avuto una durata brevissima.[19]

4. Le considerazioni che precedono hanno, per così dire, lasciato da parte, o deviato l'attenzione da un problema che, sebbene di difficile, e forse impossibile, soluzione, richiede tuttavia, e proprio perciò, di essere posto. Come si sa, giunto con Virgilio «a piè del monte», Dante dovette constatare che la roccia era «sì erta,/ che 'ndarno vi seríen le gambe pronte».[20] Mentre con preoccupazione era intento a scrutare la via lungo la quale avrebbe dovuto procedere per dare inizio alla scalata del monte, ecco che «da man sinistra» gli «apparì una gente/ d'anime, che movíeno i piè ver» loro (vv. 58-59). Era la schiera degli scomunicati che, provenendo da un luogo non dichiarato, procedeva verso un altro, non dichiarato anch'esso: e perché vi stessero arrivando il testo non dice, come, a chi legga cercando di non perdere di vista la logica che sottende la costruzione della zona purgatoriale, non suggerisce in nessun modo se per quella via avessero proceduto altre schiere di scomunicati, e altre dovessero procedervi dopo che quella incontrata da Dante avesse superato quel punto del cammino. Di qui l'incertezza che, per questo verso, il testo produce e non risolve. E che è della stessa natura di quella a cui ci si trova di fronte quando si consideri l'incontro che, iniziata la scalata del monte e, dopo aver lasciato Belacqua alla sua pigra attesa, Dante ebbe con la schiera dei «morti per forza» e «peccatori infino a l'ultima ora»[21] su quello che, con molta buona volontà, è stato considerato come il primo girone dell'Antipurgatorio. Che l'incontro avvenisse sulla «costa di traverso»,[22] e quindi su una sorta di balza che avvolgeva il monte,

17. *Pg* II 94-96.
18. *Pg* XI 127-132. La risposta data da Oderisi fu, del resto, da lui stesso dichiarata oscura: «più non dirò, e scuro so che parlo» (v. 139).
19. *Pg* XI 127-132.
20. *Pg* III 47-48.
21. *Pg* V 52-53.
22. *Pg* V 22.

è evidente: come lo è che di qui si sia stati indotti a parlarne come del primo girone dell'Antipurgatorio. Ma quale che sia la caratteristica del luogo in cui l'incontro avvenne, e che, se è consentito dirlo, è fra i più poetici della seconda cantica, niente induce a pensare che lì fossero destinate a convenire, dopo quelle che Dante vi incontrò, le anime dei morti di morte violenta, e che, da questo punto di vista, quella «costa» valesse quanto le sette che circondavano il Purgatorio propriamente detto.

Sulle questioni che sono state fin qui accennate, conviene fermarsi per qualche altra considerazione e precisazione. La definizione dell'Antipurgatorio è infatti esposta al rischio del fraintendimento se non si tiene fermo che non più che un mito esegetico, nato dalla suggestione di una presunta simmetria, è l'idea che esso consista di tre gironi che, sovrapposti l'uno all'altro e sommati alle sette balze del monte, corrisponderebbero alle dieci distinzioni dell'Inferno e ai dieci cieli del Paradiso.[23] In realtà, tutt'altro che agevole è la individuazione, definizione e distinzione dei tre gironi. Tutt'altro che agevole è distinguerli, o comunque individuarli, contandoli da uno a tre: come subito si comprende se si considera che, mentre sulle sette balze del Purgatorio, per il tempo a esse destinate per la purgazione, le anime stavano ferme come ferme nei gironi a esse assegnati erano quelle dei peccatori dell'Inferno e ferme anch'esse nei cieli paradisiaci, almeno agli occhi di Dante (*Pd*, I 22-24, IV 28-63), le altre degli eletti alla contemplazione del volto di Dio, non altrettanto avveniva per quante si trovassero ospitate nei (presunti) tre gironi dell'Antipurgatorio. Qui, in effetti, esse apparivano, non ferme, ma, se si potesse dir così, provvisorie, non ferme, ma in cammino verso luoghi che non sarebbero stati passibili di una precisa definizione, se non si sapesse che meta ultima e necessaria era comunque, per loro, la porta che, sorvegliata dall'angelo, immetteva nel Purgatorio. Fra il presunto terzo girone, che in realtà non sarebbe comunque se non il secondo, considerato che il primo apparteneva, non propriamente al monte, ma alla pianura sulla quale sorgeva, e la porta sorvegliata dall'angelo, il testo induce a supporre che vi fosse una dura salita lungo la quale, quando il momento fosse giunto, le anime si avviavano per raggiungerla. Ma, che sia così è una supposizione esegetica; e tutto, al riguardo, risultando non ben definibile, l'unica cosa certa è che si errerebbe se si ritenesse che i presunti gironi fossero predisposti ad accogliere le anime perché, nell'attesa del monte, comin-

23. Cfr., p. es., M. Aurigemma, *Purgatorio*, *ED*, IV, 745.

ciassero l'espiazione dei peccati commessi in vita. Se si procedesse altrimenti, a non essere colto sarebbe il punto centrale della questione. Non colta risulterebbe la ragione per la quale era strutturalmente impossibile che Dante anticipasse al Purgatorio un luogo che, al pari di questo, fosse stato creato perché vi fossero accolte, e sottoposte a specifiche pene, specifiche anime di peccatori. L'Antipurgatorio, si deve sottolinearlo e ribadirlo, viene prima del Purgatorio, ma non ne anticipa la struttura. Se questo fosse avvenuto, dovrebbe parlarsene, non come di un Antipurgatorio, ma, piuttosto, come della parte iniziale dell'unico Purgatorio; e impropria, e da respingere, apparirebbe la loro distinzione. Ma che sia così è impossibile: non c'è infatti, nel Purgatorio, un luogo che, essendo interno a esso, abbia tuttavia la funzione di introdurre nel suo centro. Se si segue questa via, il punto della questione è destinato a sfuggire. Lo si coglie, invece, se, tornando all'Antipurgatorio come ad uno specifico e distinto luogo, si considera che la sua configurazione non era tale da accogliere peccati specifici; e che al suo carattere, per dir così, non specialistico, corrispondeva, non la specificità, e specificazione, dei peccati, ma la loro forma astratta, una sorta di generica disposizione al peccato che lì, in qualche modo, iniziava la purgazione destinata ad assumere, sul monte, il suo carattere specifico. L'Antipurgatorio non è dunque distinto in tre gironi sovrapposti, che in realtà sono, come si è detto, frutto di fantasia esegetica. Non lo è, e non avrebbe potuto esserlo perché, se già nel luogo dell'attesa (e l'Antipurgatorio è anche un luogo di attesa), le anime fossero state definite nel loro specifico peccato, questa parte dell'aldilà penitenziale avrebbe funzionato allo stesso modo dell'altra, e il criterio della sua differenza da essa si sarebbe rivelato incapace di produrla e di darne la ragione. Se di questa differenza, e del suo significato, Dante non fornì il criterio e non spiegò la ragione per la quale, nei fatti, la stabiliva, tanto più si richiede che al suo silenzio si ponga rimedio nell'interpretazione; alla quale spetta, in effetti, di cogliere il senso di una differenza che è fondamentale e, per la comprensione del modo in cui il rapporto fra Antipurgatorio e Purgatorio fu posto, imprescindibile.

5. Che, in effetti, a Dante e a Virgilio l'Antipurgatorio non offrisse una struttura che, attraverso le sue differenze, lasciasse indovinare la ragione per la quale si presentava così, si è visto, con relativa facilità, seguendo il cammino da essi compiuto per avvicinarsi alla montagna e ai suoi contrafforti. Che non fosse il terreno a esser stato disposto all'accoglienza dei pec-

cati, ma fossero, se mai, le anime che ne erano gravate nel segno generico, e come poi meglio si vedrà, prevalente della negligenza, a caratterizzare il terreno su cui camminavano o sostavano, è considerazione che si è imposta senza particolare sforzo. Le anime che, provenendo da un luogo non precisato della spiaggia, camminavano in pianura a fianco della montagna erano destinate a uno che, non solo non sapevano quale e dove fosse, ma nemmeno mostravano il disagio che da questa condizione avrebbe potuto derivare. Da Manfredi Dante avrebbe sì appreso che il gruppo del quale era parte era costituito da negligenti incorsi in un peccato che aveva meritato la scomunica, ma niente invece sul luogo al quale era diretto.[24] Il che, del resto, è tanto più notevole in quanto, sebbene del luogo e delle sue possibili mete, al pari di Virgilio, Dante fosse ovviamente all'oscuro, nemmeno da lui, o dalla sua guida, venne dichiarato il desiderio di saperne di più. Era come se, per questo riguardo, l'indeterminatezza di questo luogo della regione penitenziale facesse parte del quadro, e il desiderio di saperne di più non ne fosse sollecitato a determinarsi.

Chiarimenti sul luogo che le anime erano destinate a occupare nell'Antipurgatorio Dante non ebbe nemmeno da Belacqua e da coloro che, essendo stati anch'essi negligenti, erano morti di morte violenta e solo nell'ultimo istante della vita avevano chiesto a Dio il perdono dei loro peccati. Che costoro si trovassero su un girone, e questo fosse il primo dell'Antipurgatorio, sarebbe stato, d'altra parte, indubitabile se, con la certezza che erano tre, vi fosse stata anche quella relativa alla loro sicura realtà. Ma il testo non offre al riguardo nessun appiglio. Per quanto possa essere incline e disposto a trovare che, fra le tre cantiche, c'è, rispetto all'ordinamento dei tre regni, perfetta corrispondenza e assoluta proporzione, nessuno potrebbe seriamente sostenere che il luogo dove i due poeti avevano sorpreso Belacqua a coltivare la sua pigrizia fosse il primo dei tre gironi, e che quello dei morti per forza fosse perciò il secondo. Posto, d'altra parte, che non del primo si trattasse, ma del secondo, dove si pensa che fosse il primo? Non, come si è visto, nel tratto di terra su cui procedevano le anime dei negligenti scomunicati: esse, si sa e lo si è detto, marciavano sulla pianura, ai piedi del monte, e non su una sua «balza», sì che a questo, propriamente, non appartenevano. Se, d'altra parte, il suo luogo fosse stato il primo, e quello dei morti per forza, dunque, il secondo, dov'era, allora, il terzo? Non lo si potrebbe identificare nella valletta dei principi negligenti, che non risulta

24. *Pg* III 136-141.

si trovasse a un più alto grado della montagna e che raggiungibile fosse perciò soltanto mediante una nuova e ulteriore ascesa. Se è così, il solo luogo, al quale sarebbe possibile attribuire il carattere di un girone sufficientemente definito, è quello nel quale Dante incontrò i negligenti morti per forza. Ma si trattava tuttavia di un luogo che, sebbene appartenesse alla montagna, niente fa supporre che le girasse intorno e che, soprattutto, fosse quello in cui dovessero necessariamente raccogliersi quelli che in avvenire fossero incorsi nello stesso peccato e nella stessa disavventura di una morte violenta. Detto questo, deve schiettamente confessarsi che non è chiara, e dipenderà dalla pochezza dello scrivente, la ragione per la quale Dante collocò sulla parte iniziale del monte i morti di morte violenta, e ai piedi di esso, in pianura, gli scomunicati. Non chiara è la ragione per la quale i morti di morte violenta, nonché pentiti dell'ultima ora, furono collocati al di sopra di quanti, negligenti anch'essi nel pentimento, erano incorsi nella scomunica della Chiesa. Di questa diversa collocazione Dante non fornì la ragione. Che sia così, è un fatto, che può essere addotto a riprova che, nel suo insieme, la regione antipurgatoriale è disegnata con tratti meno perentori di quelli riservati al Purgatorio, concepito come un luogo *ab initio* disposto a ricevere, sui suoi gironi, le attese purgatoriali. Non si tratta, del resto, di un difetto costruttivo, di un disegno eseguito in modo approssimativo e senza una precisa, anche se non dichiarata, ragione. L'Antipurgatorio, che Dante delineò in accordo soltanto apparente con l'Antinferno, fu escogitato, probabilmente, per rendere più lunga la via della penitenza e dell'espiazione, più lontana la meta di entrambe, più duro il cammino, ma con la chiara consapevolezza, tuttavia, che i peccati specifici sarebbero stati purgati non lì, ma sulla montagna del Purgatorio. Nella sostanza, l'Antipurgatorio fu perciò concepito come un luogo nel quale la penitenza riguardasse non i peccati nel loro tratto specifico, ma qualcosa come una disposizione al peccato che, senza che Dante l'abbia mai detto, si riassumeva, come si vedrà, in quello della negligenza, ossia del peccato, o della disposizione peccaminosa che, per esempio, fece sì che con grave ritardo Manfredi chiedesse a Dio il perdono di quelli, «orribili», commessi da lui. Che poi, a questo riguardo, egli non entrasse in particolari e, per esempio, non avvertisse l'esigenza di spiegare da quale girone del monte in particolare Manfredi fosse atteso, può ben comprendersi. La *Commedia* è *opus theologicum*. Ma Dante, che così l'aveva concepita, era anche il poetico costruttore di una figura poetica: come avrebbe potuto, senza alterarne la linea, preoccuparsi del più specifico destino purgatoriale di questo personaggio che «biondo era, e bello, e di gentile aspetto,/ ma l'un de' cigli un colpo avea diviso»?[25]

6. Si deve fare un passo indietro. La questione della struttura che Dante conferì al Purgatorio è infatti meritevole di essere considerata anche da un altro punto di vista. Anche a prescindere dall'Antipurgatorio, essa è assai meno rigida di quanto non appaia, e non sia, quella dell'Inferno. Ma non si tratta solo di minore rigidità: si tratta anche della, se non più estesa, più dispersa sua latitudine. In effetti, il Purgatorio aveva il suo prologo necessario in una zona della terra che non coincideva con l'isola sulla quale sorgeva la montagna con le sette balze destinate all'espiazione dei sette peccati capitali. A rigore, esso aveva, se non il suo inizio, il suo avvio nel luogo in cui si radunavano le anime destinate a scontarvi la loro pena, e cioè, com'è noto, alla foce del Tevere, dove, come Dante precisò, la sua acqua «s'insala».[26] Occorrevano perciò tre soste perché l'anima raggiungesse la destinazione purgatoriale. La prima, che aveva luogo alla foce del Tevere,[27] era caratterizzata dall'attesa che l'angelo nocchiero sistemasse nel suo vascello le anime alle quali, per decisione divina, era stata data la precedenza; la seconda avveniva sulla spiaggia dove l'angelo le sbarcava; la terza nella parte dell'Antipurgatorio, collocata ai piedi e sui contrafforti del monte. Se, a cominciare dalla prima, queste tre tappe nacquero dalla fantasia di Dante, non può tuttavia ignorarsi che a far sì che vi si formassero furono forse le molte indulgenze promosse da Bonifacio VIII in occasione del Giubileo del 1300.[28] Il che è a riprova non solo della larghezza e, si dica pure, dell'audacia delle indulgenze proposte, ma anche della disponibilità della struttura del Purgatorio a risentirne in un punto di non secondaria importanza. A derivarne erano infatti conseguenze che implicavano e imponevano il confronto con quella dell'Inferno, che era eterna, e non avrebbe perciò potuto essere mutata nemmeno dall'onnipotenza divina che, nella sua eternità, avrebbe incontrato qualcosa che, appartenendo alla sua stessa essenza, avrebbe costituito per essa un limite insuperabile.

25. *Pg* III 107-108.

26. *Pg* II 101.

27. L'indugio delle anime alla foce del Tevere fu considerata «tutta fantasia di Dante», da Frugoni, *Il Giubileo di Bonifacio VIII*, pp. 140 e172; cfr., nel già citato volume degli *Incontri nel Medio Evo*, il saggio su *Dante e la Roma del suo tempo,* pp. 301-302.

28. Oltre il saggio di Frugoni, citato qui su, cfr. J. Le Goff, *La naissance du Purgatoire*, Paris 1981, pp. 442-443.

Sulla questione si dovrà tornare quando più numerosi saranno gli elementi che l'analisi avrà distinti e messi a confronto. In effetti, e anche questo deve essere notato, con l'eccezione dell'anima di Belacqua che, «per negghienza» stava sdraiata per terra «dietro al sasso»,[29] e sembrava che a caratterizzarla non fosse che una passiva attesa, delle altre Dante non disse molto. Da una parte, stavano i due gruppi degli scomunicati e dei morti di morte violenta, e in questi, da Manfredi a Buonconte, egli individuò grandi personaggi, ai quali, nel racconto della loro morte, conferì forte risalto drammatico, senza tuttavia dire o lasciar intendere a quale balza del Purgatorio fossero destinati. Da un'altra, stavano gli altri, fra i quali, a parte i principi negligenti, idealmente appartenenti ai primi due gruppi, anche se riuniti insieme in un luogo specifico, soltanto a Sordello egli assegnò un volto, senza, per altro, dire quale peccato fosse in attesa di espiare.[30] Per-

29. *Pg* IV 104.

30. I. Baldelli, *I morti di morte violenta: Dante e Sordello* (1997), in *Studi danteschi*, a cura di L. Serianni e U. Vignuzzi, Spoleto 2015, pp. 215 ss., dà per certo che Sordello sia stato collocato da Dante fra i morti di morte violenta. Ma non mi pare che le sue argomentazioni impongano come inconfutabile questa opinione. A prescindere per ora dal modo in cui Dante lo rappresentò, e del quale dico nel testo e qui di seguito, resta che la notizia della sua uccisione si trova, nell'esegesi antica, soltanto in Benvenuto da Imola, *Comentum* III, 177-178, che la fece dipendere dalla storia che aveva intrecciata con Cunizza da Romano (G. Folena, *Tradizione e cultura trobadorica nelle corti e nelle città venete*, in *Storia della cultura veneta*, I, Vicenza 1976, pp. 498-514) e dalla vendetta che ne fu presa dal fratello di lei, Ezzelino che, prima lo perdonò e, quindi, essendo quello venuto meno alla promessa di non rivederla, lo fece uccidere. «Sordellus terrefactus suppliciter petivit veniam, promittens numquam amplius redire ad sororem. Tamen Cunitia maledicta retraxit eum in primum fallum. Quare ipse timens Eccirinum formidatissimum hominem sui temporis, recessit ab eo, quem Eccirinus, ut quidem ferunt, fecit postea trucidari». Ma Benvenuto stesso non era sicuro della notizia: *ut quidem ferunt* dimostra che, a fondamento della sua asserzione, non aveva niente più che alcune voci, che, per esempio, furono ignorate da C. Landino, *Comento sopra la Comedia*, a cura di P. Procaccioli, III, Roma 2001, p. 1139, che di Sordello delineò un ritratto più che generico e pressoché privo di notizie. Dipese forse anche da quelle, scarse e incerte, che aveva della sua vita e della sua morte, che, avvertendone tuttavia il fascino, Dante isolò il personaggio e tenne a non confonderlo con altri. Notevole è, in effetti, il silenzio che egli mantenne sulle sue molte avventure e sugli avvenimenti che avevano arricchita e complicata la sua vita: un silenzio che, a tal punto si fa notare che sembra difficile non cogliervi un'opposta intenzione, come se, quanto più la sua vita era stata varia e agitata, di altrettanto conveniva essenzializzarla e caratterizzarla in termini di lontananza e di solitudine. Se poi, nell'indicarlo come quello che aveva dato occasione alla celebre invettiva, Dante avesse inteso procedere per contrasto, e, attraverso l'invocazione della concordia, purificarlo delle violenze fra le quali aveva vissuto (E. Raimondi, *L'aquila e il fuoco di Ezzelino* [1966], in *Metafora e storia. Studi su Dante e*

ché questa differenza si fosse stabilita e, per di più, con questi caratteri, è difficile dire con ragioni che vadano al di là del fatto che le prova. Si può pensare che, a causa della loro storia e della forte impressione che questa aveva suscitato in lui, a Dante fosse venuto spontaneo di far confluire in un gruppo omogeneo, o meglio in due gruppi affini, i peccatori di cui s'è detto il peccato, e che in effetti, con la loro vicenda terrena, avevano dato ali al suo eccezionale talento drammatico. Si può anche pensare che, se erano state quelle umane vicende di violenza e di morte a far sì che egli le mettesse insieme, e unificasse nel segno della negligenza i diversi peccati da cui le loro vite erano state segnate, altrettanto non era avvenuto per i casi di altri peccatori, che da quelli si distinguevano non perché avessero dato luogo a un altro e diverso gruppo, ma perché stavano soli con sé stessi, nessun legame li univa e soltanto estrinseca era la compagnia in cui si trovavano. Alla radice di queste ragioni se ne dava, senza dubbio, anche un'altra; che va indicata nella disposizione intellettuale di Dante, ossia nell'idea che egli si era fatta del Purgatorio e della sua vita interna. Posto che avesse pensato di dar luogo a una struttura penitenziale definita in ogni suo aspetto, l'idea che nella sua mente aveva elaborata del Purgatorio, delle sue pene e del significato di queste, gli si rivelò tale da non poter essere tradotta in una struttura rigidamente definita in ogni suo aspetto. L'Inferno era stato pensato come un luogo immobile, scolpito nella sua eternità. Il Purgatorio lo era assai di meno, non fosse che per il tratto che più lo distingueva dal luogo dell'eterna pena. La montagna stava ferma in sé stessa, scandita nei suoi sette gironi. Ma, comunque si dovesse pensare la permanenza su di essi delle anime purganti, la differenza stava in ciò, che nell'Inferno si entrava e uscirne era impossibile, nel Purgatorio si entrava con necessità e, con pari necessità, si usciva. Di questo dovrà ancora parlarsi, quando il momento di parlarne sia giunto. Ma c'era, rispetto all'Inferno, un'altra, seria ragione di differenza, costituita dalla presenza dell'Antipurgatorio, e dalla domanda che, al riguardo, non può non considerarsi fondamentale. In ciascuna delle sue parti l'Inferno è un luogo caratterizzato dall'eterna pena e dall'eterno dolore;

*Petrarca*, Torino 1970, p. 130, ha definito Sordello un personaggi del «'milieu' ezzeliniano»), è ipotesi che non si può escludere e che non meriterebbe, comunque, di essere giudicata come non più che una sottigliezza. Ma resta la cura con cui egli lo isolò dal resto, al punto da farne la guida dei due poeti nella visita che erano sul punto di compiere alla valletta dei principi negligenti («anime sono a destra qua remote:/ se mi consenti, io ti merrò ad esse» [*Pg* VII 46-47]), e lo definì, attraverso le sue parole, come libero («loco certo non c'è posto)» di muoversi in ogni parte dell'Antipurgatorio.

che possono mutare d'aspetto e assumere forme, agli occhi dell'osservatore esterno, più o meno crudeli, essendo nella loro essenza, segnate dal terribile carattere dell'eternità. A parte il diverso esito che costituisce il suo *telos* interno, il Purgatorio si presenta con caratteri assai meno rigidi. Innanzitutto, per la presenza, alla sua radice ideale, di una regione, l'Antipurgatorio, che è un luogo di vuota attesa del momento in cui alle anime sarà consentito di entrarvi e dare inizio all'espiazione dei peccati. E poi anche per la questione, che rimane aperta, e non ci si può affrettare a chiudere, relativa alla natura dell'attesa che ne costituisce il carattere. L'attesa imposta alle anime era bensì, com'è ovvio, un'attesa, ma, nell'esserlo, era, o non era, anche espiazione o inizio di espiazione? La domanda dev'essere posta in modo esplicito e netto, perché, non avendola formulata, era ovvio che a essa Dante non abbia data risposta. A richiederla era tuttavia l'esistenza stessa di una zona antistante il Purgatorio, provvisoriamente abitata da anime in attesa: da anime che non parlavano mai di un tormento che andasse oltre quello provocato dal vuoto scorrere del tempo, e, a rigore, nemmeno di quello o di questo parlavano, pur tuttavia presentando una diversa immagine di sé, perché, o stavano sole e non erano altrimenti caratterizzate, o, come era per i negligenti, gli scomunicati, i morti di morte violenta, formavano una schiera che sembrava definirle anche in relazione a una pena, se non ulteriore a quella derivante dalla semplice attesa, con maggior forza, tuttavia, riscontrabile in essa: come se nel fondo di sé l'attesa trovasse qualcosa di ulteriore al suo semplice esser tale.

La domanda non può quindi non esser posta; e deve cercarsi di darle una risposta. Essa tiene infatti chiusa in sé una rilevante questione teologica che, mentre si delinea, sembra sfuggire a sé stessa alludendo piuttosto a un dramma dell'esistenza che non alla definizione del peccato e della conseguente pena. Non può non essere posta, e, se non sembri una forzatura, deve essere radicalizzata attraverso un'altra domanda, che scende verso la radice: perché l'Antipurgatorio? Se lo s'intende come semplice luogo di attesa, non solo non si dà conto della potenza drammatica che, a parte l'intensità della poesia, caratterizza il gruppo dei negligenti nel pentirsi, degli scomunicati, dei morti di morte violenta, ma anche ci si lascia sfuggire, e non si considera, il dramma dell'espiazione che, se il rilievo fosse giusto, già lì avrebbe avuto il suo inizio. Se tuttavia lo s'intende come il luogo in cui, soltanto per certe anime, quel dramma era un dramma, si è costretti non solo a, assurdamente, distinguere fra anime e anime, tutte in attesa, e non tutte, tuttavia, già coinvolte nell'espiazione dei propri peccati, ma, abbandonata questa indifendibile distinzione, a incorrere in un'altra difficoltà. Dal coinvolgimento di tutte le anime dell'Antipurgatorio nel processo dell'espiazione, deriva, e torna a delinearsi, un'ulteriore e spinosa conseguenza, per la quale, se la si tenesse ferma, al Purgatorio si sottrarrebbe una parte della sua prerogativa e della sua funzione, che è di esser esso il luogo dell'espiazione; che si attuava tutta entro il suo confine e non poteva ammettersi che avesse il suo inizio al di fuori dei suoi confini. Da queste difficoltà tanto più uscire era, se non impossibile, difficile, quanto più si comprenda che esse derivavano dall'idea stessa di un Antipurgatorio e dall'ostacolo che esso poneva a chi avesse inteso ridurlo a un semplice luogo di attesa; che semplice non avrebbe in nessun caso potuto essere definito, se dall'attesa non si fosse comunque potuta escludere la sofferenza che ne derivava. Se non era impossibile, uscire da questa difficoltà era tuttavia, comunque la questione fosse stata girata, non semplice; e occorreva prenderne atto. Se la differenza che può notarsi nell'atteggiamento tenuto dalle anime nei confronti dell'attesa, più rassegnata in alcune, più sofferta in altre, meno disposta a esser vissuta nel segno dell'espiazione in alcune, più incline, da parte di altre, a farsi coinvolgere in essa; se tutto questo può, in mancanza di una migliore ragione, essere spiegato con il diverso carattere che nella vita, e attraverso le vicende della vita, le aveva segnate, tutto questo non bastava a risolvere la difficoltà che restava nel fondo. Posto che si potesse definirlo così, di che natura era il nesso che lega la sofferenza patita nell'Antipurgatorio ai martìri riservati al monte? L'Antipurgario è un luogo propedeutico all'espiazione specifica di specifici peccati? E che significa «luogo propedeutico»? È una questione che tornerà quando si dovrà affrontare quella posta dal peccato della «negligenza» che, non avendo sul monte il luogo specifico della sua espiazione, si rivelerà appartenente, nelle sue interne differenze, all'Antipurgatorio: senza tuttavia che sia chiaro se lo si debba considerare come una generica disposizione al peccato, e presente perciò alla radice di ciascuno, o se per la delineazione di questa idea il testo fornisca spunti, ma non espliciti criteri. A favore della prima tesi sta il fatto indubitabile che il passaggio per l'Antipurgatoro è, per tutte le anime destinate al monte, una necessità, che non ammette eccezioni. Ma, ferma restando la necessità del passaggio per l'Antipurgatorio di ogni anima sottratta all'Inferno, fermo resta anche che non tutti gli ospiti del primo sono definibili come negligenti, sempre che con questo termine non s'intenda un peccato che è premessa inevitabile di ogni specifico peccato. Si vedrà, al momento opportuno, il caso di Sordello; che negligente potrebbe essere considerato solo nel senso che ogni peccatore lo è, e che, quale che fosse il girone a lui destinato sul monte, alla radice del suo peccato preminente agiva la «disposizione» a commetterlo. Il che, se al concetto che ne è implicato, si tenesse fermo, occorrebbe osservare che, come nella concreta prassi peccaminosa, la disposizione al peccato, e questo nella sua peculiarità, formavano un nesso indivisibile, nell'assegnare, con il nome di «negligenza», la «disposizione al peccato» all'Antipurgatorio, e il peccato specifico al monte, Dante divideva ciò che nella realtà presentava un volto unitario. Perché avesse ritenuto di procedere così, è difficile dire. Chi ha proposto che l'Antipurgatorio deve la sua origine alla persistente idea pagana di un «sopravvivere dimidiato e quasi umbratile dei morti, o meglio di quelli che son morti da poco»,[31] non ha considerato che niente c'è nel testo che lasci supporre che i negligenti, e soprattutto i morti di morti violenta, in realtà abitassero quel luogo in una situazione di dimidiato sopravvivere, dal momento che tutto, viceversa, concorreva a rendere inevitabile la conclusione che, il passaggio per l'Antipurgatorio essendo per ogni anima destinata al monte, inevitabile, né la sua genesi né la sua funzione potevano essere spiegate così.

7. Queste, sommariamente delineate, sono le questioni, o, meglio, alcune delle questioni, che si pongono a chi osservi la struttura del Purgatorio e, per cominciare, si interroghi sul significato di ciò che lo precede, ossia dell'Antiputrgatorio. Sono le questioni che non potranno non ripresentarsi nel corso dell'analisi che, in forma più specifica, sarà dedicata alla struttura che Dante dette al secondo regno: questioni nelle quali il senso teologico e quello drammatico alludono talvolta alla possibilità di un conflitto, che non si può pretendere di ricomprendere, dunque in modo estrinseco, sotto un segno comune. Per anticipare, semplificando, quel che l'analisi contribuirà a restituire alla sua complessità, in quella del Purgatorio si intrecciano due idee diverse, e non necessariamente destinate a entrare in una sintesi. Da una parte, quella per la quale, assegnate a un girone, le anime aspettano lì, mentre scontano la pena che le «martira», il momento della chiamata al cielo. Da un'altra, l'altra per la quale la purificazione è un'ascesa che, da un girone a un altro, conduce fino alla barriera di fuoco: un'ascesa che ha sì un ovvio significato spirituale o, che si dica, morale, ma è tuttavia un'ascesa che implica fatica e sofferenza analoghe a quelle di uno che, essendo vivo, sia impegnato nella scalata di

31. S. Pasquazi, *All'eterno dal tempo. Studi danteschi*, Firenze 1966, p. 178.

un'erta cima. Sono due idee diverse, non contraddittorie ma diverse, due diversi, anche se non contraddittorii, concetti della purificazione. E non è detto che, entrambe presenti in Dante, siano disposte a includersi in una sintesi. L'una suppone un cammino (la purificazione) che si compie restando fermi. L'altra ne suppone uno che si compia passando da un luogo a un altro.

8. Che, dunque, Dante e Virgilio fossero pervenuti all'Antipurgatorio, e questo, essendo un luogo, fosse tuttavia da intendere nel primo dei due sensi (quello morale e non l'altro, territoriale) distinti qui su, è dimostrato, non dalla qualità del terreno e da una particolarità che lo avesse rivelato idoneo ad accogliere anime recanti il segno di un determinato peccato, quanto piuttosto da questo, che era infatti una specie particolare di peccato. Ma è giunto il momento di considerare altri aspetti della questione, e, a quanto si è detto fin qui, aggiungere altro. A sopraggiungere nel luogo in cui i due poeti erano pervenuti avendo raggiunto il «piè» del monte, era, come si è visto, una schiera (una «gente», dice Dante) costituita dalle anime di coloro che erano incorsi nella scomunica della Chiesa e costituivano perciò un gruppo omogeneo di peccatori. Non era quindi, come si è visto, la natura del luogo a indicare che lì era l'Antipurgatorio. A suggerire che l'Antipurgatorio era lì, con questo termine intendendo che quello era un luogo in cui, nell'attesa di essere ammesse sul monte del Purgatorio, le anime espiavano un determinato peccato, erano queste, erano le anime che, sopraggiungendovi e camminandovi sopra, gli conferivano questo carattere. Erano esse, infatti, che, raccolte in un gruppo reso omogeneo dalla scomunica che ciascuna aveva patita, mostravano che il loro procedere unite le indicava come altrettanti oggetti di una stessa punizione; che, a differenza di quella che gravava sulle anime accolte nel Purgatorio, non aveva niente di fisico, perché non consisteva se non nella sofferenza che ciascuna provava nel dover attendere il giorno in cui questa avrebbe avuto fine e sarebbe cominciata la pena da espiare sul monte. Che sia così, e quel gruppo di anime stesse, tuttavia, già patendo una punizione implicante espiazione, è dimostrato, non solo dalla conoscenza che, come a Dante sarebbe, di lì a poco, stato spiegato da Manfredi, gli scomunicati avevano della durata della pena a cui erano sottoposti e che, come si è detto, non consisteva se non in una attesa che sarebbe durata trenta volte il tempo che ciascuno era stato fermo nella sua «presunzione»,[32] ma anche da altro. E cioè dalla più breve,

32. *Pg* III 136-139.

assai più breve attesa che, rispetto a quella che era stata a loro imposta, era riservata a quanti avendo, per pentirsi, atteso il momento che li aveva posti sull'«orlo de la vita», ora dovevano stare al di qua del Purgatorio tanto tempo quant'era durata la loro vita.[33] Il che consente di capire che, a differenza di quel che avveniva nell'Inferno, dove il tempo aveva la forma dell'eternità, e a differenza altresì di quel che accadeva nel Purgatorio, dove la durata della pena non era nota se non a Dio, al penitente essendo riservata, per questo riguardo, un'attesa piena di dolore, non solo morale, ma fisico, nell'Antipurgatorio le cose andavano in modo diverso. La consapevolezza che le anime avevano del tempo che vi avrebbero trascorso faceva sì che questo costituisse un elemento essenziale della pena che, poiché era destinata ad aver fine, assumeva anche il carattere di un'espiazione, in forza e in ragione della quale l'anima era pronta per la sua ulteriore e definitiva prova. Chiarita così, la questione sembra in effetti ben chiarita; e non è un semplice gioco intellettuale quello per il quale si dice che lì la sofferenza si risolveva nell'attesa che venisse il momento in cui attendere avrebbe significato più intensamente soffrire. Resta la difficoltà offerta dall'idea di un'espiazione che, sia pure in successione, avveniva in due luoghi diversi; e resta il dubbio se la pena della maggiore attesa riservata alle anime dei morti «in contumacia [...] di Santa Chiesa» costituisse altresì la ragione per la quale, a differenza degli altri che non soggiacevano alla stessa necessità, a essi non era concesso se non di stare in gruppo, come altresì accadeva per i negligenti morti di morte violenta, che anch'essi formavano un gruppo («e 'ntanto per la costa di traverso/ venivan genti innanzi a noi un poco,/ cantando 'Miserere' a verso a verso»).[34] È un problema che, potendo essere posto, non è atteso tuttavia da una soluzione certa.

9. Che quelle degli scomunicati e dei pentiti dell'ultima ora di una vita spezzata dalla violenza, fossero anime gravate da un peccato che, sebbene non si definisse nel senso della «differenza specifica», da tutte doveva essere espiato attendendo, è indubbio. Da dove venissero non era chiaro, né dove fossero dirette, e se quello a cui Dante e Virgilio le avevano incontrate fosse il luogo nel quale si sarebbero fermate e che, per un determinato tempo, le avrebbe accolte. Queste anime costituivano certamente un gruppo omogeneo ed erano esse a specificare il luogo nel quale in quel momento

33. *Pg* IV 130-133.
34. *Pg* V 22-24.

si trovavano. Ma non risponde a verità l'idea secondo la quale al primo balzo Dante e Virgilio non pervennero se non quando, «per la costa di traverso», videro venire verso di loro «genti» che cantavano «'Miserere' a verso a verso».[35] Che, come già si è visto, l'incontro con queste anime avvenisse a una altezza maggioredi quella in cui era avvenuto il contatto con gli scomunicati e con Manfredi, e l'Antipurgatorio presentasse perciò due livelli fisicamente sovrapposti, può, e anzi deve, concedersi, se si sta a IV 136-139: «e già il poeta innanzi mi saliva,/ e dicea: 'vienne omai: vedi ch'è tocco/ meridian dal sole e a la riva/ cuopre la notte già col pie' Morrocco». Ma questo non significa né che l'Antipurgatorio avesse una struttura rigida anticipante, con i suoi gradi, quella, che rigida certamente era, del Purgatorio, né che solo allora i due poeti vi avessero messo il piede, e l'incontro con Manfredi fosse avvenuto, non nell'Antipurgatorio, ma in un Antiantipurgatorio.[36] Non significa, in sostanza, che in queste due diverse altezze si dovesse riconoscere un particolare significato strutturale, e che, infine all'Antipurgatorio, genericamente considerato, non appartenesse anche il terreno, ancora quasi pianeggiante, su cui si muovevano le anime degli scomunicati ed era avvenuto il relativo incontro.[37] La dislocazione delle anime a diverse altezze non implicava né che l'Antipurgatorio si dividesse

35. *Pg* V 24.

36. Come si sarebbe costretti a intendere se, p. es. si stesse alla didascalia interpretativa, riferita al quarto canto, che si legge in Sapegno, *Purgatorio*, p. 37: «faticosa salita dei due pellegrini al primo balzo dell'Antipurgatorio (vv. 1-54)».

37. G. Poletto, *La Divina Commedia*, II, *Purgatorio*, Roma-Tournay 1894, p. 60, ha individuato nell'Antipurgatorio quattro «gironi»; e a questi ha aggiunto la valletta dove sono riuniti i principi negligenti. Ma che si tratti di «gironi» deve, credo, essere escluso. La quadripartizione del Poletto non ha riscontro nella realtà geografica di ciò che sta innanzi alla montagna perché, come ho detto, a differenza di questa, il luogo che la precedeva non era disposto in modo che le sue diverse parti ospitassero diversi peccatori. Se nel momento in cui Dante e Virgilio li incontrarono, si trovavano in quel luogo, non è detto che lì, e solo lì, dovessero stare per il tempo della loro attesa del monte. Che, a parte la valletta dei principi negligenti, che rappresenta un'evidente e forse voluta eccezione, l'Antipurgatorio non fosse stato concepito da Dante come, a parte il nome che non gli fu dato da lui, un luogo diviso in modo da accogliere peccatori diversi, non è senza una ragione. Se l'avesse modellato sulla montagna, avrebbe dovuto assegnargli una specifica funzione espiativa, che, quindi, sarebbe stata distinta in due momenti diversi e, tuttavia, connessi, rendendo esplicita (e per tale via anche insolubile) una difficoltà che, in modo implicito, si fa avvertire già nell'aver anteposto alla suddetta montagna un luogo d'attesa, che non è quello della vera espiazione, e tuttavia non si può non ammettere che, in certo senso, ne sia l'inizio, o, se si preferisce, la necessaria premessa.

in gironi, né, meno che mai, che la prima schiera si aggirasse in una zona della quale, se fosse stata definibile nel modo che si è detto, proprio non si riuscirebbe a comprendere la ragione. Non c'è niente, in effetti, che, salvo errore, induca a pensare che, poiché si muovevano su una zona più alta del monte, le genti che cantavano il salmo L, e cioè i negligenti, rappresentassero un peccato più, o, eventualmente, meno grave di quello commesso da chi aveva meritato la scomunica. Essi piuttosto si dividevano, ma anche qui senza stabilire una gerarchia, fra, da una parte, coloro che erano stati negligenti nel chiedere per sé stessi il perdono divino e, da un'altra, coloro che negligenti erano stati verso i propri doveri nei riguardi della giustizia e della vita civile (sono i già ricordati prìncipi che, perciò, Dante definì con questo aggettivo e immaginò che fossero, questi sì, riuniti in una piccola valle, essendo perciò gli unici ai quali fosse riservato un luogo, anche fisicamente, destinato a essi come a una classe determinata di anime). Tutti, perciò, anche i principi negligenti, attendevano il momento in cui sarebbe stato loro concesso di entrare nel Purgatorio vero e proprio, con i suoi sette gironi sormontati dal Paradiso Terrestre. Poiché, tuttavia, la loro era, o sembrava essere, non tanto e non soltanto una semplice attesa del momento in cui avrebbero espiato specifici peccati, ma un'attesa che già di per sé era espiazione, si potrebbe essere indotti a ritenere che di lì, compiuto il tempo dell'espiazione, a esse fosse dato di essere assunte direttamente in cielo. L'ipotesi, e meglio lo si vedrà in seguito, è certamente indifendibile. Ma, come pura ipotesi, è resa necessaria da ciò che, se il peccato è sempre, e necessariamente, specificato secondo un determinato carattere, non va senza difficoltà il pensiero che l'espiazione preveda due tempi, il primo dei quali sia caratterizzato da un'espiazione «generica» che, per sé stessa, non conduca se non al secondo tempo, consistente in quella «specifica» che ha luogo sui gironi del monte. L'ipotesi, in altri termini, che nell'Antipurgatorio l'espiazione riguardasse la peccaminosità, il peccato preso in sé stesso, magari sotto il nome di «negligenza» e al di qua delle sue specifiche differenze e, nel Purgatorio, invece, il peccato specificato *secundum quid*; che, insomma, qui fosse all'opera ciò che distingue il genere dalla differenza specifica, può, a seconda dei gusti, essere considerata ipotesi ingegnosa, o astratta. Se è vero, d'altra parte, che essa non ha alcun concreto riscontro nel testo della seconda cantica, e non consente che si difenda la sua, per dir così, definizione di origine aristotelica, vero è anche, e si deve ribadirlo, che la negligenza è l'unico peccato che sembri esser comune alle anime sostanti nell'Antipurgatorio, essendo tuttavia bensì un peccato, ma un peccato che consiste nella disposizione al peccare. Su questa distinzione si ragionerà, in queste pagine, via via che l'argomento ricondurrà a essa. Ma deve anche avvertirsi che l'uso che qui se ne fa è essenzialmente esegetico, essendo volto a render conto di alcune caratteristiche della concezione dantesca dell'Antipurgatorio che, se quella distinzione non intervenisse, ne farebbero una copia mal disegnata del Purgatorio, e lo condannerebbero all'inutilità. Abbia o no un preciso riscontro nei testi dai quali Dante aveva tratto la sua ispirazione (su questo occorrerà che si ritorni), resta fermo che, se non vi si ricorre, un punto essenziale della sua costruzione del Purgatorio resta oscuro e mal capito.

10. Nell' attesa che venga il momento in cui questo discorso potrà essere ripreso e condotto alle sue conseguenze, a un'altra considerazione è necessario concedere spazio. La struttura del secondo regno è, per un verso, assai elaborata e lasciata, per un altro, all'intelligenza di chi legge. È dunque in alcuni punti, di non facile interpretazione. Si è osservato qui su che non è un terreno diviso in parti, ciascuna predisposta ad accogliere peccatori di un determinato peccato, quello su cui Dante e Virgilio procedettero dopo essere usciti dall'Inferno a rivedere le stelle, e prima di essere stati ammessi nel Purgatorio. Deve ribadirsi, e su questo è giusto insistere che sono le anime che, idealmente, definiscono, come quella determinata parte, la parte che, di volta in volta, si trovino ad occupare. A dimostrarlo sono due «figure» di espianti, due anime fra loro diversissime, e delle quali, dopo il breve cenno che sarà dedicato alla questione di cui sono il documento, si tornerà a parlare, ribadendo intanto che non è nel terreno la differenza che le segna. Sono Belacqua e Sordello. Nessuno dei due era stato scomunicato, nessuno dei due aveva patito una morte violenta.[38] Ma, come effetto di una negligenza che aveva assunto la forma specifica della neghittosa pigrizia che aveva caratterizzato ogni fase della sua vita, Belacqua era stato tardo a pentirsi; e, per questa ragione, come «negligente», aveva titolo per essere incluso fra coloro che, con il loro peccato, avevano definito il luogo nel quale si trovavano e che non era perciò (converrà ribadirlo) un luogo che fosse limitato da certi confini. Di Sordello, che palesemente non apparteneva a nessun gruppo, e che teneva a farlo notare, deve invece dirsi che se, al pari di Belacqua, non era uno scomunicato dalla Chiesa e non era morto di morte violenta, a differenza di lui non era, o non

38. Cfr. *infra* e, qui su, n. 30.

risulta che fosse stato, un negligente che avesse tardato a chiedere a Dio il perdono delle sue colpe. Ne consegue che, se di questo peccato si era, lui pure, reso responsabile, ciò era avvenuto per la generica, e già addotta, ragione che la negligenza è alla radice di ogni peccato, di modo che è per il peccato commesso che si è definiti negligenti, e non in quanto, positivamente, si sia tali. Alla luce di questo criterio, che Sordello facesse parte dell'Antipurgatorio inteso, in senso largo, come luogo di espiazione della negligenza, è ovvio, quello stretto in cui ne faceva parte essendo definito dall'eccezionalità della sua figura.

Chiedersi quale sia il rapporto che al Purgatorio lega l'Antipurgatorio è perciò altrettanto necessario che chiedere quale sia quello che connette, ma anche distingue, l'Antipurgatorio inteso come il luogo in cui tutte le anime sono comprese e sono in attesa di poter varcare la soglia sorvegliata dall'angelo, dall'Antipurgatorio inteso nel senso determinato dalla presenza in esso dei negligenti, degli scomunicati, dei morti di morte violenta, ossia di peccatori che sembra di poter includere in un orizzonte specifico, distinto e definibile con il nome dei primi. Negligente, nei confronti della fede, è, infatti, sia chi, per ragioni specifiche, abbia ricevuto la scomunica, sia chi si sia lasciato afferrare dalla morte essendo ancora del tutto involto nel fango del peccato. Alla luce di questa distinzione, deve dirsi che, se tutte le anime destinate alla purgazione appartengono all'Antipurgatorio inteso in senso generico, ciascuna tuttavia vi appartiene secondo la sua propria modalità senza che a questa sia, dalla natura del luogo, destinata una parte nella quale debba trovar posto. La distinzione è ovvia e tale da non dar luogo a difficoltà. Se tuttavia non s'impone a prima vista e, per essere colta richiede una qualche cura, la ragione sta nel rilievo che, a parte i casi di Belacqua, che, del resto, era un negligente, e di Sordello, che non lo era, Dante dette al peccato della negligenza inteso nelle sue varie forme; e solo di questi peccatori parve occuparsi, di questi soltanto descrisse, in termini di dramma, la condizione. Di questo sembra lecito chiedere la ragione. Perché, considerata nelle sue varie forme, a tal punto la negligenza attrasse su di sé la sua attenzione che l'Antipurgatorio assunse l'aspetto del regno (provvisorio) di quanti si erano macchiati di questo peccato? Alla domanda si può forse cominciare a rispondere che se, fra le anime dei negligenti erano comprese anche quelle di coloro che tali furono in relazione, oltre che al loro finale pentimento, anche ai doveri specifici che avrebbero dovuto esercitare nei confronti della comunità politica e di ogni altro aspetto della vita, ne discendeva che, intesa così, la negligenza si specificava come bensì un peccato determinato, ma preliminare, tuttavia e, quindi, quasi propedeutico, come si è detto, alla purgazione degli altri ai quali introduceva, e la cui purgazione sarebbe avvenuta non lì, ma sulle apposite balze del monte al quale le anime dei negligenti, degli scomunicati, dei morti di morte violenta, tutte sarebbero giunte una volta che di quel preliminare peccato si fossero pienamente emendate. Inteso così, l'Antipurgatorio sarebbe stato un luogo, non di attesa, di vuota attesa del momento in cui alle anime sarebbe stato comunicato che per loro la porta del Purgatorio si era aperta e a esse era consentito di varcarla, ma di espiazione di un peccato la cui specificità consisteva nel suo essere la radice di ogni altro. Non la peccaminosità (e così si risponde a una troppo facile obiezione), ma una disposizione peccaminosa che era, essa stessa, un peccato e punibile come un peccato, troppo ampio, in ogni caso, perché lo si potesse destinare a, e chiudere in, un luogo specifico. La distinzione qui proposta non deve, perché non lo è, apparire né astratta né sofistica. La peccaminosità è un'idea che, per sé stessa, non vi è coinvolta. La disposizione al peccato non è un'idea, ma un'inclinazione pericolosa che conduce già all'interno del suo ambito.

Non è detto, tuttavia, che le cose stiano propriamente così, o che, nello stare così, non vi stiano senza interne difficoltà e complicazioni. Difficoltà e complicazioni si rendono infatti evidenti se si osserva il paradosso che si delinea quando si sia costretti a considerare che, se la negligenza fosse sì un peccato in sé, ma anche, e nello stesso tempo, la radice di tutti i peccati, nella sua espiazione e purgazione sarebbe anticipata quella di ogni altro, e la vicenda purgatoriale si contrarrebbe, o rischierebbe di contrarsi, tutta in unico punto. Si aggiunga che, per i negligenti e gli altri che si sono definiti come anch'essi segnati, alla radice, da quel peccato, i passaggi sarebbero stati bensì due, uno dall'Antipurgatorio al Purgatorio, l'altro da questo, al Paradiso: salvo che, a raddoppiarsi sarebbe stato il momento dell'espiazione; che, per i negligenti si sarebbe diviso in due, avendo luogo sia nell'Antipurgatorio, funzionante in questa sua parte, come un autentico Purgatorio, sia in quello vero e proprio, dal quale, esaurita la pena, avverrebbe il passaggio ai cieli paradisiaci. A differenza di questi peccatori, per gli altri, che dal peccato di negligenza fossero stati immuni, i passaggi sarebbero stati bensì due, ma un solo momento avrebbe riguardato l'espiazione, destinata a compiersi soltanto nel Purgatorio.

11. Di nuovo, tuttavia, conviene domandare: è proprio così? È proprio sicuro che le anime dei negligenti inclusi nell'Antipurgatorio, fossero at-

tese da una delle balze che circondano la montagna del Purgatorio? Se si sta all'idea che si rivela interna alla costituzione, alla natura e alla funzione dell'Antipurgatorio, la domanda non può ricevere altra risposta che affermativa: non c'è anima dell'Antipurgatorio, e tutte le anime debbono sostarvi, che non sia destinata a passare attraverso la porta sorvegliata dall'angelo e a raggiungere, sul monte, il suo luogo specifico. Nel caso, infatti, che le anime dei negligenti non fossero attese da un girone del monte dove si sarebbero purificate del loro peccato, l'Antipurgatorio sarebbe stato esso il Purgatorio, e a quello che propriamente ha questo nome, un'importante funzione sarebbe, in tal modo, stata sottratta. Nel caso invece che lo fossero, si avrebbe, e già lo si è detto, che, a differenza degli altri peccatori, i negligenti sarebbero chiamati a espiare i loro peccati in due luoghi e in due tempi diversi, la prima volta come peccati di negligenza, una seconda come quelli a cui questa avesse aperta la via e favorito l'insorgere. Il che, se ci si pensa, significa che, se la negligenza è una disposizione al peccato, del quale è la radice, l'ipotesi che ci siano peccatori che in sé non siano anche negligenti non regge, perché, nei fatti, non c'è peccatore che non sia anche negligente e non sia perciò sottoposto a una espiazione scandita in due tempi, uno trascorso nell'Antipurgatorio, l'altro nel Purgatorio. A nascerne, come si sta cominciando a vedere, è perciò una questione pungente, che si presenta come il limite estremo di una difficoltà, o, se si preferisce, di un carattere interno al peccato della negligenza. Malgrado la sua ampiezza, esso deve infatti essere e poter essere, tenuto fermo nella sua specificità, e si tratti pure di quella che si definisce attraverso l'idea della disposizione al peccato; che tale è già anche nell'Antipurgatorio, se è vero che già lì essa è punita attraverso il tempo che le anime debbono trascorrervi. Deve perciò aversi chiaro in mente che, se la negligenza ha varie forme, che tuttavia riconducono al carattere suo di disposizione al peccato, quella di cui, facendone l'oggetto dei rimproveri catoniani, Dante parlò a *Purgatorio* II 120-123, soltanto in senso generico è identificabile con l'altra, di cui si è detto dandone la definizione. Quella delle anime che si fermarono estasiate ad ascoltare il canto intonato da Casella è la negligenza che insorge quando una qualsiasi tentazione mondana imponga un ritardo all'attuazione di un più serio progetto di vita; ed è lo straordinario paragone istituito con i colombi che, «se cosa appare ond'elli abbian paura/ subitamente lasciano star l'esca/ perch'assaliti son da maggior cura» (vv. 127-129), a dimostrare che la loro non era stata se non la negligenza di un momento, la conseguenza di un'emozione che, anche a Dante e a Virgilio, che non erano di quella schiera, si era comunicata, tanto che il secondo aveva dovuto scusarsene con sé stesso.[39] In effetti, se le anime sbarcate sulla spiaggia del Purgatorio fossero state segnate tutte, in senso specifico, da quel peccato, e questo avesse perciò dovuto essere espiato e purgato in quel suo carattere, la negligenza che Dante aveva specificata come eresia (Manfredi), passività (Belacqua), estremo ritardo nel pentirsi di chi stava per subire una morte violenta (Jacopo del Cassero, Buonconte), non avrebbe retto in questo suo carattere, e sarebbe stata travolta. Tutte le anime infatti, e non quelle soltanto, vi sarebbero state accolte con quel carattere e sotto quel nome, dando luogo a una dilatazione del suo ambito, nella quale a perdersi sarebbe stato il suo significato specifico: a tal punto da rendere problematica, per questo riguardo, la sua definizione strutturale. In realtà, se, nel senso che si è detto, tutte le anime in transito verso il Purgatorio erano segnate da quel peccato, che era, come si è detto, una disposizione al peccare, le anime che Catone rimproverava di negligenza non erano necessariamente anime negligenti nel senso che ora si è tornato a definire. O meglio, lo erano per la ragione che erano anime di peccatori, e che alla radice di ogni peccato la negligenza opera come disposizione a commetterlo: salvo che in quel momento erano soltanto anime che si trovavano a essere incerte e disorientate, «selvagge» del luogo, tanto che a Dante e a Virgilio si erano rivolte per avere notizia della spiaggia su cui erano state sbarcate.[40] La questione, che queste considerazioni delineano, concerne il nesso che lega l'espiazione iniziata nell'Antipurgatorio e quella specifica che ha luogo nel Purgatorio; concerne la definizione della prima e delinea, come si è detto, il rischio nel quale Dante incorse quando, alludendo all'espiazione realizzata nell'Antipurgatorio e a quella avente il suo luogo sul monte, implicitamente separò quel che separabile non era, la disposizione e il peccato.

12. C'è una questione, tuttavia, che, avendo la sua radice in due luoghi dell'ottavo e dell'undecimo canto del *Purgatorio*, e avendo ricevuto la sua definizione da più di un interprete, richiede di essere chiarita in modo che non ne nascano equivoci gravi. È la questione che si delinea quando, in sostanza, si assume che, a differenza da quelle che avevano trovata la loro collocazione sui gironi del monte e attendevano il momento dell'assunzio-

39. *Pg* III 6-9: «el mi parea da sé stesso rimorso:/ o dignitosa coscienza e netta,/ come t'è picciol fallo amaro morso!».

40. *Pg* II 52-54.

ne in Paradiso, le anime che sostavano nell'Antipurgatorio, non solo sono nell'attesa di un'attesa, e da quelle che la prima attesa avevano consumata si differenziavano, quindi, in modo deciso, ma pativano una situazione di particolare disagio. Secondo il suggerimento che proviene da questa idea interpretativa, su queste anime graverebbe il compito di sottrarre sé stesse a ogni condizionamento terreno, a ogni possibile tentazione mondana. Il suo fondamento è infatti nella convinzione che, sebbene destinate al luogo della purgazione, e quindi al cielo, ancora vivo e presente fosse in esse il segno della passione mondana: in modo tale che la decisione divina di sottrarle all'eterna pena infernale e di consentire che si radunassero alla foce del Tevere per prendere poi il loro luogo d'attesa nella regione antipurgatoriale, avesse richiesto a ciascuna la conferma della buona disposizione a rendere completa la sua congruenza a quel luogo mediante una vittoria sempre di nuovo conseguita sulle ancor vive inclinazioni sensibili. Chi ha sostenuto questa tesi ne ha indicato il fondamento in due luoghi della seconda cantica e li ha interpretati nel senso che Dante non avrebbe potuto affermarvi con maggiore chiarezza che «l'Antipurgatorio è il luogo dove le tentazioni vengono ancora ad ostacolare il cammino».[41] Ma la tesi non può essere accolta. Il primo dei due luoghi che sono stati addotti a sua riprova si trova nel canto ottavo. Mentre Dante era intento a osservare le «tre facelle/ di che 'l polo di qua tutto quanto arde», Sordello aveva tratto a sé Virgilio, «dicendo: 'vedi là 'l nostro avversaro'». «Da quella parte onde non ha riparo/ la picciola vallea, era una biscia,/ forse qual diede ad Eva il cibo amaro./ Tra l'erba e' fior venia la mala striscia, / volgendo ad ora ad or la testa e 'l dosso,/ leccando come bestia che si liscia./ Io non vidi, e però dicer non posso/ come mosser li astor celestiali;/ ma vidi bene e l'uno e l'altro mosso,/ Sentendo fender l'aere a le verdi ali,/ fuggì 'l serpente, e li angeli dier volta,/ suso a le poste rivolando iguali».[42] Era indispensabile che la citazione si estendesse all'intero passo perché risultasse intera la gravità del fraintendimento di cui è stato oggetto. La tentazione si era insinuata, e si era resa presente nel territorio dell'Antipurgatorio perché era pur sempre una biscia insidiosa, che Dante immaginò fosse la stessa che aveva tentato la prima donna, quella che si muoveva nell'erba. Ma non fu la resistenza che le anime opponessero a essa a metterla in fuga o a ucciderla, non fu una tentazione a cui per qualche istante fossero state sottoposte e avessero ceduto che esse dovettero affron-

41. Ch.S. Singleton, *La poesia della Divina Commedia*, tr. it. Bologna 1978, p. 513.
42. *Pg* VIII 97-108.

tare e vincere. Furono gli angeli, gli «astor celestiali», a volare come uccelli sulla biscia e a metterla in fuga. La «mala striscia» era nell'Antipurgatorio. Ma questo era sorvegliato e protetto dagli angeli, sì che per essa quello era il luogo piuttosto della sua sconfitta che non della sua insidia, era quello in cui si rappresentava bensì, o piuttosto si rievocava, l'antico dramma, ma esposto ora a un diverso esito.

Del resto, che il dramma inscenato dalla biscia fosse stato privato nell'intrinseco della sua pericolosità, e stesse a dimostrare il contrario di quel che era accaduto all'inizio dei tempi, sì che niente le anime avevano da temere da lei che, attraverso quel tentativo, celebrava il dramma della sua attuale impotenza, è dimostrato proprio dall'altro luogo che è stato addotto a sostegno della tesi relativa alla attuale pericolosità delle tentazioni mondane e al loro vigore. Nel *Pater noster* intonato dai superbi, con cui si apre il canto undecimo, ha particolare rilievo la richiesta che costoro rivolgevano a Dio perché evitasse di «spermentar con l'antico avversaro» la loro «virtù che di leggier s'adona»: «non già», essi dicevano «per noi, ché non bisogna, ma per coloro che dietro a noi restaro» (vv. 23-24). La distinzione era introdotta con nettezza; e quali che fossero coloro che da questo confronto avrebbero tratto fatali svantaggi, resta che il pericolo non riguardava gli autori di quella preghiera, ma altri. E cioè, chi propriamente? Soltanto se nel v. 24 si leggesse un'allusione a coloro che, trovandosi nell'Antipurgatorio, vi fossero tuttavia ancora esposti a subire le tentazioni del diavolo, lo si potrebbe interpretare così. Ma interpretarlo così, è impossibile. Coloro che recitavano il Pater noster erano anime del Purgatorio e di sé stessi dicevano di non conoscere quella tentazione. La richiesta che essi facevano a Dio perché liberasse dal peccato chi ancora era in rischio di soggiacervi non poteva riguardare coloro che alla sponda antipurgatoriale erano già approdati. Nel caso specifico, quella preghiera era, per chi la recitava, il documento della vittoria conseguita sulle tentazioni della carne. Ne consegue che se, nel tentativo esperito dal serpente di rendersi pericoloso anche nell'Antipurgatorio, si vede un'attuale insidia, basta richiamare quel che si è appena detto sul suo clamoroso fallimento per capire fino a che punto quell'interpretazione fraintenda il testo, e dia luogo a un falso problema. Chi entrava nella regione disposta all'emendazione dei peccati, si trovava a essere irreversibilmente disposto ad andare avanti e a non poter tornare indietro. Lì non c'era tentazione che potesse vincerlo: non perché l'abitante dell'Antipurgatorio chiudesse in sé la forza bastante a respingerla, ma per la diversa ragione che questa non aveva in quel luogo nessuna attualità, era la rappresentazione di un dramma che in esso non era più tale, si era concluso nella sconfitta, e, se mai avesse provato a riaprirsi, gli angeli sarebbero stati pronti a tener lontana dalle anime il suo protagonista, il velenoso serpente. Esposti alla sua tentazione erano, ovviamente, quanti ancora si trovassero a vivere la loro vita. Per gli altri, il dramma non aveva alcuna attualità. Dello spettacolo alla cui contemplazione Sordello aveva invitato Virgilio, le anime raccolte in quel luogo (erano, come si sa, quelle dei principi negligenti), non sembra che nemmeno si fossero accorte: a differenza di Dante che, tuttavia non aveva visto gli angeli che, come uccelli («io non vidi, e però dicer non posso»), si dirigevano verso il serpente e lo mettevano in fuga. Per penoso che potesse essere, il soggiorno nell'Antipurgatorio immetteva il peccatore nel ciclo lungo dell'emendazione, della quale quel soggiorno costituiva comunque il prologo: un prologo, come si è visto, che dell'opera era parte integrante, e da essa non era separabile. L'idea che il momento della tentazione fosse indispensabile, per la conoscenza del vizio e il raggiungimento della virtù, era, senza dubbio, ben chiara a Dante; e non poteva essere altrimenti. Ma si errerebbe se non si considerasse la differenza intercorrente fra un dramma attuale, e aperto perciò a esiti diversi, e uno nel quale, la sua attualità essendo ormai stata superata in un risultato per sempre conseguito, superata nel segno della prima era anche l'alternativa della vittoria e della sconfitta.[43] Lo si comprende, del resto, senza alcuna difficoltà se si riflette sul punto che, qualora la tentazione fosse e potesse essere un'attuale tentazione, avente perciò dalla sua parte la possibilità di conseguire il suo scopo, a derivarne sarebbe la retrocessione del peccatore in una zona anteriore all'Antipurgatorio: ossia a un luogo che, non potendo essere il mondo dei vivi, non si capirebbe quale, e dove, potesse mai trovarsi. Il punto essenziale è qui. Quella che le anime del Purgatorio, e anche, naturalmente, dell'Antipurgatorio, combattevano contro il peccato, era, piaccia o non piaccia ai critici drammatizzanti, sempre e dovunque, una battaglia destinata a essere via via confermata e approfondita nel suo aspetto vittorioso. La sua premessa era nella vittoria che quelle anime avevano conseguita sull'Inferno, al quale per sempre erano state sottratte. Se di questo non si faccia adeguato conto, non si arriverà mai a capire che, luogo di necessario avvio alla salvezza, Antipurgatorio

43. Un dramma superato e inattuale non è una finzione, un «luogo dove si finge» che la biscia sia una biscia e che la tentazione sia una tentazione, come polemicamnte sostenne A. Camilli, *Le figurazioni allegoriche*, in «Studi danteschi», 28 (1949), pp. 197-215.

e Purgatorio non consentono, per le anime che vi sono accolte, una sconfitta analoga a quella che, all'inizio dei tempi, fu conosciuta da Adamo. Lavorando di fantasia, si va contro l'idea dell'Antipurgatorio, se si pensa che le anime, che via via vi erano ammesse, fossero ancora «umanamente condizionate»[44] e quindi, perché questa sarebbe la conseguenza necessaria della premessa, restituibili a un diverso destino. Quale? Al di qua dell'Antipurgatorio non c'era un luogo nel quale alle anime fosse dato di vivere gli antichi vizi: non c'era perché pensarlo nelle sue conseguenze sarebbe stato dar luogo all'assurdo. Al di qua dell'Antipurgatorio non c'è nessun luogo che, abitato da morti, sia aperto alla ripetizione del peccato. Il percorso che va dall'Antipurgatorio al Purgatorio è irreversibile. Pensare che non lo sia è impossibile.

13. Se si guarda con attenzione, è facile tuttavia avvedersi che Dante non aveva dato, al riguardo, nessuna indicazione. L'idea, che il destino delle anime dell'Antipurgatorio era irreversibilmente segnato, era così chiara nella sua mente, che di illustrarla e ribadirla non avvertì la necessità. Nel riprendere in mano il filo principale del discorso, né parlando lui né facendo parlare i personaggi, disse, in chiari termini, che dall'Antipurgatorio al Purgatorio il passaggio avveniva, in modo necessario e senza alcuna eccezione, nel segno della continuità della pena e dei due momenti, diversi ma uniti, che la costituivano. Non avendo, d'altra parte, detto o suggerito che le cose non potessero andare se non così, non impedì che, quanto meno, una diversa ipotesi si formasse, e non tutti avessero chiaro in mente che fra la pena iniziata nell'Antipurgatorio e quella che aveva il suo luogo sui gironi del monte la diversità riguardava i modi, non la qualità, e, con caratteri diversi, si trattava della stessa pena. Se si presentava con caratteri a vario titolo problematici, e resi oscuri dal silenzio che Dante mantenne su questo punto, l'idea che l'emendazione del peccato cominciasse nell'Antipurgatorio e, nel segno della continuità, proseguisse, per concludersi, sul

44. F. Forti, *Magnanimitate. Studi su un tema dantesco*, Bologna 1977, pp. 88-89. Più sfumato, ma inaccettabile, quel che si legge in G. Petrocchi, *Il Purgatorio*, Milano 1978, p. 78. E cfr. anche il suo saggio, del resto notevole, su *L'attesa di Belacqua* (1954/1968), in *Itinerari danteschi*, Bari 1969, pp. 326-327, in cui sono distinte quattro forme di attesa per le anime dell'Antipurgatorio, ma per la prima, che concerne gli scomunicati (Manfredi) ed è caratterizzata dal «timore» non provato in vita, non si dice se questo riguardi la possibilità di una reale retrocessione al di qua del luogo in cui si trovava, o se quello non fosse se non un modo di realizzare la condizione dell'ammissione al monte del Purgatorio.

monte, era entrata in campo, non per l'ingegnosità di un interprete in cerca di complicazioni esegetiche. Era entrata in campo a causa di una difficoltà interna all'idea dell'Antipurgatorio e alla pena che vi si pativa; all'idea di esso come di un luogo in cui il peccato della negligenza nelle sue varie forme richiedeva di essere previamente emendato e purgato in sé stesso, ma in modo che questo processo potesse essere proseguito con altri modi sui gironi del monte. D'altra parte, che la questione della continuità della pena ponesse problemi, è evidente. Se si osserva il monte del Purgatorio e si considerano le sue sette balze, è facile avvedersi che, fra queste, non se ne dava una che fosse destinata a ospitare gli scomunicati, coloro che nel pentirsi avevano tardato fino all'ultimo istante, i morti di morte violenta: allo stesso modo per il quale, capovolgendo il senso del discorso, non c'era niente in quei peccatori che lasciasse presagire per essi questo o quel girone del monte. Su quale di esso erano destinati a scontare il loro peccato Manfredi, Jacopo del Cassero, Buonconte da Montefeltro, la Pia? E quali furono i peccati di cui si erano macchiati al di là o al di qua di quello che, definito come negligenza, si puniva attraverso l'attesa subìta nell'Antipurgatorio? Certo, informazioni di questa natura non compaiono nei discorsi di Dante, né sarebbe stato comunque immaginabile che egli le avesse fornite. Di nessuna delle anime sostanti nel luogo dell'Antipurgatorio in cui aveva incontrato i negligenti, gli scomunicati, i morti di morte violenta egli indicò, anticipandolo al lettore il destino purgatoriale. E di questo c'era la ragione; che consisteva tuttavia, non soltanto nella logica interna alla *fictio* che impediva di anticipare ciò che soltanto la diretta osservazione del monte e della sua specifica configurazione penitenziale avrebbe via via rivelato a chi per grazia divina avesse potuto scalarlo da vivo, ma anche nella complessità, e poi nell'ambiguità, del peccato che ha nome «negligenza»: un peccato, in effetti, che, essendo, come si è detto, sé stesso e insieme, come disposizione al peccare, la radice di molti altri, non consentiva di prevedere su quale cornice del monte il negligente incontrato nell'Antipurgatorio avrebbe trovato posto per espiare il suo specifico e prevalente peccato. Si dava inoltre a vedere, in questi peccatori, un singolare fenomeno. Nel corso della vita, erano stati autori dei più svariati peccati (Manfredi, ricordiamolo ancora, aveva definiti, i suoi, «orribili»), e, con il suo tratto specifico, la negligenza era intervenuta e aveva manifestato il suo carattere alla fine, nel momento supremo della morte, e nell'estremo ritardo con cui il peccatore aveva chiesto perdono a Dio. Così, una vita vissuta nel segno della negligenza, si concluse quando questa conobbe in sé una sorta di risentimento interno, si riscattò nel perdono chiesto a Dio e al peccatore aprì la via della salvezza. Il ritardo, il grave ritardo con cui il pentimento si era manifestato nella vita di Manfredi, di Buonconte, di Jacopo del Cassero, fu l'atto finale di una negligenza alla quale l'invocato perdono di Dio concesse di riscattare sé stessa e di fare in modo che, rispetto a quel che era accaduto in vita, nella provvisoria dimora dell'Antipurgatorio avvenisse il contrario: quel che nella vita era stato l'ultimo, o come tale, almeno, si era specificato, ora si presentava come il primo, o, meglio, come il peccato per il quale quelle anime si trovavano lì. Il che merita di essere notato, non per la soddisfazione che si prova nel sorprendere, nella struttura, antitesi, situazioni in contrasto, capovolgimenti di senso. Ma per il risalto che deve darsi alla singolarità di questo peccato che, per un verso, è, o dovrebbe essere considerato alla stregua di ogni altro, ma, per un altro, si conferma come una «disposizione peccaminosa» che ha bensì un riscontro generico nell'aldilà purgatoriale, ma non uno specifico, se è vero che i peccati si espiano sul monte, e che, fra le sette balze di esso non ce n'è una sulla quale i negligenti si purifichino di questo peccato.

Resta, in ogni caso, che Dante poteva bensì, di volta in volta, constatare le eccezioni patite dal criterio che, in genere, presiedeva all'assegnazione del peccatore al suo girone e ai tempi di questa. Si pensi, a parte quello sul quale si tornerà, di Forese Donati, al caso, a cui già si dette rilievo, di Provenzano Salvani che, nel Purgatorio, sta con i superbi, ma essendo anche uno che, solo quando fu giunto sull'«orlo de la vita»,[45] si pentì del suo peccato con un gesto di tale umiliazione della sua smodata superbia che «quest'opera li tolse quei confini».[46] I «confini» stavano qui a significare i trent'anni che, per l'eccezionale generosità del gesto con cui aveva reso concreto il suo finale pentimento, gli erano stati condonati in modo che aveva potuto evitare il soggiorno nell'Antipurgatorio. Il che, presentandosi come un'eccezione realizzata dalla grazia divina, era a conferma, non solo della regola dei trent'anni posta da Dante per il peccato della negligenza, ma anche del suo essere la radice e la condizione di tutti i peccati e comunque, nel caso specifico, della superbia. Non è detto, d'altra parte, che, dalla spiaggia sulla quale anche la sua ombra aveva, a suo tempo, necessariamente posato il piede, quella fosse stata di colpo trasferita sul girone dei superbi, e non avesse, per un tempo assai breve, dovuto sostare anch'essa

45. *Pg* XI 128.
46. *Pg* XI 142.

nell'Antipurgatorio. Il v. 142 («quest'opera li tolse quei confini») è sufficientemente criptico, e ci si potrebbe ragionare. Ma, rispetto al punto in questione, la cosa non sarebbe di particolare utilità,[47] anche perché queste sono situazioni particolari che, nel determinarsi come eccezioni, confermano la regola. Il caso dei negligenti è diverso. Assenti nel Purgatorio, essi stanno nell'Antipurgatorio, in un'attesa della quale, per altro non si dice che, in quanto tale, fosse più che un'attesa e desse inizio al al processo di purgazione. Non lo si dice perché era impossibile che Dante lo dicesse. Se a questa idea avesse fornito un qualsiasi appiglio, nella struttura penitenziale, e nella sua realtà fisica, avrebbe introdotto un'eccezione che non avrebbe potuto esserne riassorbita. Nell'Antipurgatorio avrebbe anticipato il Purgatorio. E avrebbe lasciato intendere che dal primo le anime sarebbero volate direttamente in cielo: l'ipotesi che, essendosi affacciata, risolutamente è stata respinta e che, tuttavia, poiché si ripresenta, dà conto di uno specifico disagio strutturale.

14. Chi si mostrasse incline a considerarlo senza preconcetti potrebbe osservare che, poiché quello della negligenza è un peccato, al quale, meglio che ad altri, conviene la definizione che lo ritrae come «nihil aliud [...] quam deficere a bono quod convenit alicui»,[48] proprio nella sua estrema latitudine è la ragione per la quale Dante non riuscì a trovargli un posto che non fosse nell'Antipurgatorio e avesse perciò, sul monte, la sua sede specifica. Avrebbe forse potuto considerarlo un peccato di omissione, ossia, come Tommaso d'Aquino aveva scritto nel *De malo*, un peccato *absque actu*, e tener fermo

47. Si consideri comunque che il Salvani morì nel 1269, trentun anni prima che Dante mettesse piede nel primo girone del Purgatorio e ponesse a Oderisi la sua domanda. È quindi da quel che essa tiene dentro di sé e non dichiara che prende il suo senso. Per poterla porre in quel modo Dante doveva sapere che erano passati trentun anni dal momento che il Salvani era lì, e, sapendolo, dedurne che aveva evitato di attendere nell'Antipurgatorio il tempo necessario a che la sua anima fosse accolta in Purgatorio. Se avesse dovuto attendere lì che quel tempo si compisse, nel Purgatorio avrebbe dovuto essere accolto nel 1299, un anno prima che Dante vi giungesse con Virgilio; e la norma anzidetta sarebbe stata rispettata, nessuna eccezione si sarebbe prodotta. Ma poiché i versi tacevano delle date, Dante avrebbe ben potuto riferire a sé stesso le parole di Oderisi: «più non dirò, e scuro so che parlo» (v. 139). Va da sé, inoltre, che anche nel caso che, per i suoi speciali meriti, i trent'anni fossero stati risparmiati al Salvani, si sarebbe potuto intendere, sottilizzando ma non troppo, che alcuni mesi egli li avesse comunque trascorsi nell'Antipurgatorio, e che in questo senso la regola era stata in parte rispettata o non per intero alterata.

48. Thomae *Summa theol.* 1, 2, q. 109 2 ad 2, et 8.

a questa definizione anche se, in quel luogo, alla tesi si era obbiettato che «omissio non est absque actu», perché *omissio negatio quaedam est* e *omnis negatio in adfirmatione fundatur.*[49] Ma che l'omissione implicasse una negazione e questa un'affermazione non toglieva che questa affermasse quella; che, poiché ne risultava confermata nel suo carattere privativo, ed era a questo che Dante aveva diretto lo sguardo, può forse capirsi in che senso, e perché, nei fatti e non nelle parole, la sua punizione nell'Antipurgatorio si presentasse come, in certo senso, soltanto propedeutica a quella che degli altri peccati sarebbe avvenuta poi sul monte del Purgatorio. Sulla definizione che Tommaso aveva data della negligenza si dovrà tornare, e leggere altri testi. Ma intanto si osservi che se la negligenza è una disposizione al peccato che si determina e specifica nei peccati che derivano da questa sua disposizione a renderli attuali, la sua punizione e espiazione dovrebbe coincidere con, e essere simultanea alla, punizione e espiazione di questi: proprio come avviene per il perdono divino, che non è concesso alla negligenza e limitato a essa, ma necessariamente si estende a quanto di negativo essa aveva, via via, reso possibile. Se punire la negligenza significa punire quel che vi era contenuto, e, come disposizione al peccato, essa era, in potenza, comprensiva di ogni altro, assumere che fosse punita indipendentemente dai peccati che le stavano dentro, avrebbe significato, e significherebbe, dividere ciò che è unito e divisibile non è. Se a questo invece si tenesse fermo, se quella divisione fosse considerata possibile, e il luogo della punizione e dell'espiazione fosse perciò indicato nell'Antipurgatorio e questa fosse la sua sede, ecco che di nuovo si delineerebbe la difficoltà per la quale non c'era ragione che di lì i negligenti dovessero essere accolti nel Purgatorio per scalarne il monte: in questo caso ad anticiparlo e a risolverlo in sé sarebbe stato il primo. Per le anime che si sono nominate, il Purgatorio sarebbe, infatti, stato lì, nell'Antipurgatorio, e di distinguerlo dall'altro, per ciò che concerneva quei peccatori, non ci sarebbe stata, per conseguenza, nessuna ragione, come non ce ne sarebbe stata una che, altresì, avesse indicato come necessario il passaggio a esso.

L'osservazione non è ispirata a inutile sottigliezza. È ovvia, ha la sua necessità, e conduce a un risultato, al quale, essendosi già accennato, conviene di nuovo alludere. Rispetto al testo e al modo in cui vi si parla del Purgatorio, essa rivela infatti un aspetto paradossale, disturbante, e tale, tuttavia, che se, per evitarlo, si ripiegasse sulla prima ipotesi, non si potrebbe

49. Thomae *de malo*, q. 2, a. 1, 9.

non notarvi i tratti di un pensiero che, non privo anch'esso di aspetti, se non eversivi, sconcertanti, all'esegesi non restituirebbe pace. A seguire fino in fondo la logica per la quale Dante aveva avvertito la necessità di anticipare al Purgatorio un luogo al quale non lui, per altro, ma, a cominciare da Benvenuto da Imola,[50] i suoi interpreti assegnarono il nome di Antipurgatorio, deve ammettersi, non solo che l'attesa della pena era, in certo senso, parte di essa, e che ciò che è propedeutico entra già nella cosa, di cui costituisce un momento, ma qualcosa di più. Deve ammettersi, in primo luogo, che le anime di quanti in vita erano stati negligenti secondo i vari modi che questo peccato assume, erano destinate a subire un duplice castigo in due luoghi contigui, diversi, ma entrambi di espiazione. In secondo luogo, deve convenirsi sul punto che, se la negligenza è una disposizione al peccato, che si determina assumendo uno specifico volto in quelli a cui conferisce specifica realtà, allora non c'è peccatore specifico che non sia stato anche peccatore generico, cioè disposto a esserlo in modo specifico: con la conseguenza che la negligenza sarebbe la caratteristica fondamentale di ogni peccatore presente nell'Antipurgatorio, quale che poi fosse stata la sua specificazione nel corso della vita di ognuno e la necessità che, nell'aldilà, la disposizione peccaminosa (negligenza) fosse separata dai peccati a cui dava l'avvio, e preliminarmente punita nel luogo dell'attesa. Doppia punizione, dunque, o, se si preferisce, punizione comunque scandita in due tempi; che riguarderebbe tuttavia, se di questa linea interpretativa si accogliesse la conseguenza alla quale conduce, tutte le anime, che tutte infatti sarebbero state negligenti, se negligenza è, in prima luogo, omissione di quel che si deve a Dio e, per conseguenza, disposizione al peccato. Difficile, se di questo ragionamento si ripercorre la linea, non convenire che questa vi sia stata tracciata con mano ferma: salvo che, nel momento stesso in cui se ne indica la coerenza, deve dichiararsene la necessità e, insieme, l'astrattezza: la necessità che rifulge nell'essere quello che si è detto il carattere della negligenza, l'astrattezza che viene in luce se si considera che i negligenti erano stati riuniti da Dante in un gruppo, o meglio in due,[51] il cui carattere non è stato esteso, con esplicite parole, a tutti i peccatori in attesa.

50. Benvenuto da Imola, *Comentum*, III, 50.

51. Che anche negli scomunicati e, per loro, in Manfredi, la negligenza costituisse un tratto fondamentale, anche se non esplicitamente dichiarato, risulta dalla tardità con cui, in punto di morte, egli si rivolse a Dio (*Pg* III 136 ss.). Ma sulla questione di Manfredi, cfr. A. Frugoni, *Scritti su Manfredi*, con una presentazione di E. Pispisa, Roma 2006.

Se ci si riflette, ci si avvede, dunque, che la situazione è, al riguardo, più complessa, o, se si preferisce, più intricata, di quel che non si sia, in genere, avvertito.[52] È segnata, infatti, da un alto grado di ambiguità, resa evidente, dal silenzio che Dante mantenne, non solo su questo punto, che, in effetti, non si lascia facilmente penetrare nelle ragioni che lo determinarono, ma anche sul carattere che di necessità avrebbe dovuto essere assegnato al tempo, e alla qualità del tempo, che le anime in attesa erano condannate a trascorrere nell'Antipurgatorio. Si potrebbe infatti chiedere: perché Dante ha taciuto, perché non ha detto con chiarezza che, come luogo di espiazione del peccato di negligenza, nei confronti del Purgatorio l'Antipurgatorio era in possesso di una sua autonomia, parziale, senza dubbio, ma indubitabile, e assegnata a esso proprio dalla natura di quel peccato? Perché non ha spiegato la ragione che lo induceva a considerare quello della negligenza come un peccato, non soltanto propedeutico, ma anche specifico, che richiedeva perciò di essere espiato anche di per sé, e, in modo da togliere ogni dubbio, non ha aggiunto che la sede dell'espiazione era l'Antipurgatorio, dove, infatti, i negligenti erano riuniti in un gruppo omogeneo, o, se si vuole, in due? Ancora, e al contrario. Perché non ha chiarito che non era così, e che lo considerava preliminare e propedeutico, ossia comprensivo, in potenza, dell'intera gamma della peccaminosità? Perché non ha fornito un argomento valido a confutare chi, al riguardo, avesse pensato in modo opposto, chiarendo, *explicitis verbis*, che l'attesa era attesa dell'espiazione, e non espiazione, o inizio dell'espiazione, essa stessa? Da questa difficoltà Dante non poté venir fuori perché la distinzione fra attesa dell'espiazione e espiazione in atto non gli era riuscita così netta che non potesse pensarsi che, in realtà, l'attesa era già espiazione, era il suo inizio, sì che il processo era unitario e non divisibile? E perché, *explicitis verbis*, non ha aggiunto che di lì, ossia dall'Antipurgatorio, non si volava in cielo? Non l'ha detto perché dirlo gli sembrò superfluo, o perché su questo punto non aveva conseguito la piena chiarezza dell'idea e c'era in lui qualcosa che, non a pieno pensato, gli impediva di compiere quel passo decisivo? O, infine, non l'ha detto perché a metterlo in difficoltà, e a porlo a disagio, era l'idea di una punizione che se, per i negligenti, gli scomunicati e i morti di morte violenta, avesse avuto il suo inizio nell'Antipurgatorio, per costoro sarebbe stata, come più

52. Sulla questione posta dall'Antipurgatorio, cfr. anche la Nota posta in fondo a questo saggio.

volte si è notato, una doppia punizione? Che queste siano domande che non richiedono, e, comunque, non possono ricevere risposta, non significa che non siano pertinenti, che non nascano da ciò che, senza dichiararlo, il testo, tuttavia, racchiude in sé, e che perciò non giunge a veder chiaro nel fondo della questione chi evita di porsele. Tanto più, infatti, esigono di esser tratte alla luce e di essere formulate, quanto più si arrivi a comprendere che a renderle insieme ineludibili, e inidonee tuttavia a ricevere una risposta positiva, è il luogo indeciso da cui provengono; e cioè la singolare idea per la quale Dante immaginò che, al di qua del punto in cui la montagna del Purgatorio si innalzava, assumeva quel nome e mostrava i sette cerchi che la circondavano, vi fosse, in pianura e sui suoi contrafforti, un territorio nel quale erano, in un'attesa che era già espiazione e purgazione del loro peccato, tutte le anime che si trovavano al di qua della porta sorvegliata dall'angelo, ma in modo diverso. Per quelle non segnate in modo specifico dal peccato della negligenza, e posto, senza concedere, che questa non stesse alla radice di ciascun specifico atto peccaminoso, si può supporre che l'attesa riguardasse l'espiazione di uno specifico peccato, che sarebbe proseguita e si sarebbe perfezionata nel Purgatorio. Le anime dei negligenti avrebbero invece espiato sul monte, non quel peccato, che lì non aveva un luogo, e che esse avevano comunque cominciato a espiare nell'Antipurgatorio, ma, in prosecuzione, e senza, tuttavia, che, al riguardo, Dante dicesse alcunché, gli altri che a quello si erano aggiunti essendone stati provocati; e in questo caso doveva ammettersi quel che, nell'altro, era stato lasciato nell'ombra, e cioè l'idea della negligenza come radice di ogni peccato.

15. Questa idea è stata definita singolare a causa delle incertezze e delle difficoltà strutturali a cui, come si è visto, dà luogo, e alle quali, senza con ciò esaurire l'argomento, si è già accennato. Se fu produttiva di difficoltà e rese ardua la sua piena comprensione, la ragione dev'essere tuttavia, con più cura, cercata in qualcosa che, nella mente di Dante, non era giunta a conseguire la chiarezza. È un punto sul quale sarà necessario fermarsi anche in seguito, perché la questione è destinata a ripresentarsi. Ma fin da ora si potrà tuttavia indicarlo insistendo, non solo sull'idea della negligenza e sulle implicazioni problematiche che, come si è già accennato, nascondeva in sé, ma anche sul punto che, rimasto, nel ragionamento di Dante, implicito e inespresso, occorre rendere esplicito perché, per la comprensione di questo aspetto strutturale del secondo regno, si rivela di

importanza essenziale. Si è detto che l'Antipurgatorio è reso diverso in sé stesso, non tanto dalla geografia, ossia dalla obiettiva configurazione del luogo in cui Dante lo immaginò, quanto piuttosto dalle anime che, di tempo in tempo, sostandovi, e ora essendo in un luogo, ora in un altro, erano esse a caratterizzarlo. Deve tuttavia aggiungersi, e non la si consideri eccessiva insistenza, che il tratto fondamentale che è possibile rinvenirvi è dato dalla differenza che, rispetto alle altre anime che vi sono incluse, caratterizza quelle dei negligenti, degli scomunicati, dei morti di morte violenta, che sono quelle che, con l'altra di Sordello, e prima ancora di Casella, più attirarono l'attenzione di Dante. Si è cercato di spiegarne la ragione indicando nella struttura dell'Antipurgatorio la configurazione piuttosto morale che non fisica, e la profonda differenza che, per questo aspetto, lo segna nei confronti della montagna del Purgatorio e dei suoi gironi atti a ospitare i sette peccati capitali. Deve tuttavia aggiungersi che a rivelarne il senso è, non solo il nesso degli elementi che la costituiscono, ma l'intonazione drammatica che si avverte nella rappresentazione dei negligenti, di Manfredi, di Jacopo del Cassero, di Buononte, della Pia, e la pone al vertice poetico della seconda cantica.

16. Fra Antipurgatorio e Purgatorio si danno altre differenze; e, con queste, altri problemi che converrà affrontare.[53] Ma non prima che la questione della negligenza sia stata ulteriormente esaminata anche nel suo profilo più strettamente filosofico in modo che, per quanto è possibile, il quadro delle questioni risulti completo. Per quanto è possibile: e questo non è detto senza una precisa ragione. «Negligenza», come si è visto, ha infatti un significato ambiguo, con questo intendendo che nel suo ambito sono racchiusi sensi molteplici, ai quali si allude senza che sia possibile indicarli separatamente e in modo specifico. Né nella *Commedia*, infatti, né altrove se ne trova una definizione alla quale ci si possa rivolgere per rendere meno difficoltoso l'orientamento. C'è tuttavia, nel quarto trattato del *Convivio*, un luogo che merita di essere attentamente considerato. Se lo si legge a riscontro di quanto siamo venuti dicendo fin qui, può con-

53. Di uno «stacco profondo» fra Antipurgatorio e Purgatorio parlò R. Montano, *Dante filosofo e poeta,* n. ed. a cura di F. Bruni, Roma 2016, p. 273, ma, mi sembra, senza spiegare in che senso sia tale. Sulla questione equilibrate considerazioni sono in A. Quaglio, nell'edizione della *Commedia* da lui curata con E. Pasquini, Milano 1987, pp. 348-349 (ma già in M. Porena, *La Divina Commedia*, II, *Purgatorio*, Bologna 1957, pp. 166-168), che non si inscrivono, per altro, nell'area di quelle trattate qui.

statarsi che non era senza ragione quel che, in effetti, è stato detto, e non fu esagerazione il forte rilievo dato alla questione della negligenza e dei molti suoi significati. Il passo è quello in cui, commentando i vv. 32-37 di *Le dolci rime d'amor ch'i' solia*, Dante scrisse che «è da notare che pericolosissima negligenza è lasciare la mala oppinione prendere piede: che così come l'erba multiplica nel campo non cultato, e sormonta e cuopre la spiga del frumento sì che, disparte aguardando, lo frumento non pare, e perdesi lo frutto finalmente, così la mala oppinione nella mente, non gastigata e corretta, si cresce e multiplica sì che le spighe della ragione, cioè la vera oppinione, si nasconde e quasi sepulta si perde».[54] Il senso di questo luogo si perderebbe anch'esso, e non se ne coglierebbe comunque l'importanza per la questione dell'Antipurgatorio, se della negligenza con cui si combattono le false opinioni non si notasse il carattere, per dir così, espansivo, e cioè produttivo di ulteriori guai e falsità. Se, invece, lo si coglie, questo carattere, e della negligenza si scopre che essa è per sé stessa produttrice di ulteriore negligenza, del relativo peccato potrebbe dirsi che nel suo «in sé», se è lecito usare questo linguaggio, è contenuto ciò che va oltre il suo confine e in questo atto tuttavia lo reinclude. In aggiunta ai passi prodotti nelle precedenti pagine, potrebbe dirsi così e ricordare che, nella *Summa theologica*, II 2, q. 54 2 ad 1, Tommaso l'aveva presentata, non solo come un peccato definibile per il tramite della distinzione che interviene fra la *negligentia* pertinente *ad actum interiorem* che *oritur ex acedia*, e la *pigritia et torpor* che *pertinent ad executionem, sicut prima tardando et secunda remittendo*, ma, soprattutto, l'aveva definita come tale che «invenitur in quodlibet peccato, quia omnis qui peccat, negligit ea per quae a peccato retrahitur; et qui in peccato perseverat, negligit conteri de peccato. Ergo negligentia non est speciale peccatum» (q. 54, a. 1, 2). Alla luce di quest'ultima definizione, con la quale sembra evidente che, se non ne derivò in modo rigido, l'idea dantesca intrattenne uno stretto rapporto, la negligenza si configurava come un peccato che, stando alla radice di ogni altro, nel renderlo possibile e nell'andare, perciò, oltre nella direzione di ulteriori peccati, li comprendeva tutti. Donde l'ambiguità, ma anche la complessità, della situazione che ne derivava. Per un verso, infatti, poteva intendersi che, se quello della negligenza era un peccato fra gli altri, un peccato specifico, che tale rimaneva anche se ne implicava di ulteriori ai quali dava l'avvio, la sua punizione e purgazione richiedevano tuttavia una

54. *Cv* IV vii 3-4.

sede preliminare, e questa era l'Antipurgatorio, ossia quella parte di esso nella quale trovavano posto i negligenti e gli affini a questi. Ma, per un altro, poteva, o si sarebbe potuto, intendere che, poiché dalla negligenza non era possibile distaccare gli altri che ne derivavano, nel luogo della sua punizione anche questi erano puniti. Donde il ripresentarsi del circolo che già si è delineato in queste pagine, e il difficile rapporto istituito o, piuttosto, non compiutamente istituito, fra l'Antipurgatorio e il Purgatorio, fra la tendenza che, attraverso il peccato della negligenza che vi era punito e espiato, il primo dimostrava a porsi, almeno potenzialmente, come il tutto, e la resistenza che l'altro opponeva al rischio di esserne assorbito presentandolo, in modo implicito, come soltanto propedeutico al vero processo purgatoriale, rivendicato, com'è ovvio, al suo ambito naturale, e cioè ai gironi del monte.

Per impedire che questa difficoltà prendesse piede, al peccato definito come «negligenza» sarebbe stato perciò necessario riconoscere uno speciale statuto e uno speciale luogo di espiazione, nel quale non ogni altro peccato sarebbe stato punito nel suo segno, ma il suo soltanto, a prescindere da quelli a cui potesse aver dato l'avvio. Se, tuttavia, l'Antipurgatorio fosse stato considerato come il luogo di espiazione della negligenza intesa come specifico peccato e non, nel nome di questo, di tutti gli altri, la conseguenza, deve ripetersi, sarebbe stata che, di nuovo, a chi ne fosse stato segnato sarebbe stata riservata una doppia espiazione, la prima, nell'Antipurgatorio, la seconda, come ulteriore peccatore specifico, nel Purgatorio. E da questa *impasse* uscire sarebbe stato impossibile: anche in considerazione dell'assenza, nel monte del Purgatorio, di una cornice consacrata alla sua espiazione e purgazione. Il lettore che, in chi sia diverso da lui, sospetta un *exégète sauvage* armato di pugnale, chiederà se queste distinzioni siano assegnabili, e assegnate, all'esplicita consapevolezza di Dante. E la risposta è che, formulata così, la domanda peccherebbe di perspicacia perché, se a chi in tal modo delineava l'Antipurgatorio e il Purgatorio queste difficoltà fossero state chiare dinanzi alla mente, senza dubbio le avrebbe dichiarate e possibilmente risolte; e se invece non le dichiarò e non le risolse, la ragione era in ciò, che gli stavano dentro senza che tuttavia a lui riuscisse di mettersele con chiarezza dinanzi agli occhi della mente. Sono cose che capitano quando si pensa; e capitarono, in questo caso concernente il Purgatorio, l'Antipurgatorio, la loro struttura e il loro rapporto, anche a Dante. Il che meno di ogni altro dovrebbe sorprendere il dantista che, sull'intelligenza del suo autore, non può avere dubbi.

17. Da quel che si è detto risulta che Dante aveva delineato un Antipurgatorio senza averne dichiarata l'esistenza, e senza, nemmeno, avergli attribuita una funzione e individuati i limiti. Da un lato, Antipurgatorio era tutto ciò che stava al di qua, e al di sotto, del monte, o della parte del monte che, al di là della porta sorvegliata dall'angelo, ospitava il Purgatorio. Da un altro, e senza, tuttavia, che Dante l'avesse detto o suggerito, con questo nome dovevano intendersi soltanto i luoghi nei quali si trovavano anime che, nell'attesa del momento in cui sarebbero state ammesse nel Purgatorio, già erano impegnate nell'impresa dell'espiazione: un'impresa che, per altro, non era né dichiarata *explicitis verbis* né era definita nei limiti che pure avrebbero dovuto essere indicati perché s'intendesse di che natura sarebbe stata quella che propriamente avrebbe dovuto aver luogo nel Purgatorio. Da questo punto di vista, non apparirà dunque paradossale l'affermazione secondo cui, per un verso, l'Antipurgatorio era passibile di una definizione unitaria, per un altro, no. Per un verso, era un luogo di attesa, nel quale tutte le anime, quale che fosse stato il loro peccato, sarebbero confluite e avrebbero trovato posto: salvo che l'unico peccato specifico che vi fosse positivamente nominato era, a guardar bene, e come si è visto, quello della negligenza, che era, per altro, e non era un peccato specifico. Per un verso, infatti, non era così ben definita nel suo carattere da rendere esplicite le sue interne potenzialità. Per un altro, lo era comunque al punto da far sì che fosse non facile riconoscerne altri che le si aggiungessero. Di peccatori che, trovandosi nell'Antipurgatorio, non avrebbero potuto esser definiti negligenti in senso proprio, non è agevole dire di quale peccato si fossero macchiati e a quale girone, quindi, fossero destinati; e forse Dante volle che fosse così, perché soltanto a Dio era noto in quale parte del monte avrebbero trovato posto una volta che a essi fosse stato concesso di passar oltre la porta sorvegliata dall'angelo armato di spada. Per questa parte, si potrebbe trovare un'analogia, non esplicita, e tuttavia innegabile, fra quel che nell'Inferno avveniva dinanzi a Minosse e quel che, in modi per intero consegnati all'intimità e del tutto sprovvisti dei grotteschi tratti giudiziali caratterizzanti la situazione infernale, avveniva nel passaggio dall'Antipurgatorio al Purgatorio. Anche davanti a Minosse le anime erano, prima di aver ricevuta la loro destinazione, non riconoscibili l'una dall'altra; e non riconoscibili l'una dall'altra erano, per questo riguardo, e con la singolare eccezione dei negligenti, quelle destinate al monte. Ma l'analogia si fermava qui, e non ne consentiva un'altra che andasse oltre quella segnata da Dio che, in entrambe le situazioni era presente come il solo e indiscutibile signore di ogni decisione.

18. Detto questo, si può proseguire ribadendo che la struttura dell'Antipurgatorio sarebbe emersa alla luce con maggiore evidenza se, innanzi tutto, si fosse dato più preciso rilievo all'idea della negligenza e se ne fosse stata sottolineata la potenzialità, che ne faceva la radice di ogni ulteriore peccato. È un caso, questo, in cui il lettore di Dante e della *Commedia*, desidererebbe più teologia, ossia che, poiché è presente e a suo modo domina, il discorso teologico avesse guadagnato, per la sua migliore completezza, qualche ulteriore elemento. Se tuttavia questo non avvenne, non fu, a guardar bene, senza una ragione. Tenere la negligenza ferma nel suo concetto, e intenderla perciò come la radice di tutti i peccati, avrebbe significato, e già lo si è detto, da un lato fare di questi la conseguenza di quella perdendone la specificità, da un altro estendere la sua al punto che l'intero Purgatorio avrebbe rischiato di rimane incluso nell'Antipurgatorio e di, per dir così, esserne anticipato nel suo carattere essenziale. Tenerla ferma alla radice di ogni peccato avrebbe altresì importato che, tutti i peccatori essendo, all'origine, negligenti, priva di una seria ragione sarebbe risultata, sia la differenza che invece si lasciava intendere che, nell'Antipurgatorio, sussistesse fra negligenti e non negligenti, sia, al limite, anche l'altra, tenuta ferma, invece, fra l'Antipurgatorio e il Purgatorio. A esser definita insussistente avrebbe perciò dovuto essere anche la suddivisione di quest'ultimo in gironi destinati a ospitare l'espiazione e purgazione dei sette peccati capitali. Il punto critico, e non risolto, della questione, stava quindi, per questo essenziale aspetto, nell'ambiguità di questo peccato. Inteso come la radice di ogni altro, il suo concetto importava, e coerenza strutturale avrebbe voluto, che esso fosse punito sotto la specie di quello che, nella storia di un'esistenza, si fosse rivelato predominante, e al quale il monte offriva l'adatto luogo di espiazione e purgazione. Dei sette peccati capitali avrebbe perciò dovuto dirsi che erano sì le forme fondamentali, di volta in volta assunte dalla negligenza; alla quale, tuttavia, poiché essa era, piuttosto la radice e la ragion d'essere di ciascuno che non un peccato in sé stesso definito, non avrebbe dovuto essere concessa una sede specifica anche se propedeutica, come la si è definita, all'altra del Purgatorio. Messa la questione in questi termini, può ben dirsi che, distinguendo l'Antipurgatorio dal Purgatorio, Dante intuì l'insidiosità della questione. Ma, per un altro verso, fu lui che, distinguendo, la determinò in quel carattere, vi soggiacque e la aggravò, perché era proprio la distinzione delle due zone a contenere la radice dell'aggravamento. Ponendo i negligenti nell'Antipurgatorio, egli, lo si è già detto, divise ciò che nella realtà era unito, se è vero

che la negligenza è la ragion d'essere di ogni peccato, e non può perciò esserne distaccata e considerata in sé.

A una conseguenza così radicale, sia se l'avesse intravista, sia se a tanto non fosse pervenuto, Dante, per altro, si sottrasse. Senza poter impedire che l'idea della negligenza andasse necessariamente al di là dei suoi stretti confini e richiamasse a sé l'intera gamma della peccaminosità, col fare dei negligenti un gruppo a sé escluse di fatto che in quello l'Antipurgatorio si risolvesse e che a tutte le anime che l'angelo nocchiero depositava sulla spiaggia del Purgatorio incombesse l'obbligo di soggiornare nell'ideale Antipurgatorio che ospitava i negligenti, gli scomunicati, i morti di morte violenta, per il tempo che a Dio fosse sembrato giusto. Fu come se, accanto a questo, senza dirlo, ne ammettesse un altro, al quale il diverso carattere era assegnato dalla diversità delle anime che vi trovavano posto. Così, mentre, per un verso, il suo spazio si dilatava, o rischiava di dilatarsi in conformità all'ampiezza rivelata dall'essere la negligenza la radice di ogni peccato, per un altro si restrigeva in conformità alla sua riduzione al grave ritardo con cui si erano rivolti a Dio coloro che, o erano stati scomunicati dalla Chiesa o erano morti di morte violenta. Che, agendo nel fondo, l'irrisolta tensione determinata dalla differenza di queste due idee non potesse non agire sulla struttura del Purgatorio, facendone insorgere la problematicità, è, o dovrebbe essere, tanto evidente quanto, per contro, non lo è la ragione dalla quale, alla radice del Purgatorio Dante fu indotto a porre una situazione, non ben definita in termini penitenziali: quella alla quale parve giusto, ai suoi lettori e interpreti, assegnare il nome di Antipurgatorio.

19. Se risponde a verità quel che è stato notato, e cioè che tutte le anime che si trovavano al di qua della porta del Purgatorio potevano considerarsi appartenenti all'Antipurgatorio se questo fosse stato preso in senso generico, ma solo quelle dei negligenti se fosse stato preso nel senso specifico che si è cercato di individuarvi e che consente infatti di nominarli per il peccato che li definisce, può comprendersi perché, fra quelli a cui Dante conferì particolare risalto, vi siano due personaggi che richiedono particolare attenzione. Si tratta di Belacqua, che già è stato incontrato in queste pagine, e di Sordello, due ospiti dell'Antipurgatorio, assai diversi l'uno dall'altro: diversi, si potrebbe dire, fino alla reciproca esclusione che, se anticipare è lecito, consiste nell'essere il primo un negligente in senso specifico, e il secondo no. Anticipando ulteriormente il risultato dell'analisi a cui occorre sottoporli, del primo si può dire che dell'Antipurgatorio dei

negligenti era un ospite tanto legittimo quanto prosaico, percorso da una singolare vena di ironia e privo perciò della nota tragica che, fatta eccezione per i principi negligenti,[55] caratterizza i protagonisti di questa condizione. Belacqua è un personaggio prosaico. Ma, attraverso l'ironia con cui definì la condizione sua, come, per contrasto, di Dante, fu lui, come si vedrà, quello che, con maggior rigore, fece avvertire i severi rintocchi della campana teologica. A farne un'esemplare figura dell'Antipurgatorio fu, innanzi tutto, non solo l'accenno che egli fece alla tardità del suo pentimento («perch'io 'ndugiai al fine i buon sospiri»),[56] ma anche la consapevolezza con cui accennò al tempo che avrebbe dovuto trascorrere su quella «costa» prima di essere ammesso a martìri del monte («prima convien che tanto il ciel m'aggiri/ di fuor da essa, quanto fece in vita»).[57] A infirmare la bontà di questa conclusione, a far sì che, per contro, se ne sottolinei l'eccentricità, non basta, infatti, la considerazione della profonda differenza che, per questa parte, sussiste fra il caso suo e quello, ben altrimenti drammatico, come s'è detto, e delineante perciò una tutt'altra situazione, di Manfredi, di Jacopo del Cassero, di Buonconte da Montefeltro, della Pia. Il pentimento a cui costoro non avevano dato voce se non nell'ora estrema della loro vita era esso stesso un frutto paradossale della negligenza; ed anche di questa essi facevano ammenda nell'atto, per altro, in cui era un'intera vita peccaminosa quella che, drammaticamente, avevano offerta alla misericordia di Dio. Ma la negligenza, che aveva caratterizzata la loro vita nei confronti della religione e di Dio, si era ristretta a questa parte, non aveva avuto alcun riscontro nei momenti fondamentali della loro esistenza, che era trascorsa fra i contrasti e le violenze. Era la negligenza alla quale erano stati costretti dalla vita che fino all'ultimo istante avevano vissuta senza risparmio di energie quella che essi espiavano nell'Antipurgatorio. Era la negligenza che, presi dall'opera a cui avevano dedicata la vita, li aveva tenuti lontani da Dio, e della quale si erano pentiti nell'ultimo istante e ora ancora si pentivano e si dolevano. Quella di Belacqua era stata una negligenza di tutt'altra natura, se negligente essa era stata persino nei confronti di sé stessa e delle possibilità alle quali, se altrimenti fosse stata vissuta, avrebbe

55. Sulla valletta dei principi negligenti, basti il rinvio a F. D'Ovidio, *Il Purgatorio e il suo preludio*, Milano 1906, pp. 413 ss., L. Pietrobono, *Saggi danteschi*, Torino 1954, pp. 203-223, D. Heilbronn, *Dante's Valley of the Princes*, in «Dante Studies», 90 (1972), pp. 43-58. Per altra letteratura, S. Pasquazi, *ED*, V, 867 b-869 b.

56. *Pg* IV 132

57. *Pg* IV 130-132.

aperta la via. A differenza di costoro, Belacqua non aveva perciò da pentirsi se non dell'attitudine che in vita l'aveva tenuto al di qua dell'agire, di ogni agire: con la conseguenza che se, come si è detto, in quella deve vedersi il peccato che dispone al peccato e ne include in sé l'intera potenzialità, la sua era stata piuttosto pigrizia che non negligenza: pigrizia, «negghienza», e cioè la negligenza nel suo aspetto più semplice e meno drammatico, oppure una sua minore conseguenza, se è pur vero che dal suo essere disposizione al peccato sembrava non esser derivata se non questa medesima astratta disposizione. Persino il pentimento che egli dichiarava a Dio sembrava che fosse stato intessuto con il filo della pigrizia. Ed egli infatti non l'aveva realizzato se non nell'estremo momento della vita, proprio verso la fine di essa, ma non perché fosse impegnato in altro e da questo distratto, non perché, come Manfredi o Buonconte, i suoi ultimi istanti fossero stati segnati dalla violenza e dal terrore, ma, appunto, per pigrizia: donde il tono minore che, attraverso l'ironia, si faceva avvertire anche nel suo far parte per sé stesso, nel suo stare a distanza dal gruppo che comprendeva anime negligenti che erano, tuttavia, appartenute a personaggi tragici, e lui, invece, era pur sempre quello che, nella vita, non aveva dato prove che non fossero state ispirate a quella sua rinunzia a viverla con la dovuta intensità e esponendosi, perciò, al rischio di perderla. Eppure, sebbene nei confronti delle altre anime di quell'Antipurgatorio, la sua presentasse tratti dissonanti, tanto più e tanto meglio Belacqua dimostrava di essere uno di quelle quanto più e quanto meglio gli era dato di dimostrare la consapevolezza che aveva della sua condizione. Di dimostrarla attraverso l'ironia che rivolgeva bensì agli altri, ma esercitandola in primo luogo su sé stesso e, con il suo mezzo, conseguendo, non solo la conferma del suo modo di essere, ma anche una forma di vittoria, che fu Dante, del resto, a rendere possibile con la domanda che gli aveva rivolta: domanda di tono familiare, affettuoso ma, a suo modo, pungente, e che mai si sarebbe sognato di rivolgere a Manfredi, a Jacopo del Cassero, a Buonconte da Montefeltro, o alla Pia, della quale fu così parco nel far capire la ragione vera per la quale era lì. Mai, infatti, a queste anime tragiche e austere egli avrebbe chiesto perché non avessero cercato e non cercassero di abbreviare il loro soggiorno nella regione dell'Antipurgatorio spingendo i loro passi nella direzione della porta sorvegliata dall'angelo. Ma di rivolgerla a Belacqua, invece non esitò. L'aveva conosciuto in vita, ed era come se, in quel luogo dell'aldilà stesse parlando con lui vivo del vizio che, come diceva, sembrava che anche lì l'avesse ripreso, o non l'avesse, piuttosto, abbandonato. Improntata a un' ironia non priva di una punta amara e, forse, persino ostile, frammento, forse, di un antico motteggio («attendi tu iscorta/ o pur lo modo usato t'ha ripriso?»), la domanda aveva provocato una risposta attraverso la quale Belacqua poté celebrare, come si è detto, il più netto dei suoi trionfi, chiamando in causa Dio e il suo angelo, e trasferendo la disputa, dal piano quotidiano a quello teologico («o frate, andare in sù che porta?/ ché non mi lascerebbe ire a' martiri/ l'angel di Dio che siede in su la porta»).[58] Implicitamente, nel rivolgergli la sua pungente provocazione, Dante aveva fatto appello ai concetti della sua etica, aveva esaltato l'impegno speso nel segno della libertà e della volontà che, «se non vuol, non s'ammorza».[59] Ma, nel dire quel che diceva e nel ritenere possibile che fosse la pigrizia dalla quale il personaggio era stato caratterizzato in vita a determinare i modi che ancora lo segnavano sui contrafforti del Purgatorio, s'ingannava. Era proprio sicuro che sul serio Belacqua fosse libero, e che solo dalla sua scelta dipendesse se il tempo della sua attesa sarebbe stato più o meno lungo? Era proprio sicuro che se, sotto il sole dardeggiante, si fosse incamminato lungo la dura salita che conduceva alla porta del Purgatorio, la sua fatica sarebbe stata premiata e la sua permanenza resa più lieve? Era proprio sicuro che la scelta di rimanere fermo dipendesse dalla pigrizia, o solo dalla pigrizia, e che anche nell'aldilà purgatoriale, avessero corso le abitudini che lo avevano caratterizzato in vita? O doveva piuttosto ritenersi che, nelle forme che gli erano state consuete, fosse ora presente un contenuto nuovo, coincidente con una superiore e più matura riflessione, condotta sul suo stato di anima destinata a subire, non prima, non poi, ma quando a Dio fosse piaciuto, il martirio del monte? In realtà, e la sua fu ancora una volta arte finissima, intessuta con il filo di una sottile psicologia, nel vecchio Belacqua Dante invitava a vedere il nuovo che, in quanto personaggio, non riusciva a scorgere sotto i modi dell'antico, oltre i quali, se si voleva capire, era invece necessario andare. Ma anche nel nuovo invitò a vedere l'antico, e, nella sua persistente pigrizia, il riflesso, tuttavia, della luce divina.

20. C'è, o ci fu (lo si è accennato) chi, contrapponendosi a quanti ne avevano fatto una sorta di controideale dantesco, in questo personaggio ha voluto vedere qualcosa di più del pigro da commedia con il quale è inutile

58. *Pg* IV 127-129.
59. *Pd* IV 76.

parlare di azione e di impegno, e ha indicato il consapevole eroe del saper attendere il momento in cui Dio avrebbe determinato e reso possibile il suo ingresso nel luogo dei martìri.[60] E fu, la sua, osservazione preziosa. Essenziale, tuttavia, è comprendere che, con i suoi modi all'apparenza indolenti, con la sua strascicata ironia («or va tu su, che se' valente»), e il suo sommesso motteggio, Belacqua offriva qui una sorta di lettura anticatoniana[61] della situazione prepurgatoriale. E dava evidenza al patetico anacronismo di Dante che, in quanto personaggio, mostrava di non essersi avvisto che, non diverse in questo, da quelle dell'Inferno, e persino del Paradiso, le anime dell'aldilà erano estranee alla logica della volontà e della libertà, perché segnata e determinata da una volontà e libertà di altra e superiore natura era la loro condizione. Con i suoi modi distaccati e ironici, che, pur

60. Petrocchi, *L'attesa di Belacqua*, pp. 311-333; e cfr. anche il suo *Il Purgatorio*, pp. 111-112. Il nesso che L. Pietrobono, *Dal cerchio al centro. La struttura morale della Divina Commedia*, Torino s.d., pp. 222-223, stabilì fra la pigrizia di Belacqua e l'incontinenza è frutto di ingegnosità, ma è irricevibile.

61. La nota che ho definita «anticatoniana» consiste nella tacita e implicita contrapposizione che, nella sua saggezza, Belacqua fece della volontà divina all'iniziativa delle anime e, per contrasto, evoca l'atteggiamento morale di coloro che, costruendosi nell'animo, un Catone ideale, che reputano altresì sia «eterno», attribuiscono a Dante l'idea che il vivere sia «correre, correre, senza sosta, senza riposo» e che in questo, per di più, risieda «il significato generale del *Purgatorio*» (G. Gentile, *Il canto di Sordello* [1939], in *Studi su Dante*, Firenze 1965, p. 219) Non deve tuttavia essere estesa, perché in questo caso certamente si errerebbe, alla definizione che Catone dette delle anime che si erano fermate ad ascoltare il canto di Casella, definendole «spiriti lenti» e «negligenti» («che è ciò, spiriti lenti?/ qual negligenza, quale stare è questo?»): salvo che, al riguardo, deve distinguersi. Che il termine «negligenza» sia usato qui in senso non tecnico, ma solo per sottolineare la distrazione di un momento, provocata dalla «dolcezza» di quel canto, è ovvio, e, nel testo, lo si è notato. A torto, infatti, se ne dedurrebbe che tutte le anime che l'angelo nocchiero via via depositava sulla spiaggia del Purgatorio fossero di negligenti, e, non tenendosi conto di quel che qui si sostiene, per negligenza si intendesse perciò un peccato specifico, e non una disposizione al peccato che, in quanto tale, appartiene a tutti i peccatori e ha nell'Antipurgatorio il luogo della sua emendazione, fatta salva tuttavia la differenza fra questa accezione generica e quella per la quale la negligenza intervenne a ritardare all'ultimo momento la offerta di sé stessi a Dio. Giustamente Sapegno, *Purgatorio*, p. 23, ha citato Ver. *aen.* 2, 372-373: «festinate, viri; nam quae tam sera moratur segnities?». Per evitare obiezioni pedantesche, aggiungerei che, nello spronare le anime ad andare avanti, in Catone agiva, non la convinzione che in tal modo si potesse forzare la volontà divina e rendere più breve la loro sosta nell'Antipurgatorio, ma l'idea, piuttosto, che, andando avanti, esse avrebbero dimostrata la loro volontà di essere presto ammesse ai luoghi dell'espiazione. Il che è ovvio. Ma andava, forse, ribadito.

nella loro trasfigurazione, tanto risentivano di quel che erano stati in vita, e ricorrendo ai quali ora avvertiva che inutile era l'affaccendarsi se tutto, comunque, dipendeva dall'angelo ispirato direttamente da Dio, nel conservarli e, nello stesso tempo, nel trasfigurarli, Belacqua innalzava la sua umana commedia al grado di una sacra rappresentazione teologica: celebrava non tanto, o non solo, la sua paziente attesa del momento stabilito da Dio, quanto piuttosto la di lui onnipotenza, nei confronti della quale sarebbe stato indizio di goffaggine, in primo luogo teologica, un comportamento che non l'avesse tenuta al centro del quadro. Dopo di che, è evidente che la genialità di Dante consistette proprio nell'aver trasferito un duro concetto teologico in una situazione di scettica bonomia umana, e di avervelo mantenuto, tuttavia, intatto, in modo che alla fine questa ne risentisse facendo emergere un significato diverso, assai diverso, da quello che sulle prime sembrava essere stato il suo.

21. Può apparire paradossale che in Belacqua, che ha dato luogo a tante e savie dispute sulla virtù che deve prevalere sul vizio, sull'agire che deve trionfare sul patire, e che perciò ha subìto condanne, tanto bonarie, quanto, a guardar bene, ridicole, si indichi il personaggio teologico che conservava i modi di quello «comico» nell'atto in cui, senza cancellarli, li risolveva in un tutt'altro contesto e, anche per il loro tramite, si rivelava un'anima dell'Antipurgatorio dei negligenti. Non si andrebbe tuttavia lontano dal vero se si aggiungesse che, alla negligenza che era culminata nella tragedia di Manfredi, di Buonconte, di Jacopo del Cassero, della Pia, quella di Belacqua stava come la commedia alla tragedia, e che a emergere dalla contrapposizione era l'arte della variazione psicologica che, a Dante appartenendo in sommo grado, gli permise di assegnare a questo personaggio una nota che fino in fondo ne rivelò il carattere paradossale. Per il tramite della sua complessità, e dei diversi significati ai quali la sua figura rimanda, Belacqua è infatti un personaggio risolto nella sua definizione, ed eccedente tuttavia il suo limite.

Non altrettanto, invece, può dirsi di Sordello che, lui pure, stava fuori della turba delle anime dei morti per morte violenta (VI 10-24), e nella solitudine che, certo, aveva scelta con intenzione, sembrava voler provare che il suo luogo apparteneva bensì, com'è ovvio, a una terra collocata al di qua del Purgatorio, ma non definibile tuttavia, per quanto lo riguardava, con il nome dell'Antipurgatorio dei negligenti, degli scomunicati, dei morti di morte violenta. Dante, e non sarà stato per caso o solo perché avesse inteso dar rilievo al carattere altero e sdegnoso della sua anima, lo aveva collocato a netta distanza dal luogo in cui si muovevano Jacopo del Cassero, Buonconte da Montefeltro, la Pia, e poi l'Aretino, cioè Benincasa di Laterina, Federico Novello e «quel da Pisa», e poi Orso degli Alberti e Pierre de Brosse. Perché avesse deciso così, non è difficile da capire. Ciò che legava, o sembrava che legasse, Sordello a quei personaggi, s'intenda l'avventurosità della vita, era anche la ragione della sua differenza da essi: altro, infatti, è una vita che abbia quel carattere, altro una la cui fine sia stata determinata dalla violenza e dal sangue. Nel tenersi lontano da quella turba affaticata era perciò come se Sordello intendesse far sapere che, se quelle erano anime di un Antipurgatorio moralmente definibile come il luogo a cui facevano capo gli scomunicati e i morti di morte violenta, il suo, sebbene per un verso fosse lo stesso, era, per un altro, un diverso Antipurgatorio; nel quale era bensì costretto ad attendere che venisse il momento di lasciarlo, ma senza dare a vedere che di quello era in particolare attesa. Chi perciò, con il consueto acume, ha notato questa differenza, avrebbe anche dovuto trarre la conseguenza che in quel che aveva osservato era implicita,[62] e dire in modo chiaro che se, per Antipurgatorio, s'intende il luogo riservato ai peccatori della specie che si è detta, Sordello non ne faceva parte, perché stava idealmente in un'altra zona di esso. A caratterizzarlo era infatti lui con la sua diversa storia e i suoi diversi peccati: alla radice dei quali sarà stata bensì presente, come disposizione a essi, la negligenza, ma in una forma, a sua volta, particolare e non identificabile con quella dei personaggi che fin lì Dante aveva incontrati. Sordello stava da solo, infatti, faceva parte per sé stesso e aveva la fierezza di un leone. Ma perché stava da solo?

22. Da critici illustri fu proposto in tempi diversi il paragone della sua figura o con statue michelangiolesche,[63] o con Farinata.[64] Ma così, le buone intenzioni definitorie passano facilmente nella retorica. Sebbene fosse stato proposto da uno studioso di finezza pari alla dottrina, il primo paragone, infatti, non significa nulla, e il secondo è improponibile. È impossibile che in Sordello si colga qualcosa di anche soltanto analogo al «dispitto» che il gran ghibellino provava e mostrava, o ostentava di provare e mostrare, nei

62. Sapegno, *Purgatorio*, p. 73.
63. F. Novati, *Sordello*, in *Freschi e mimi del Dugento*, Milano 1908, p. 160.
64. B. Croce, *La poesia di Dante*, Bari 1921, p. 112.

riguardi dell'Inferno. Sordello era un'anima del Purgatorio, non dell'Inferno: quel sentimento non avrebbe mai potuto appartenergli. I versi con cui Dante ritrasse la sua figura («o anima lombarda/ come ti stavi altera e disdegnosa/ e nel mover de li occhi onesta e tarda. / Ella non ci dicea alcuna cosa,/ ma lasciavane gir, solo sguardando/ a guisa di leon quando si posa»)[65] mettono fuori discussione che alterezza e disdegno[66] ritraessero il modo di essere di uno che, essendo, nello stesso tempo, «onesto e tardo»,[67] alla condizione in cui era stato messo da Dio non dava alcun segno di volersi ribellare, e dignitosamente l'accettava. Restava fermo e chiaro, tuttavia, che alla ressa delle anime imploranti egli non partecipava, e se ne stava in disparte. Che lo sdegno non riguardasse le preghiere e la loro efficacia, che Dante aveva descritta a VI 25-57, dev'essere ammesso come conseguenza del fatto che, se fosse stato altrimenti, l'Antipurgatorio, che per lui era soltanto la parte antistante alla montagna del Purgatorio, avrebbe ospitato, non un'ombra che lì conservava i modi che, in vita, gli erano appartenuti, ma un miscredente; e questo, ovviamente, era impossibile. Resta, tuttavia, che se, per Antipurgatorio, s'intende la condizione delle anime dei negligenti, degli scomunicati, dei morti di morte violenta, Sordello non era di questi, e alla loro condizione prepurgatoriale non poteva essere assimilato. Il suo, per conseguenza, era un diverso Antipurgatorio.

Per quel che consti, e Dante certamente lo sapeva, nella sua vita molto Sordello aveva peccato, ma in forme assai diverse da quelle riunibili sotto il segno della negligenza e della pigrizia. Non è infatti proponibile, sia detto fra parentesi, che, dalla presenza della sua anima in un luogo che, in quanto tale, era definibile come Antipurgatorio, egli avesse meritato di appartenervi anche in senso morale perché, distratto da pratiche mondane, aveva tardato a pentirsi. A una simile ipotesi il testo non offre il minimo sostegno.[68] Se, distratto dalle sue vicende, Sordello avesse tardato a chiedere il perdono di Dio, a Dante non sarebbe mancata la capacità di inserirlo,

65. *Pg* VI 61-66.

66. Che qui l'aggettivo «disdegnoso» implichi una sorta di ritrosia morale, e come di ritiro in sé stesso, e sia perciò da mettere in relazione alla definizione della filosofia in *Amor che ne la mente mi ragiona*, 76, e *Cv* III ix 4 (per altri luoghi cfr. V. Valente, *ED*, II, 492 b), è evidente. Considerazioni interessanti in U. Bosco, *Dante vicino*, Caltanissetta-Roma 1985, pp. 264-266.

67. È ottima, al riguardo, la nota del Sapegno, *Purgatorio*, p. 62.

68. Il riferimento è a D. Mattalia, *La Divina Commedia*, II, *Purgatorio*, Milano 1990, p. 123.

con la forte personalità che gli riconosceva, nella schiera in cui erano inclusi coloro che soltanto sul finire della vita, o nel suo estremo momento, si erano rivolti a Dio. Ma Sordello stava solo, lontano dalle altre anime e dai loro gruppi; e, poiché non gli erano attribuiti i peccati né di negligenza, né di eterodossia, l'unica cosa che convenga fare è riconoscere tutto ciò, e dire chiaro e tondo che non si sa di quale peccato egli attendesse il momento in cui avrebbe cominciato a espiarlo sui gironi del Purgatorio. L'unico elemento che con chiarezza emerga dalla rappresentazione che Dante fece del suo personaggio è il contrasto, che subito si nota, fra, da una parte, la sua forte e determinata personalità, da un'altra la indeterminatezza in cui furono lasciati sia il suo peccato sia il suo profilo di anima espiante: un contrasto, se lo si vuole chiamare così, la cui ragione sta forse nel compito che egli stesso si assegnò di fare da guida[69] a Dante e a Virgilio nella visita che avrebbero compiuta alla valletta dei principi negligenti. Si può supporre che, avendo deciso di affidargli questo compito, Dante avesse ritenuto che sulla sua specifica condizione di peccatore non convenisse insistere in modo che non fosse il suo particolare destino purgatoriale a richiamare su di sé l'attenzione dei lettori. Ma resta che questa è la constatazione di un fatto, non la sua spiegazione; e che non è dato né sapere né capire perché proprio a Sordello Dante avesse affidato questo compito. Sarà stato il *Planh* che egli aveva composto in provenzale per la morte di Blacatz, barone di Aups, e che conteneva parole di forte polemica dirette ai principi cristiani, a persuaderlo dell'opportunità di affidargli quel compito[70] che, converrà notare, egli eseguì con parole assai pacate, e certamente molto diverse da quelle, alquanto cruente, che si leggono in quel suo componimento?[71] Può darsi che sia così. Ma resta che nemmeno questa circostanza è sufficiente a illuminare di migliore luce la figura di questo personaggio, che, quant'era vigorosa e netta nell'aspetto, di altrettanto Dante fece che fosse sfuggente nel significato. In effetti, oltre ai vari peccati che gli erano attribuibili, di lui molte cose potevano esser dette; e a molte certamente avrà pensato, con Dante, il lettore medievale che, nel leggere questi canti del *Purgatorio*, si fosse trovato a non ignorare le vicende della sua vita. Ma come nessuno

69. Veramente è Sordello che, di sua iniziativa, si offrì come guida: «per quanto ir posso, a guida mi t'accosto» (*Pg* VII 4299).

70. Inglese, *Purgatorio*, p. 95; e cfr. M. Perugi, *Il Sordello di Dante e la tradizione mediolatina dell'invettiva*, in «Studi danteschi», 55 (1983), pp. 23-135.

71. Il *Plahn* si può leggere in *La poesia dell'età cortese*, a cura di A. Roncaglia, Milano 1961, pp. 380-382.

avrà, con buoni argomenti, ritenuto che egli fosse stato un negligente secondo il significato che conveniva agli ospiti dell'Antipurgatorio definiti con quel sostantivo, così è necessario ribadire che, se questo era comune a tutte le anime che vi erano accolte, non per tutte l'attesa del Purgatorio aveva il medesimo carattere, ossia era vissuta nello stesso modo. Per qualche ragione, individuabile forse nel desiderio di non appesantire la parte dottrinale con distinzioni e sottodistinzioni di gusto teologico, che forse, e in definitiva, sentiva che avrebbero nuociuto all'arte, Dante preferì lasciare indeterminato il profilo dell'Antipurgatorio; che, del resto, poiché non era da lui indicato con un nome, si prestava a essere inteso così (e anche per questo, forse, non fu indicato con un nome). Fece dunque che, con le diverse situazioni che via via evocava, fosse il racconto a distinguere, su una terra che ben poteva essere ritratta con un unico nome, la parte riservata ai negligenti, agli scomunicati, ai morti di morte violenta, da quella che includeva peccatori che negligenti, in quel senso, non potevano essere definiti: fermo restando che, con questi anche quelli si sarebbero confusi una volta che avessero varcata la soglia e prima di trovare il diverso posto a essi riservato sulle diverse balze della montagna.

Se infatti non tutti gli uomini sono negligenti nel senso in cui lo furono i personaggi che Dante incontrò al di qua della porta del Purgatorio, tutti nondimeno rientravano e erano compresi nella sfera generale della «disposizione al peccato», tutti, ovviamente, e a vario titolo, erano peccatori. Il che, se per un verso semplificava la situazione interpretativa dell'Antipurgatorio, per un altro la mostrava esposta alle complicazioni implicite nell'insufficiente determinazione strutturale che, poiché altrimenti non poteva e in sé stesso l'Antipurgatorio pativa di questo difetto, Dante aveva conferita a questa specifica parte dell'aldilà. Fra i peccatori dell'Antipurgatorio di fatto distinse, perché Manfredi non era Sordello, e questi non era Belacqua. Ma non fornì il criterio della distinzione. Lasciò intendere che, forse con diversi caratteri e con modi che riflettevano quel che in vita le aveva rese diverse, per tutte le anime l'attesa nell'Antipurgatorio significava espiazione. Ma fra quella che aveva luogo lì e l'altra che, in forma assai più completa, l'avrebbe avuto sui gironi del monte, né affermò né negò che si desse un rapporto. Non negò, né affermò, che, rispetto al Purgatorio, l'Antipurgatorio costituisse un grado penitenziale. Le ragioni di questo mancato avvertimento stanno, se così si può dire, nel fatto che costituiscono, e che certo, come qui si è tentato e si sta tentando, conviene indagare, senza pretendere di ricondurlo ad una ragione ulteriore, che non potrebbe non essergli estrinseca. Conviene indagarlo, e insistervi. Per quel che concerne la struttura del secondo regno, è questo il punto fondamentale.

23. È giunto il momento di rendere esplicita, attraverso un rapido riepilogo, l'obiezione che il ragionamento sembra ricavare dal suo stesso interno. Nell'Antipurgatorio si è riscontrata la presenza di peccatori diversi, e anche la debole attenzione che questa diversità ha ricevuta. Si è data grande importanza al peccato definito come «negligenza», e lo si è detto diverso da quello che, per esempio, può essere indicato in Sordello, che Dante non dichiarò in che cosa propriamente fosse consistito, ma con la negligenza non era identificabile una volta almeno che questa fosse stata presa nel senso che assumeva, non si dice in Belacqua, ma nei peccatori che, da Manfredi ai principi negligenti, egli aveva incontrati e descritti. Se, come pur si è suggerito, la si può intendere come la radice di ogni peccato, e appartenente perciò a ogni peccatore, resta che altro è indicarvi la via che conduce al compimento di specifici peccati, altro intenderla come, in certo senso, rientrante e consistente in sé stessa, come una sorta di negligenza messa nell'essere negligenti. La negligenza di Belacqua non è paragonabile a quella di Manfredi che, autore di peccati orribili («orribil furon li peccati miei»),[72] era stato tardo, e cioè negligente, nel pentirsene, ma negligente, certo, non era stato nel commetterli. La distinzione che si è cercato di argomentare non ha un riscontro in dichiarazioni che, né in modo diretto né in modo indiretto, siano ricavabili dal testo; al quale, quindi, si potrebbe obiettare, è stata arbitrariamente sovrapposta. Lo stesso dev'esser detto, e in senso altrettanto problematico, per l'espiazione. L'Antipurgatorio è un luogo di espiazione attuata per il tramite dell'attesa, o è un luogo di attesa, di vuota attesa dunque, che rinvia l'espiazione al momento in cui le anime supereranno la porta custodita dall'angelo? Se si ritiene che la tesi relativa alla distinzione dei peccati che, a parte quello della negligenza, nell'Antipurgatorio non compaiono con il loro diverso volto, e attendono perciò di assumerlo solo dopo che la porta del Purgatorio si sia aperta per chi li aveva commessi, – se si ritiene che questa tesi sia errata perché, nei versi, non c'è per essa una parola che per confermarla o per escluderla, vi alluda, niente da dire. Nei versi, quella parola non c'è; e nemmeno se ne incontra una che sia in grado di definire, con un nome che imponga un chiaro concetto, il luogo in cui si trovano le anime in attesa di essere ammesse

72. *Pg* III 121.

alla suprema prova dei «martìri». Alla domanda relativa al «che cosa», e al «perché» che gli è implicito, non c'è risposta, se la si cerchi in Dante, dove trovarla è impossibile se non nella formula, estremamente banale, che ritrae la zona antistante il Purgatorio come il luogo in cui, provenendo dalla foce del Tevere, le anime erano destinate a sostare il tempo necessario a ottenere il libero ingresso nel Purgatorio. L'Antipurgatorio, deve dirsi di nuovo, come sala d'attesa! E sia pure. Ma è un fatto che, potendo durare anni e anni, l'attesa toglieva a sé stessa questo semplice carattere per rivelarne un altro che, a quella passiva e vuota disposizione, conferiva un senso più drammaticamente significativo; che valeva non soltanto per le anime dei negligenti, le uniche che lì ricevessero una definizione, ma per tutte quelle che vi erano in attesa. Attraverso il tempo della sua attuazione, l'attesa stessa diventava un tormento, il tormento uno strumento di espiazione. Tenendo il peccatore al di qua del luogo in cui i suoi peccati sarebbero stati direttamente espiati, di altrettanto rendeva remoto il momento in cui, finalmente, il lungo viaggio avrebbe presa la direzione del cielo. L'attesa era dunque, essa stessa, sofferenza e espiazione, o, se si preferisce, un avvio a essa, che già, tuttavia, ne aveva in sé il carattere. Certo, resta da capire, e non è poco, perché, se non altro nel soggettivo atteggiamento, tanto differisse, nell'Antipurgatorio, la situazione delle anime, e al dramma di Manfredi e di Buonconte che, pur senza dichiararlo in parole, nel luogo che li ospitava mostravano il tormento e la sofferenza dell'espiazione, corrispondessero, e si differenziassero, non solo la «negghienza» di Belacqua, ma anche il fiero e impenetrabile «disdegno» di Sordello. Resta da capire una situazione che, poiché penetrarvi non è facile, costringe alla congettura. La risposta più ovvia, ma anche, forse, la meno lontana dal vero, che possa darsi a questa domanda è che, nell'Antipurgatorio, che ne risultava perciò variamente diversificato, l'espiazione, che lì aveva il suo inizio, assumeva forme tanto diverse quanto diverse erano state le psicologie e le vicende delle anime che vi erano confluite. Alla domanda, infine, già formulata, ma destinata a ripresentarsi, relativa al perché, pur senza darle un nome, al Purgatorio Dante avesse anticipata una zona che si è convenuto di definire «Antipurgatorio», la risposta, che comunque non è facile, può essere non univoca. La più semplice è che sua intenzione fosse stata di delineare una situazione nella quale alla durezza della penitenza purgatoriale conveniva aggiungerne un'altra che, precedendola, avesse reso più lungo, vario e duro il cammino della salvezza, più pesante l'attesa. La si è definita «semplice». Ma già si è accennato che era anche produttiva di difficoltà nell'ordine teologico. E si può aggiungere che, sebbene un'altra non sia a disposizione, non finisce di persuadere: non, tuttavia, per un difetto che si avverta nella tesi (se lo si avvertisse, si dovrebbe lavorare per superarlo), ma per quello che si rivela nella struttura dell'Antipurgatorio e che non può se non essere constatato. Nemmeno, del resto, riesce persuasiva la tesi, ragionata, per altro, con finezza,[73] secondo cui la forma dell'attesa varia a seconda che soggetti ne siano gli scomunicati, che attendono nel timore di Dio, i pigri, che attendono nel segno della pazienza, i morti di morte violenta, che nell'attendere sono segnati dalla prudenza, i principi negligenti, che cantano *Salve Regina*, inno della misericordia e della carità. A parte che i contrari che in tal modo sono messi in atto, contrari in senso stretto non potrebbero esser detti, e che non senza qualche disagio si assiste alla loro individuazione, è certo che dal testo di Dante niente di simile potrebbe esser ricavato. Occorre perciò integrarlo sovrapponendo a esso la specificazione teologica che il critico ha ricavato dal suo sapere teologico e di cui gli ha fatto dono. Un procedimento che lascia francamente molti dubbi, e non giova a far progredire l'indagine.

24. Giunti a questo punto, non sarà inutile fissare alcune conclusioni e aggiungere qualche ulteriore chiarimento. Chi legga la seconda cantica, anche se si trovi a non essere assorto in meditazioni relative alla sua struttura e alle ragioni per le quali essa fu disposta in quella forma, e non in un'altra, non potrà non includere in uno spazio definito i personaggi, da una parte Manfredi e gli scomunicati senza nome che stavano con lui, da un'altra, Jacopo del Cassero, Buonconte da Montefeltro, Pia de' Tolomei, e distinguerli da altri che fanno parte per sé stessi. Sebbene, come si è avvertito e conviene non dimenticare, il primo appartenga a una schiera, e gli altri a un'altra, c'è tuttavia un elemento che li accomuna e che occorre individuare. Non fu infatti solo la potenza poetica con cui Dante li ritrasse a metterli insieme e a far sì che pensare l'uno inducesse a pensare gli altri. A metterli insieme fu anche un tratto che, sia pure *ex silentio*, distingue le loro dalle altre anime presenti nella regione antistante al Purgatorio e fa sì che costituiscano un gruppo omogeneo, al quale, già lì, nell'Antipurgatorio, incombeva di scontare il peccato di negligenza commesso in vita. È vero, senza dubbio che, a differenza della pena sofferta sui gironi del Purgatorio, quella patita da questi peccatori consisteva nella vuota attesa e

73. Petrocchi, *L'attesa di Belacqua*, pp. 326-327.

nel tempo, per altro determinato, che ne fissava la durata. È vero che, sotto questo riguardo, si trattava di una pena diversa da quella che si pativa sulle balze del Purgatorio: quella, come si è detto, prevedeva sofferenze anche fisiche, escogitate spesso con sottile crudeltà, questa non ne prevedeva che di morali. Ma vero è anche (e non è un fatto da trascurare) che la loro era l'attesa di un'attesa; e se della prima essi conoscevano la durata, che era comunque ragguardevole, è un fatto che dell'estensione della seconda non avevano alcuna nozione, l'unica cosa certa essendo che, sommata a questa di cui non si sapeva quanto a lungo sarebbe durata, anche la prima, che pure aveva un termine certo, assumeva una dimensione che produceva sgomento. Se è vero che l'esistenza di un Purgatorio fu escogitata per rendere meno aspra l'idea dell'Inferno mercé l'introduzione di un luogo intermedio in cui, quando non fosse salito agli estremi gradi, il peccato potesse essere punito sì, ma nella prospettiva della finale catarsi, resta che i tempi dell'attesa furono fissati da Dante, che all'idea del Purgatorio dette la più elaborata espressione, senza alcuna indulgenza: si pensi ai nove secoli che l'attesa di Stazio era durata. Ma quel che qui interessa è non tanto il significato sociale dell'invenzione del Purgatorio[74] quanto piuttosto il modo della sua organizzazione concettuale. Oggetto di indagine sono le questioni interne alla struttura in cui Dante lo pensò e rappresentò. Per questo verso, e da questo punto di vista, anche l'Antipurgatorio assumeva caratteri specifici, che richiedevano di non essere trascurati o, addirittura, ignorati.[75] Ponevano infatti, e pongono, problemi a cui non è facile dare

74. Si veda, al riguardo, Le Goff, *La naissance du Purgatoire*, pp. 22-23, *passim*.

75. Aggiungo, in nota, che, per quanto concerne le anime di coloro che fino all'ultimo istante avevano condotto una vita peccaminosa conclusa da una morte violenta e da un pentimento giunto all'ultimo istante, l'essenziale è detto da una di loro a *Pg* V 52-57: «noi fummo tutti già per forza morti,/ e peccatori 'nfino a l'ultima ora:/ quivi lume del ciel ne fece accorti,/ sì che, pentendo e perdonando, fora/ di vita uscimmo a Dio pacificati,/ che del disio di sé veder n'accora». Andrà notato che dei tre personaggi dei quali Dante racconta l'estremo momento della vita, due, Jacopo del Cassero e Buonconte da Montefeltro, erano stati uomini politici e soldati, e su di essi ci sono notizie: cfr. G. Castellani, *Jacopo del Cassero*, in «La Bibliofilia», 8 (1907), pp. 253-281, e L. Pertile, *Bonconte e l'anafonesi*, in «Filologia e critica», 21 (1996), pp. 118-126. Assai più complicata, se si intendesse specificare il senso che Dante dette alla morte da lei patita da mano violenta, è la vicenda di Pia de' Tolomei: la si può vedere esposta dal Barbi, *Problemi*, I, 279-280, e poi *La Pia di Dante* (*Purg. V 130-136*), in *Con Dante e con i suoi interpreti*, Firenze 1941, pp. 337-340. Ma cfr. ora la diffusa voce di G. Varanini, *ED*, IV, 462 a-467. La questione meriterebbe di essere ripresa e discussa a parte in prospettiva storica.

una soluzione: risolti in un mondo, tendono, infatti, a ripresentarsi in un altro. La questione che è emersa dalle analisi condotte fin qui è se l'Antipurgatorio sia un luogo di semplice attesa che non sottrae tempo alla vera e propria pena purgatoriale, o se quella che vi si compie abbia già in sé anche il carattere dell'espiazione, della quale costituirebbe, se la risposta fosse affermativa, il primo tempo. Nel primo caso, per dolorosa che in sé sia e possa essere considerata, l'attesa è attesa dell'espiazione, e non essa stessa già espiazione. Nel secondo, l'attesa è il momento iniziale di un processo espiativo che avrà sì il suo più pieno carattere una volta che, varcata la famosa porta, alle anime sarebbe stato consentito l'accesso al monte, ma avendo già, tuttavia, avuto lì, nell'Antipurgatorio, il suo inizio. È evidente che, a seconda che la questione sia risolta nel primo senso, o nel secondo, il rapporto dell'Antipurgatorio con il Purgatorio assume diverso volto. Ma anche è evidente che, avendo posto la questione, o fatto in modo che questa sorgesse nella mente dei suoi lettori, Dante non ne indicò, e nemmeno ne suggerì, la soluzione.

25. Il riepilogo delle conclusioni fin qui raggiunte può, a questo punto, considerarsi concluso. Ma il discorso può, tuttavia, e deve proseguire con il paragone, classico nella critica dantesca, che occorre istituire fra il luogo, che si è convenuto di definire Antipurgatorio, e quello al quale si è dato il nome di Antinferno.[76] Sebbene da alcuni si sia pensato il contrario, i caratteri dell'uno sono assai diversi da quelli dell'altro: anzi, fra loro, inconciliabili. Dall'Inferno l'Antinferno, per un verso era escluso a causa del rifiuto che quello opponeva ad accogliere gli ignavi, che tuttavia, se pur nel vestibolo, vi erano accolti,[77] e, per un altro, ne era parte e non poteva esserne separato. Non solo perché vi si accedeva attraverso la porta sormontata dalle famose parole, e stava quindi al di là di quella, ben dentro, quindi, la regione infernale, ma altresì per un'ulteriore ragione, che converrà rendere esplicita. Nell'Antinferno era ospitata una «classe», chiamiamola così, di peccatori nettamente definiti dalla loro incapacità di esserlo stati in senso proprio e pieno, e inidonei, per conseguenza, a far parte del vero e proprio Inferno, al quale, se non in senso specifico, in senso generico tuttavia ap-

76. Considerazioni importanti sull'Antinferno sono in F. Forti, *Magnanimitade. Studi su un tema dantesco,* Bologna 1977, pp. 207-229. E cfr. F. Mazzoni, *Saggio di un nuovo Commento della 'Divina Commedia'. Canti I-III,* Firenze 1967, pp. 315-354.

77. *If* III 41.

partenevano. Che questa «classe» di peccatori sia stata inventata da Dante, e l'invenzione di essa sia stata provocata e sollecitata dallo sdegno morale che in lui era suscitato dall'«ignavia» nelle sue varie forme, è stato detto molte volte: a ragione anche se non senza, in alcuni casi, atteggiamenti di esibita adesione alla sua idea di virtù. Conviene stare al testo. E, senza escludere che, nel delineare la figura di colui che, essenzialmente pecca perché è vile e non ha animo per la virtù, Dante abbia avuto presenti testi specifici (si sono ricordati Agostino e Matteo 25, 14-30, si è ricordato Tommaso),[78] occorre dar luogo a due considerazioni. La prima riguarda la natura dell'ignavia che, in quanto sia definita come assenza di «infamia» («sanza infamia») e assenza di onore («sanza lodo»), è bensì privativa della corrispondente qualità positiva, ma non tuttavia identificabile con il suo contrario opposto. Chi è «sanza infamia» non è certamente un virtuoso dell'impegno morale, ma nemmeno è un infame, se si sta alla definizione. Chi non ha onore, perché non è salito fino al suo grado, non perciò è definibile come uno che, con specifici comportamenti, lo abbia calpestato e si sia immerso nel male: sì che non basta dire che, nel delineare la figura di questi peccatori, Dante si è servito dei suddetti testi, e di altri, e piuttosto occorre insistere sul punto che fu il sentimento di disistima e di avversione provato per quanti gli apparissero incapaci di assumere responsabilità e di prendersi i conseguenti rischi, a indurlo a pronunziare quella sentenza. Alla sua radice deve dunque indicarsi sì, senza dubbio, l'avversione che provava nei confronti di quell'atteggiamento; e non avrebbe torto chi nell'odio consacrato alla viltà e timorosità dell'esistere discernesse anche la nota della passione politica, alla quale certo quella dell'odio non faceva difetto. Si sarebbe tuttavia più eroici che intelligenti, se nella frase dantesca non si notasse il prevalere della passione sulla ragione; che, per sé stessa, avrebbe infatti meglio assolto al suo compito se avesse avvertito che restare al di qua del bene non era lo stesso che entrare con decisione nel male e meritare le conseguenti condanne. Dopo di che, nella speranza che a qualche intrepido lettore non sembri che qui sia stato intessuto l'elogio della viltà e del disimpegno etico, converrà avvertire che sulla questione dell'Antinferno e dei suoi specifici ospiti si tornerà fra breve, e che gli aggettivi, «specifico» e «generico», non sono stati adoperati a caso. Si riferiscono infatti alla

78. E. Malato, *Propedeutica al regno dei dannati. Lettura del canto III dell''Inferno'* (1988), in *Lo fedele consiglio della ragione. Studi e ricerche di letteratura italiana*, Roma 1989, pp. 37-38.

questione della differenza che, al di là di quel che li accomuna, sussiste fra Antinferno e Antipurgatorio, e richiede attenzione.

26. Per «genere» deve e può intendersi l'Inferno che, comprendendo anche l'Antinferno, che di esso è una parte, può, a giusto titolo, essere definito come «regione infernale» (Inferno più Antinferno). Per «differenza specifica» deve e può intendersi, da una parte l'Inferno considerato nelle sue interne distinzioni, da un'altra l'Antinferno che, sebbene anch'esso sia Inferno, in senso stretto tuttavia se ne distingue perché riservato, come si è visto, a dannati indegni della sua più alta tragedia.[79] La differenza ineliminabile, che deve essere tenuta ferma fra la situazione strutturale dell'Antinferno e quella dell'Antipurgatorio, richiede tuttavia di essere intesa come quella onde il genere (di aristotelica struttura) si distingue dalla specie che pure, in senso rigoroso, appartiene a esso. La differenza sta in ciò che, mentre l'Antinferno appartiene *pleno iure* all'Inferno, del quale occupa il vestibolo, ed è, al pari di questo, luogo di eterna e specifica pena, non

79. È perciò insostenibile quel che osserva il Busnelli, *L'ordinamento morale del Purgatorio dantesco,* p. 7, a giudizio del quale i «negligenti dell'antipurgatorio rispondono in genere a' pusillanimi del vestibolo dell'Inferno». «In genere»? Che significa «in genere»? Posto che, nella sua estrema latitudine, il concetto di «negligenza» può ben includere in sé la «pusillanimità», resta fermo, tuttavia, che, per sé stessa, «pusillanimità» non è «negligenza», e viceversa, e che con i pusillanimi dell'Antinferno niente hanno a che vedere i negligenti dell'Antipurgatorio, che tutti vissero una vita di varia ma pericolosa peccaminosità, che li costrinse a riservare agli ultimi istanti di essa (ed ecco la negligenza) il pentimento e la richiesta del perdono di Dio. Nessuno, nemmeno il più ottuso dei critici, direbbe che Manfredi, Buonconte, Jacopo del Cassero fossero considerati da Dante, che a essi volse il suo occhio drammatizzante e li chiamò per nome, come tali che «mai non fur vivi»: nemmeno Belacqua, la cui negligenza era ironica pigrizia e disincanto nei riguardi dell'eccessivo affaccendarsi in una situazione in cui sarebbe, comunque, stato speso invano. Ma, all'insegna della pigrizia, il personaggio era stato vivo, e sapeva difenderla con il pregevole strumento dell'ironia. Non deve mancarsi di osservare che la corrispondenza fra i pusillanimi del vestibolo infernale e i negligenti era stata posta, ma come una corrispondenza soltanto materiale, e senza coglierví differenze, da P.F. Giambullari, *Del sito del Purgatorio,* Milano 1827, p. 31, che definì altresì questi ultimi, e in modo ambiguo, «non ricevuti dal Purgatorio» (deve intendersi che sia l'Antipurgatorio il luogo in cui debbono scontare la loro pena? oppure che il Purgatorio li rifiutava nel modo stesso e per la stessa ragione per cui gli ignavi non erano ricevuti nel «profondo» Inferno? Sulla questione della differenza intercorrente fra Antinferno Antipurgatorio, e sulla ragione per cui converrebbe non far uso del primo temine, cfr. *infra*). Sul Giambullari, e sul suo perduto commento, cfr. M. Barbi, *Della fortuna di Dante nel secolo XVI*, Pisa 1890, pp. 195-202. In appendice al suo volume, il Barbi pubblicò il *Commento al I canto dell'Inferno* del Giambullari (pp. 365-407).

altrettanto può dirsi dell'Antipurgatorio; che sta infatti tutto al di qua della porta che delimita l'ingresso nella regione purgatoriale propriamente detta e lo esclude da essa. Deve perciò farsi attenzione se il discorso si spinga tanto oltre che, sia per l'Inferno (e l'Antinferno) sia per il Purgatorio (e l'Antipurgatorio), si faccia rispettivamente uso dei concetti di «regione infernale» e di «regione purgatoriale» come di altrettanti «generi» inclusivi di «differenze specifiche». La regione infernale può essere intesa come un genere, e le sue parti come «differenze specifiche», perché, senza produrre eccezioni, ciascuna di esse (e anche quella che sta al di qua del primo «grado», e cioé del Limbo) si inserisce nell'intero. In ogni sua parte, esso è infatti presente con il suo carattere fondamentale che, per esemplificare, sia nell'Antinferno, che perciò è una parte dell'Inferno, sia in questo con le sue articolazioni e divisioni, è costituito dalla medesima tonalità punitiva, dall'inscalfibile eternità della pena. La «regione purgatoriale» può, per contro, essere intesa come «genere» solo se di questo si conceda un'interpretazione non rigorosa, e essa sia concepita come quella che include in sé due parti che si corrispondono per ragioni, non intrinseche, ma estrinseche. Ciò che sta al di qua della porta può infatti essere inteso come parte organica della «regione purgatoriale» solo a condizione che si consideri che, al di qua, e al di là, della porta, non si pativa la stessa pena, e che fra quella che si soffriva al di qua e quella che si soffriva al di là non c'era continuità. La «regione purgatoriale» era, in altri termini, costituita da parti disparate, che non costituivano un'unità e non potevano essere ritratte secondo la logica che presiede al «genere» aristotelico, che è unità di differenze.

Quelle che si sono formulate non sono considerazioni estrinseche: nell'estrinseco, se mai, permane chi non giunga a formularle. Se, nell'Antinferno i dannati pativano per l'eternità il supplizio a cui erano stati condannati, e che, sebbene non fosse stato indicato dal gesto di Minosse, era altrettanto definitivo di quelli indicati da esso, sì che Inferno in piena regola era il suo primo spazio, niente di simile avveniva nell'Antipurgatorio. Si deve dirlo sia per il luogo, che sta infatti al di qua, non al di là, della porta sorvegliata dall'angelo, sia per la qualità della pena che, quale che sia, nell'Antipurgatorio non ha niente a che vedere con quelle che si patiscono sui sette gironi del monte. Si aggiunga l'eternità del primo e la non eternità del secondo, destinato infatti a rimanere vuoto quando l'ultima anima avrà lasciata la regione purgatoriale per raggiungere il cielo. Ma si consideri tuttavia l'*inconveniens*, e si dica pure la insidiosa difficoltà che, per questo specifico riguardo, si determinerebbe se, per una sorta di disguido interno ai tempi, l'Antipurgatorio si fosse trovato a non essere del tutto vuoto di anime nel momento in cui a esserlo fosse stato invece il Purgatorio; se, in altri termini, i tempi della risoluzione dell'uno fossero risultati non coincidenti con quelli relativi alla risoluzione dell'altro, e si fosse perciò delineato un crudo paradosso, destinato, per di più, a raddoppiarsi e a formare l'oggetto di un'autentica *quaestio*. A costituire il primo sarebbe stata sia l'impossibilità che le anime ancora impegnate a scontarvi il previsto periodo di pena vi fossero accolte per esservi purificate secondo le modalità previste per la loro assunzione in cielo, sia, per ciascuna di essa, l'altra di abbandonarlo prima del tempo stabilito. Il secondo si sarebbe rivelato con questo carattere quando si fosse considerato che dalla scomparsa del Purgatorio l'Antipurgatorio sarebbe stato condannato a non potere aver fine e a rivelarsi perciò altrettanto intrascendibile dell'Inferno. Di questo, si può aggiungere, sarebbe venuto infatti a costituire una sorta di variante minore, dal momento che la pena non sarebbe consistita che in una vuota attesa, in un'attesa senza speranza, e, per questo aspetto, esso si sarebbe presentato come una sorta di Limbo,[80] al pari di questo altrettanto segnato da eternità. Il che, essendo, naturalmente, inammissibile, configurava una conseguenza tanto indesiderata quanto, tuttavia, inevitabile. La sua premessa stava infatti nel modo in cui le cose erano state congegnate e nella struttura a cui avevano messo capo. Nella previsione che a determinarsi fosse, o potesse essere, questa paradossale situazione, Dante avrebbe dovuto spiegare in che modo a quell'inconveniente si sarebbe potuto porre rimedio: ossia, in altri termini, quale fosse per essere la soluzione del problema. Ma Dante non mostrò di averne avvertita la presenza e la conseguente necessità di affrontarlo e risolverlo. Il problema, perciò, rimase sullo sfondo come argomento dell'anzidetta, possibile *quaestio*. In linea di ipotesi, si può dire che, se gli fosse stata proposta nei termini previsti dal contrasto insorto fra, come lo si potrebbe definire, il tempo di Dio e quello che determina gli ideali momenti dell'aldilà, Dante sarebbe stato pronto a includerlo fra le cose che la mente umana non è in grado di comprendere, e a indicarne la soluzione nel primo e nella sua onnipotenza. Ma il punto era che, se la questione era insorta e richiedeva di essere risolta da un così alto potere, non si poteva prescinderne, e, senza ignorare i modi positivi della sua risoluzione, si era intanto costretti a sopportarne il peso. Risolverla in quel modo, significava rinunziare all'argomento razionale, e dar prova, per questo verso, di impotenza.

80. Sulla storia del Limbo è recentissimo il libro di C. Franceschini, *Storia del Limbo*, Milano 2017, che mi giunge, tuttavia, quando questo saggio ha ormai toccato il traguardo.

27. Sulla differenza sussistente fra Antinferno e Antipurgatorio, deve insistersi. Come, senza darle il nome di Antinferno, nella prima cantica Dante aveva delineata una situazione che, sebbene infernale, appariva nello stesso tempo indegna di appartenere all'Inferno vero e proprio, così, per il gusto, che senza dubbio non gli era estraneo, dell'analogia e della corrispondenza delle parti, dinanzi al Purgatorio ne aveva immaginata una che con quella presentava una forte simiglianza: non così stretta, tuttavia, da escludere le differenze che sono via via emerse. Del dramma spaventoso, a cui era stato messo di fronte subito dopo aver superato la porta dell'Inferno, protagoniste erano, come si è appena visto, anime di peccatori che, senza speranza di una sorte migliore, toccavano il fondo della miseria e della disperazione nel rifiuto che, nonché i cieli, persino l'Inferno faceva di essi, scacciandoli nel momento stesso in cui li teneva prigionieri del suo spazio: «caccianli i ciel per non esser men belli,/ né lo profondo inferno li riceve,/ ch'alcuna gloria i rei avrebber d'elli». A costo di incorrere in una complicazione di ordine teologico e di arrecare un *vulnus* all'idea in ragione della quale aveva distribuita nei discendenti gironi dell'Inferno la materia peccaminosa, Dante le disse invidiose «d'ogne altra sorte»;[81] e il tutto fu da lui descritto nel segno di una orribile mescolanza di lingue, di parole dolorose, di accenti d'ira, di «voci alte e fioche, e suon di man con elle», di «un tumulto, il quale s'aggira/ sempre in quell'aura sanza tempo tinta,/ come la rena quando turbo spira» (vv. 27 e 28-30). Era il dramma, come lo si potrebbe definire, della malvagità anonima, dell'umanità degradata al punto di essersi resa non riconoscibile nell'ira bestiale e nella suprema corruzione dei suoi caratteri, sì che è notevole che, non senza, forse, far ricorso a un implicito, e quasi ironico, contrappasso, egli riuscisse tuttavia a scorgervi, fra altri, riconosciuti anch'essi, ma non nominati (v. 58), «l'ombra di colui/ che fece per viltate il gran rifiuto»;[82] che egli riconobbe, dunque, e in questo atto, consegnò tuttavia all'anonimato, quasi che il suo intento fosse stato di suggerire che, chiunque fosse stato in vita, dargli un volto avrebbe significato fare violenza alla sua suprema inesistenza morale. Sono idee mille volte ripetute e variate. Ma converrà aggiungere che la differenza sussistente fra l'Antiferno e l'Antipurgatorio, trova un'ulteriore

81. *If* III 40-42, 48.

82. Non interessa, in questa sede, cercar di indovinare a chi Dante alludesse con l'accenno che fece all'autore del «gran rifiuto». Per la storia della disputa, rinvio a Mazzoni, *Saggio di un nuovo commento*, pp. 390-415.

conferma in ciò, che i dannati compresi nel primo erano bensì anonimi perché di nominanza non degni, ma appartenenti tuttavia all'Inferno, nel quale erano stati ammessi a occupare la zona che stava subito al di là della porta e apparteneva quindi alle «segrete cose» (v. 21). Gli abitanti dell'Antipurgatorio avevano invece un volto, una storia, una voce che raccontava della loro vita e della loro morte. All'anonimia dei dannati dell'Antinferno corrispondeva e si contrapponeva, nelle prime anime che Dante incontrò sulla spiaggia del Purgatorio, un segno indubbio di sana vitalità, espresso nello stupore provato nel vedere che su quel terreno poggiava e affondava il piede un uomo vivo; e subito la scena si era animata, riempiendosi della dolce poesia rievocante il tempo trascorso, nell'incontro con una di esse, con Casella: una poesia e una musica che, significando armonia di ritmi e serenità di atmosfere, non è arbitrario mettere a confronto e a contrasto con i «sospiri», i «pianti e alti guai» che «risonavan per l'aere sanza stelle».[83] Se è così, l'unica analogia che, in spirito di sobrietà, possa riconoscersi fra i due luoghi, è quella che consiste nell'essere entrambi appartenenti a ciò che, in senso specifico, restava a essi estraneo. L'Antinferno è Inferno. Ma stava tuttavia al di qua del primo cerchio, occupato dal Limbo, per il rifiuto opposto alla concessione dell'ospitalità e del nome ai suoi abitanti, nonché alla loro distribuzione nei gironi che, a partire dal secondo, conducevano fino al luogo in cui, imprigionato, si trovava Lucifero, il signore del «doloroso regno». L'Antipurgatorio è Purgatorio. Ma restava al di qua della porta attraverso la quale si entrava nel regno della purificazione.

Se questa è l'analogia, per il resto, le differenze sono profonde. Quella patita dagli ospiti dell'Antinferno era una pena umiliante e infamante: esecutori di essa erano animali abietti, mosconi e vermi, perché soltanto esseri di così infima natura potevano procurare pena e tormento agli «sciaurati che mai non fur vivi»,[84] alla squallida schiera di coloro che, avendo vissuto «sanza infamia e sanza lodo», si trovavano a condividere la stessa pena riservata «a quel cattivo coro/ de li angeli che non furon ribelli/ né fur fedeli a Dio, ma per sé fuoro» (vv. 37-39).[85] Quella patita nell'Antipurgatorio consisteva nella sofferenza soltanto morale di un'attesa, e, in quanto tale, aveva se mai un'analogia con la tristezza degli abitanti del Limbo. «Luogo

83. *If* III 22-23.

84. *If* III 64.

85. Cfr., al riguardo, B. Nardi, *Gli angeli che non furon ribelli né fur fedeli a Dio* (1959), in *Dal Convivio alla Commedia. (Sei saggi danteschi)*, Roma 1992, pp. 331-350.

è laggiù, non tristo di martìri,/ ma di tenebre solo, ove i lamenti», Virgilio spiegherà a Sordello, «non suonan come guai, ma son sospiri».[86] Anche a questo riguardo, tuttavia, occorre la massima cautela. La malinconia che, mista a un superstite sentimento di ira mondana, caratterizzava le anime in attesa dell'Antipurgatorio, era infinitamente meno profonda di quella che abitava il petto degli abitanti del Limbo; che sentivano in sé la privazione per sempre del divino, vivevano, nel profondo dell'anima, la indicibile sofferenza che ne derivava e che, a meno di paradossali e impensabili disguidi, non era e non poteva esser tale per anime che erano comunque destinate al cielo.

28. Comunque sia del modo in cui la montagna del Purgatorio si era costituita,[87] resta fermo che essa aveva la forma di un cono, la cui base coincideva con la parte alta di quello in cui consisteva l'Inferno. Anch'esso, come tutti sanno, aveva questa forma, salvo che, invece di trovarsi in alto, il suo vertice si trovava in basso: si trattava, infatti, di un cono capovolto. Non si insisterebbe su queste che, dette così, sono cose ovvie, rinvianti a una altrettanto ovvia simbologia, se non convenisse rilevare che non è l'opposizione geometrica in cui i due coni si trovavano a sollevare problemi e a richiamare l'attenzione. A richiamarla non era il capovolgimento in negativo che l'Inferno, luogo dell'eterna pena, faceva in sé stesso della positività del Purgatorio, che, nel suo essere provvisorio e transeunte, era tuttavia scala che conduceva al cielo. In questione, almeno in questa sede e a proposito di Dante, non era la concepibilità di un rapporto per il quale si stabiliva che ciò che era non eterno, ma transeunte (il Purgatorio), intratteneva tuttavia uno stretto contatto con ciò che, almeno nella prospettiva condivisa nella *Commedia*, si presentava nel segno dell'eternità, e

86. *Pg* VII 28-31.

87. Non è questa la sede in cui si possa discutere la questione relativa alla formazione del baratro infernale in *If* XXXIV 100-136, nel *De situ et forma de aqua et terra* e alla diversa spiegazione presente in questo testo di disputata autenticità. Rinvio ai due saggi che si leggono in F. Mazzoni, *Contributi di filologia dantesca*, I, Firenze 1966, pp. 38-79 e 80-125 (ora in F. Mazzoni, *Con Dante per Dante. Saggi di filologia e ermeneutica dantesca*, IV, *Le opere minori*, a cura di G. Garfagnini, E. Ghidetti, S. Mazzoni, Roma 2016, pp. 371-412, 413-458), il secondo dei quali in risposta a B. Nardi, *La caduta di Lucifero e l'autenticità della 'Quaestio de aqua et terra'* (1959), in *«Lecturae» e altri saggi danteschi*, a cura di R. Abardo, Firenze 1990, pp. 227-265. A favore dell'autenticità si dichiara ora M. Pastore Stocchi nella sua edizione di *Epistole Ecloge Questio de situ et forma aque et terre*, Roma-Padova 2012, p. 219.

cioè con il baratro infernale. Che un rapporto di questa natura fosse tale da suscitare problemi, è altrettanto evidente delle difficoltà che nascono dal tentativo che si compia per renderlo plausibile. Certo, la difficoltà sarebbe stata avviata verso la sua soluzione, se si fosse considerato che transeunte era tutto ciò che, sulla montagna del Purgatorio, nonché, ovviamente, sui suoi contrafforti, riguardava il «martirio», e l'attesa del «martirio», delle anime che, l'una dopo l'altra, tutte l'avrebbero via via lasciato per volare in cielo. Ma, non per questo, la felice conclusione della vicenda purgatoriale avrebbe avuto un effetto negativo sulla fisicità della montagna e sulla sua permanenza anche dopo che la sua funzione penitenziale si fosse conclusa. Considerata nel suo essere cosa fisica, questa avrebbe seguitato a essere in eterno connessa, nel modo che si è detto, con l'apertura del baratro infernale; e in tal modo avrebbe salvato la possibilità di un rapporto che, stabilito fra realtà omogenee, non avrebbe dato luogo alla difficoltà che viceversa si sarebbe rivelata insuperabile se queste fossero state disparate (avrebbe dato luogo ad altre, delle quali non è per altro possibile, in questa sede, se non fare un breve cenno). Se, dunque, in modo esplicito Dante si fosse incamminato lungo questo sentiero, e avesse constatato che, priva ormai di anime penitenti, in quanto montagna questa era stata tuttavia in eterno sottratta alla fine, la questione avrebbe dato luogo, in sé stessa, a un aspro conflitto, che sarebbe poi passato nelle coscienze degli scrittori cristiani. I quali, fossero teologi, filosofi, poeti, tutti sarebbero stati tenuti a pensare che, se la ragione li avesse indotti a condividere la tesi dell'eternità del mondo, la conseguenza sarebbe stata inevitabile. A conoscere il necessario tramonto sarebbe stata l'idea della sua fine e quella altresì della resurrezione dei corpi nell'aldilà, e un principio essenziale della teologia cristiana sarebbe perciò caduto. Ma se fosse stato conservato, e all'idea della fine del mondo si fosse perciò tenuto fermo, non per questo l'orizzonte concettuale avrebbe registrato un rasserenamento. Se il Purgatorio era destinato a finire, nella sua fine coinvolgendo anche la fisica montagna che aveva ospitato il dramma a lieto fine della purgazione dei peccati e tutt'intera la terra, a durare in eterno era tuttavia destinato l'Inferno; che per altro, non solo era un luogo fisico, ma, connesso alla montagna e scavato nelle profondità della terra, come avrebbe potuto sussistervi per l'eternità se, con la montagna, quella fosse stata destinata alla fine? Alla questione si sarebbe potuto rispondere che la permanenza dell'Inferno dopo la fine del mondo avrebbe potuto essere garantita, in sede teologica, trasferendolo nella coscienza del dannato e lì risolvendo la sua fisicità. Dante, tuttavia, aveva pensato che l'Inferno era destinato a permanere, non solo nella sua eternità, ma nella forma fisica che egli gli aveva conferita. Se quindi sarebbe assurdo cercare nel suo poema una risposta all'interrogativo teologico che pur ne nasceva, non meno lo sarebbe se si ignorasse che, da lui, le cose erano state messe in modo che necessariamente quello si formasse nella testa dei suoi lettori e interpreti che, se non se ne accorsero, bene avrebbero dovuto.

29. Non è questa la sede in cui sia possibile, e convenga, ricostruire i termini di un dibattito così complesso, istruttivo, e pericoloso per la fede cristiana, qual è quello che, in tempi vicini ai tempi di Dante, vide, per esempio, la disputa di Tommaso d'Aquino con Sigieri di Brabante sulla questione dell'eternità o della mortalità del mondo.[88] Ma non si dice cosa se non ovvia se si osserva che, a parte le sue implicazioni nettamente eterodosse, per chiunque avesse orientata la sua attenzione verso quei problemi la tesi dell'eternità del mondo ne avrebbe costituito uno comunque inaggirabile; e Dante che, nella canzone che va innanzi al quarto trattato del *Convivio*, aveva escluso che potesse essere condivisa da chi fosse stato cristiano,[89] vi era andato tuttavia assai vicino proprio quando sulla porta dell'Inferno aveva letto le parole di «colore oscuro» che vi campeggiavano: «dinanzi a me non fuor cose create/ se non etterne, e io etterno duro».[90] Che, in effetti, in un senso diverso da quello che assegnava a esse, queste fossero parole di colore oscuro si deve concedere. Fra eternità e creazione il rapporto non sarebbe infatti stato pensato con rigore se il secondo termine non fosse stato a tal punto reso interno al primo da coincidervi: in modo che, cancellato il tempo, quello della creazione si fosse perciò configurato come un atto eterno. Il che, se, per un verso, era richiesto dalla logica della situazione e dal sacrificio che l'atto creatore doveva fare di sé sull'altare dell'eternità, per un altro dischiudeva il rischio dell'eterodossia; al quale si aggiungeva quello della non conseguita coerenza nel punto in cui le «parole di colore oscuro» dichiaravano che a precedere la «creata eternità» dell'Inferno non c'erano se non cose esse stesse create nel segno dell'eterno. Com'era possibile, infatti, che cose create per l'eternità potessero pre-

88. Della foltissima bibliografia sull'argomento, mi restringo, in questa sede, a citare R.C. Dales, *Medieval Discussions of the Eternity of the World*, Leiden 1990, e L. Bianchi, *L'errore di Aristotele. La polemica contro l'eternità del mondo nel XIII secolo*, Firenze 1984.

89. *Le dolci rime d'amor ch'i' solia*, vv. 71-73: e cfr. *Cv* IV xv 2.

90. *If* III 7-8.

cedere, ossia andassero «innanzi» a cose anch'esse create per l'eternità? La difficoltà che questo giro di pensieri rivelava si era determinata in Dante quando, dovendo conferire realtà fisica, oltre che morale, all'Inferno e al Purgatorio, si era trovato dinanzi alla tesi secondo cui all'eternità del primo corrispondeva la non eternità e provvisorietà del secondo; a una tesi che non gli avrebbe arrecato particolari problemi se i due regni fossero stati concepiti, e fossero concepibili, come disparati e non connessi, e che, viceversa, lo esponeva all'incoerenza nel momento in cui era costretto a concepirli come insieme connessi e tuttavia, in quanto non entrambi eterni, disparati.

30. Il rischio che, presentando il regno del male in questa forma e con queste parole, Dante sfiorasse l'eterodossia, è innegabile. Ma poiché il tema non ebbe particolari sviluppi nella sua opera, insistervi non sarebbe utile, e ad altro conviene che l'attenzione sia rivolta in queste pagine che sono dedicate a indagare, nei suoi vari aspetti, la struttura, come la si è chiamata, del Purgatorio. La quale, ed è ovvio, richiede di essere, in primo luogo (altro poi conseguirà), esaminata a riscontro con quella dell'Inferno. Deve perciò notarsi che, mentre la discesa nella voragine infernale metteva, chi l'avesse intrapresa, a contatto con peccati e punizioni che si rivelavano via via sempre più gravi a misura che il cono si restringeva, a chi intraprendeva l'ascesa del monte accadeva l'inverso: dal più grave si procedeva a ciò che lo era meno. Per effetto del capovolgimento, la base del cono corrispondeva, infatti, al vertice basso dell'Inferno che, essendo i coni capovolti e in contatto, ne costituiva la base: in modo tale che, alla discesa che si faceva verso il suo punto più stretto, corrispondeva la salita che aveva la sua meta nel vertice del monte. Ne conseguiva, sul piano morale, quella che potrebbe definirsi, nei due coni capovolti, l'inversione della gravità dei peccati. Nell'*Inferno*, a parte il Limbo, che, sebbene a tutti gli effetti gli appartenesse, faceva, per un aspetto, storia a sé ed era luogo di una sofferenza non commensurabile alle altre,[91] i peccati e le conseguenti punizioni si presentavano come via via più gravi a misura che, dal secondo cerchio, quello dei lussuriosi, si

91. Sulla qualità della pena sofferta dalle anime del Limbo mi sono intrattenuto, con qualche considerazione, nel mio *Il 'foco', la 'lumera', il 'nobile castello' (Nota a Inferno IV 67-151)*, in «Cultura», 44 (2006), pp. 371-395. Una breve trattazione del Limbo dantesco, che prescinde da questo saggio, è in Franceschini, *Storia del Limbo*, pp. 77-93, 347-354.

perveniva al nono, nel quale erano martirizzati i traditori, che avevano esercitata la frode nei confronti di chi si era fidato di loro, e qui i nomi erano quelli emblematici di Lucifero, di Giuda, di Bruto e di Cassio. Il peccato di Francesca era, nell'opinione di Dante, che a lei e alla sua vicenda aveva guardato con evidente simpatia e partecipazione, in tutto e per tutto degno dell'Inferno, e lì essa era destinata a stare per l'eternità. Ma, se mai, trattandosi del male, questo avesse avuto gradi fra i quali fosse stato possibile, in termini rigorosi, istituire un paragone, certo è che «la bufera infernal che mai non resta» non avrebbe retto il confronto con il gelo da cui, allo stesso modo, erano avvinti il conte Ugolino e l'arcivescovo Ruggieri, e men che mai l'avrebbe retto con il vento, gelido anch'esso, provocato dal battito delle ali di Lucifero, il cui corpo stava per l'eternità imprigionato nel luogo in cui era caduto quando, in seguito alla sua ribellione, Dio l'aveva fatto precipitare giù dal cielo. Nel Pugatorio avveniva il contrario: i peccati si facevano via via più lievi, o meno gravi, a misura che si saliva: quasi che la stessa configurazione fisica dei gironi a cui erano destinati riflettesse, nella loro progressiva successione e nel progressivo restringimento dello spazio fisico, il senso di un'ascesa purificatrice. Certo, può ben sostenersi che la singolare inversione per la quale quel che nell'*Inferno* si presentava come il più lieve, se così può dirsi, dei peccati, occupava, nel *Purgatorio*, la posizione specularmente opposta e aveva il segno della massima gravità, fosse la conseguenza inevitabile del capovolgimento che, in sé stesso, l'un cono (quello del Purgatorio) era, in sé stesso, dell'altro (quello dell'Inferno). Lo si può, e lo si deve, sostenere: anche se a determinare la diversa posizione non fu il capovolgimento del cono purgatoriale rispetto al cono infernale, non fu quella situazione, ma questa che, con i pensieri che sollecitava, lo determinò insieme a quello della sua idea. Non deve, del resto, dimenticarsi di aggiungere che il capovolgimento si sarebbe presentato con il carattere della autentica radicalità, che, in questo caso, voleva dire coincidenza, se, rendendo possibile quel che non lo era, Dante avesse fatto in modo che, in entrambi gli schemi, i peccati si fossero equivalsi nel segno rigoroso della contrarietà, in modo che ai superbi che, nel Purgatorio, occupavano, dal basso, il primo girone, avessero corrisposto, anche se non nello stesso punto, quelli dell'Inferno. Si sarebbe visto, in questo caso, che il peccato della superbia non era fra quelli puniti nell'Inferno che, nel corrispondente luogo del Purgatorio, presentava i traditori, e cioè i peccatori del peccato più estremo ed esecrando: quelli che, nell'Inferno, erano condannati al gelo in cui, come diceva De Sanctis, l'umano si irrigidisce nella sua propria negazione.[92] In realtà, la corrispondenza non riuscì perfetta, perché, che riuscisse tale, era impossibile. L'unica che, a guardar bene, poté essere realizzata fu quella che, per contrasto, metteva a confronto i due coni nella loro parte più stretta. Fu possibile allora vedere che, come nell'Inferno, quel luogo ospitava i peccatori «più neri» (e lo stesso Lucifero), nel Purgatorio accoglieva i meno gravi, e cioè i lussuriosi che, tuttavia, se il cono che lo rappresentava fosse stato a sua volta capovolto e messo a confronto con quello dell'Inferno, si sarebbe visto che, fra i lussuriosi dell'uno e i lussuriosi dell'altro, la corrispondenza si sarebbe data, nel segno, in entrambi i casi, del meno grave. Ma questa non era che un'ipotesi astratta.

Per il resto, era impensabile, che un superbo fosse anche, e necessariamente, un traditore e che, *e contrario*, ma con pari necessità, un traditore fosse anche un superbo, e così via per gli altri casi contemplati nei due coni capovolti, e sovrapposti, quello infernale e l'altro purgatoriale. Certo, il viandante che fosse stato ammesso a visitare l'Inferno sarebbe andato in discesa fino a pervenire, dalla massima larghezza di quella, che sarebbe stata la base del cono se questo vi avesse poggiato e non fosse stato capovolto, al punto più basso dov'era imprigionato Lucifero; e questo accadeva perché il suo procedere rifletteva la situazione delle cose infernali, la cui logica era quella del progressivo intensificarsi e aggravarsi della «peccaminosità» e della relativa punizione. Al contrario, il viandante che, per scalare il monte del Purgatorio, andava in salita, procedeva bensì, rispetto all'altro che discendeva, in senso inverso, ma in modo tale che, giunto al traguardo, avrebbe necessariamente constatato che il primo (o secondo) infernale, dal quale era partito per la sua discesa, coincideva con l'ultimo purgatoriale al quale era pervenuto con la sua salita. Al di là degli opposti luoghi che, nelle due diverse scale ideali, erano occupati da quella discendente dell'Inferno e dall'altra, ascendente, del Purgatorio, il primo (o secondo) infernale trovava infatti un punto di coincidenza con l'ultimo purgatoriale: il che, per altro, non sorprende se si considera che, in entrambe le situazioni, la lussuria si presentava, già lo si è detto, con il carattere del peccato meno grave. Nell'Inferno era il punto di partenza di una situazione che, cerchio dopo cerchio, si andava aggravando. Nel Purgatorio era il punto di arrivo

92. F. De Sanctis, *Lezioni e saggi su Dante*, a cura di S. Romagnoli, Torino 1966, pp. 34, 194, 302, 424, *passim*.

di una situazione che, girone dopo girone, si rendeva, come si è detto, spiritualmente più lieve. Lo si comprende senza difficoltà se si considera che, nella prospettiva di chi li stesse scalando, i gironi superati avvicinavano la meta e simboleggiavano l'alleggerirsi del manto peccaminoso gravante sulle spalle dello scalatore. Se poi qualcuno osservasse che a Dante che si sapeva non insensibile alle lusinghe dell'amore e addirittura incline alla lussuria, questa situazione conveniva in massimo grado, dovrebbe rispondersi che, fosse anche stato vero, queste sono tuttavia quisquilie da scuola storica in declino, e, francamente, non possono, e non dovrebbero, interessare nessuno.

31. Si è parlato, a proposito del monte del Purgatorio,[93] di scalata. Niente di più ovvio, se camminare su per un monte con lo scopo di pervenire alla sua cima, significa scalarlo. Se, per altro, il termine è perfettamente adeguato, non solo al comportamento dei due poeti, e quindi al loro arrampicarvisi, ma anche alla consapevolezza della grave fatica che questo esercizio richiedeva a entrambi (e a Dante più che a Virgilio, per ovvie ragioni), la considerazione che se ne faccia spiega perché la sua eventuale estensione alle anime purganti dia luogo a una complicazione. Che può essere dichiarata e resa esplicita attraverso la constatazione che se, nell'affrontare la montagna del Purgatorio, Dante e Virgilio non potevano non scalarla, e da una balza passare all'altra, non è detto in nessun modo che anche le anime dovessero fare altrettanto, e cominciare la salita dal primo girone del monte, che era riservato, come si sa, ai superbi.[94] È una questio-

93. Conviene ricordare che, sulla natura della montagna del Purgatorio, come del resto sulla configurazione fisica del baratro infernale, aspre dispute si accesero tra la fine del secolo decimonono e gli inizi del ventesimo, a opera di dantisti che non mancarono anche di prendere posizione nei confronti dei disegni di essa forniti dal Piranesi e dall'Agnelli. Cfr., p. es., F. Arci, *A proposito della montagna del Purgatorio*, in «Giornale dantesco», 12 (1904), pp. 118-125, vivacemente contraddetto da V. Russo, *Per la montagna del Purgatorio*, ivi, pp. 172-176. Che in questi scritti, e in altri della stessa natura, l'attenzione andasse soprattutto alla realtà fisica della montagna, descritta e discussa come se si trattasse di una montagna reale, non significa che possano essere tranquillamente ignorati, e che leggerli non sia di qualche utilità per l'interpretazione.

94. Che questo sia un luogo critico di difficile determinazione, si vede anche dall'incertezza che, al riguardo, si nota nell'esegesi. Arbitraria si presenta, al riguardo, e semplificatrice, la spiegazione fornita da M. Porena, *La Divina Commedia*, II, *Purgatorio*, Bologna 1957, p. 4, il quale osservò che, «mentre nell'Inferno il peccatore, punito in base alla sua colpa più grave, resta eternamente nel luogo che per quella gli compete, nel Purgatorio ogni

ne alla quale si è già accennato nel corso delle precedenti analisi; e che dev'essere ripresa osservando che, se si sta alla logica intrinseca alla situazione purgatoriale, è vero che le anime erano lì per lasciar cadere da sé le varie vesti peccaminose che, sovrapposte le une alle altre, gravavano su di esse che ne erano rese opache a sé stesse. È vero che, essendo una liberazione, questa poteva essere considerata come un'ascesa, di grado in grado, verso il traguardo della salvezza. Ma vero è anche che la scalata del monte poteva essere, e anche non essere, considerata come una autentica scalata, e, invece che come tale, essere configurata in senso soltanto etico. Si poteva, in altri termini, intendere che, concluso il periodo della espiazione sul girone a esse destinato, e comunque a questo fossero pervenute, alle anime fosse dato di accedere all'ultimo per passare attraverso il muro di fuoco e

anima espia successivamente tutte le sue eventuali impurità nei vari gironi a ciò destinati: se pure praticamente Dante regoli le cose in modo da incontrare i vari spiriti nel girone dove si espia la loro colpa più caratteristica». Ma che nel Purgatorio le cose vadano così, e necessariamente così, non si ricava da nessun luogo della seconda cantica, sì che il Porena ha scambiato il problema per la soluzione. È una supposizione, fondata sull'idea che l'*emendatio* si realizzasse processualmente, quella per la quale alle anime era imposto di sostare, per un tempo più o meno lungo, su ciascuno dei sette gironi del monte. Ma, a parte che, se questa era la regola, a essa erano comunque previste eccezioni anche rilevanti (per le quali rinvio a quel che ne dico nel testo), resta che, come nell'Inferno, anche sulla montagna del Purgatorio a determinati peccati erano riservati specifici gironi; e che, fermo restando che i tempi della permanenza erano stabiliti da Dio e non comunicati alle anime espianti, è ipotesi plausibile e ragionevole che ognuna di esse espiasse, sul girone corrispondente al suo peccato principale, il tempo previsto per la sua pena. Che poi, per ragioni di chiarezza narrativa, Dante dovesse procedere in modo che le anime fossero da lui incontrate nel luogo richiesto dal loro principale peccato, è ovvio. In caso contrario, anche senza dover accompagnarsi a ogni anima seguendola nel suo percorso penitenziale, per ciascuna ricominciando dal basso (il che avrebbe configurato una situazione, si dica così, strutturalmente imbarazzante), non chiara sarebbe risultata al lettore la fisionomia morale delle anime penitenti. Il punto da tener fermo non consiste, per altro, soltanto in ragioni di, si dica così, chiarezza espositiva. Ma, fermo restando che i gironi attendevano i peccatori che a essi erano destinati dal loro preminente peccato, deve tenersi fermo quel che nel testo è stato notato, e cioè che duplice era l'idea che in Dante si era formata a proposito della purificazione e purgazione. Per un verso, l'idea coincideva con quella della fisica scalata del monte. Per un altro, aveva un significato soltanto interiore, nel senso che, a parte l'approdo all'ultimo girone e il passaggio, richiesto a tutte le anime, attraverso la barriera del fuoco purificatore, il processo della purificazione e emendazione si svolgeva all'interno dell'anima e nel luogo a essa destinato. Che queste due idee si alternassero, si intrecciassero e anche si sovrapponessero nella seconda cantica, è evidente: come lo è che fu la necessità che la narrazione del viaggio purgatoriale avvenisse in un luogo fisicamente determinato a far sì che l'idea della purificazione interiore vi si rendesse, per così dire, visibile. Ma di questo dico ulteriormente nel testo.

rendere completa la purificazione richiesta dall'assunzione in cielo. Data la scarsità dei chiarimenti che, in modo, per di più, soltanto incidentale e indiretto, nella seconda cantica Dante riservò a questo aspetto della questione, il lettore si trova nell'impossibilità di decidere se l'ascesa verso la cima del monte sia da intendere nel senso che a ogni penitente incombesse l'obbligo di raggiungere l'ultimo girone, dopo avere sostato, di tempo in tempo, su tutti gli altri e, più a lungo, su quello riservato alla purificazione del peccato che in lui fosse stato predominante, o se l'idea fosse diversa e non prevedesse un'ascesa raffigurabile in senso fisico. Insomma, si può sostenere che, al pari di Dante e di Virgilio, anche le anime dovessero salire, di girone in girone, verso la cima del monte, e sostare alquanto tempo su ciascuno, e, al contrario, può escludersi che il significato allegorico ravvisabile nell'ascesa, intesa come progressiva purificazione interiore, implicasse che questa valesse anche per la lettera, in modo che effettivamente le anime purganti partissero dal peccato più grave (la superbia), per pervenire al più lieve (la lussuria): nel qual caso si potrebbe dire che se, fisicamente, la salita era pur sempre una salita e richiedeva fatica, in senso morale non era così. A misura, infatti, che le anime avessero proceduto nell'ascesa, questa si sarebbe, in proporzione, fatta più lieve, non senza che questa idea trovasse un appiglio di natura fisica nella configurazione del monte che, com'è detto a *Purgatorio* IV 88-90, «è tale/che sempre al cominciar di sotto è grave;/ e quant'om più va sù, e men fa male»: il che, per altro, non escludeva che il senso morale si rivelasse discordante da quello fisico, se ai vv. 40-42, si diceva che «lo sommo er'alto che vincea la vista,/ e la costa superba più assai/ che da mezzo quadrante a centro lista». Infine, potrebbe proporsi che l'ascesa avvenisse, non nella forma che a questa era propria, ma che, in senso soltanto figurato, e non fisico, l'anima pervenisse al girone al quale era stata destinata in considerazione del peccato che, come si è detto, in lei fosse stato predominante: in modo tale che, nel patirne le conseguenze, essa subisse anche quelle di ogni altro. Insomma, e per schematizzare. Se da quel che il testo suggerisce, ma non dichiara in modo esplicito, si ricavasse che a prevalere era la prima idea, dovrebbe constatarsi che il senso allegorico della purificazione andava di pari passo, per le anime, con quello ravvisabile nella effettiva scalata, girone dopo girone, del monte. Se, viceversa, se ne fosse ricavato che un'ascesa altrettanto scandita nei suoi momenti necessari non era richiesta alle anime purganti, e che la purificazione della peccaminosità si realizzava attraverso quella del peccato predominante, la conclusione sarebbe stata che, fra quella di Dante e di Virgilio e l'altra delle anime, poteva esserci coincidenza nel rispetto allegorico, non in quello letterale: se la lettera era diversa, in entrambi i casi il senso allegorico era lo stesso. In entrambi, infatti, si trattava, di una, ottenuta con mezzi diversi, purificazione. Ma, senza che la distinzione dei due sensi ne fosse compromessa, e compromesso fosse il loro convergere in un significato unitario, sta di fatto che nel testo sono presenti entrambi i concetti, e possibili sono sia l'una sia l'altra interpretazione.

32. Un tratto comune, o, se si preferisce, la stessa idea, sta alla radice delle due descrizioni che, nell'undecimo dell'*Inferno*, e nel decimosettimo del *Purgatorio*, Dante fornì dell'ordinamento morale dei due regni e della distinzione, in essi, dei peccati e della loro diversa punizione. Che, almeno in parte, i peccati fossero gli stessi, è ben comprensibile, posta la premessa, non solo della divisibilità del male in distinte determinazioni e attitudini, ma anche del diverso atteggiamento tenuto, nei confronti di essi, sia da chi non se n'era mai pentito, sia da chi, avendone fatto oggetto di sincera contrizione, si era disposto a ricevere il perdono di Dio. Se i peccati che fossero stati coltivati fino all'estremo limite della vita senza alcun segno di pentimento meritavano di essere puniti in eterno nei gironi dell'Inferno, per la ragione uguale e contraria quelli puniti nel Purgatorio lo erano nella certezza che, esaurita la penitenza, le porte del cielo si sarebbero aperte a tutti i suoi abitanti, senza alcuna eccezione. Come Manfredi aveva detto a Dante, «orribil furon li peccati miei,/ ma la bontà divina ha sì gran braccia,/ che prende ciò che si rivolge a lei».[95] Il che non toglie, tuttavia, che una

95. *Pg* III 121-123. Che i peccati che Manfredi giudicava «orribili» fossero non definiti in riferimento a una determinata individuazione e classificazione dei medesimi, ma lasciati nell'indeterminato, si spiega se si considera che la *Commedia* è bensì opera polisensa, e né la filosofia né la teologia le sono estranee. Ma non è tuttavia un trattato al quale potesse chiedersi che alla citazione generica di un gruppo di peccati seguisse la loro individuazione e specificazione: quasi che egli avesse modellato il peccatore deducendolo da un trattato di teologia penitenziale, nel modo, per esempio, che, nell'interpretarlo, fu tenuto dal Busnelli, *L'ordinamento*, pp. 7 ss., 27 ss., *passim* (e cfr. anche *La concezione del Purgatorio dantesco*, Roma 1906, pp. 11 ss. ), e alla sua logica dovesse di volta in volta rendere conto. Non giudicherebbe perciò bene chi di qui ricavasse che al problema teologico non debba darsi attenzione e che, a non tenerne conto, nella delineazione dei suoi personaggi, fosse stato proprio Dante. In realtà, se a volte accadde che la linea teologica si alterasse e il quadro si facesse problematico, è a questa, tuttavia, è alla teologia, che, per capire e dar conto delle «differenze» che vi sono intervenute, deve tenersi

questione, e di notevole peso, si desse, e debba perciò essere considerata con cura. Se si stesse fermi alla logica intrinseca all'idea della incommensurabile «bontà divina», non ci sarebbe nulla da eccepire se si dicesse che anche i peccati puniti nel più profondo Inferno erano tali che, in presenza di un sincero pentimento, avrebbero potuto essere accolti nel cerchio formato dalle sue grandi braccia: sì che non era l'«in sé» del peccato a determinare il grado della sua punibilità, quanto piuttosto il modo in cui il peccatore si era atteggiato rispetto a esso. Ma, ferma restando quell'idea, deve tuttavia constatarsi che, fra i peccati puniti nell'Inferno, e puntigliosamente nominati da Dante, e quelli puniti nel Purgatorio e, con altrettanta precisione, indicati da lui, la corrispondenza non era né perfetta né completa. Un numero notevole dei primi nel *Purgatorio* era assente, come può facilmente constatarsi se si considera che, sulle balze del monte, si trovavano bensì, in ordine di decrescente gravità a misura che si saliva verso l'alto, i superbi, gli invidiosi, gli iracondi, gli accidiosi, gli avari e i prodighi, i golosi e infine i lussuriosi, ossia i peccatori che, con la singolare esclusione degli invidiosi,[96] della quale dovrà pur dirsi qualcosa, nell'Inferno erano ospitati nei cerchi discendenti dal secondo al quinto, ma non, a partire dagli eretici del sesto cerchio, tutti gli altri: da quelli che occupavano i tre gironi del settimo agli ospiti delle Malebolge e ai peccatori del nono cerchio, Caina, Antenora, Tolomea, Giudecca. Che la questione che si sta delineando abbia, e nasconda, la sua radice filosofica, nonché la sua interna difficoltà, nell'idea del male come «non essere», e, tuttavia, come anche divisibile in gradi

fermo lo sguardo. Insomma, non perché fosse poeta e della teologia avesse conoscenze approssimative, o delle sue ragioni non facesse gran conto, e, anche nella meditazione di questa materia, la fantasia dominasse, non per questo accadde che, nel delineare i suoi personaggi, Dante facesse prevalere esigenze diverse da quelle che essa prevedeva. Non per questo. Ma perché a produrre eccezioni, e a non fornire chiarimenti che in una sede diversa sarebbero stati indispensabili, egli fu costretto proprio dalla necessità, alla quale non si sottraeva, di costruire un *opus* che, essendo *theologicum*, era tuttavia anche *poeticum* e, nel riferirvisi, al primo consentiva licenze. Il che, quindi, non significa che da Dante la teologia fosse trattata con stravagante leggerezza: come sembrò intendere il D'Ovidio, *Il Purgatorio e il suo preludio*, pp. 422-423, quando, a proposito dell'Antipurgatorio, da lui definito una specie di «alunnato d'aspiranti alla purgazione», scrisse che il teologo non avrebbe, cose come quelle, potuto accoglierle che con una «una stretta di spalle e un sorriso» (p. 422).

96. Sull'assenza degli invidiosi nell'Inferno, si discusse molto nell'antica e nella moderna esegesi. La questione è discussa e riassunta in F. Salsano, *Invidia*, *ED*, III, 494 a, al quale si può, per questa parte, rinviare. Ma cfr. *infra*, n. 106.

caratterizzati da una diversa negatività, è evidente: come lo è che, mentre della prima questione non conviene trattare in questa sede per non esserci in Dante, né nella *Commedia* né nel *Convivio* né altrove, alcun riferimento a essa, della seconda non si può invece non dire qualcosa: non fosse che per le dissimmetrie che, a vari livelli, produce nella struttura complessiva delle prime due cantiche.

33. La decisione di non affrontare la questione del male nei suoi crudi termini, sarà, senza dubbio, apprezzata non solo da coloro che, non usi a *noctes vigilare serenas*, non desiderano che la filosofia entri nel loro campo di studio e vi arrechi le sue complicazioni, ma anche da chi sia consapevole che, se la si affrontasse nei suoi termini autentici, non sarebbe poi possibile contenerla nei limiti di una trattazione riservata a questioni dantesche. Non sarebbe possibile nemmeno se ci si restringesse a constatare che il male è «non essere» perché è «privazione».[97] È infatti indiscutibile che, come la privazione non può, in quanto tale, esser priva di sé stessa e del suo specifico essere, così, anche il «non essere» del male è essere, se il male è il male e se ne parla e lo si punisce; e, se è e può essere predicato di qualcosa, che «non sia» è perciò tanto impossibile quanto lo è che, essendo, sia il male inteso come «non essere». La si studi in Plotino, in Agostino, in Boezio, in Tommaso d'Aquino, che ne trattò in vari luoghi, nella *Summa theologica*, ma anche in un trattato specifico, il *De malo*, che è, al riguardo, fondamentale, questa difficoltà è inaggirabile. Lo è al pari di quella che si delinea quando del male-che-non-è si assume, non solo che sia il male, ma che sia divisibile in parti, tutte allo stesso modo partecipi della sua realtà e tutte, non di meno, partecipi di essa a diversi gradi di intensità. Al male ravvisabile nell'eresia e nelle sue varie forme non era, infatti, e per esempio, paragonabile quello che si esprimeva nel comportamento dei lussuriosi, dei golosi o dei superbi. E mai, infatti, un eretico avrebbe potuto essere incontrato in Purgatorio: a differenza di quel che accade ai lussuriosi, ai golosi e ai superbi, i quali una cosa sono in quanto li si trovi nei gironi a essi riservati nell'Inferno, un'altra se li si trovi in quelli che circondano la montagna del Purgatorio, ma infine sono pur sempre lussuriosi, golosi, superbi. Se ve ne sono nell'Inferno, e poi nel Purgatorio, la ragione di

97. Cfr., per es., *Summa theol.* I, q. 48, 2 ad 2: «malum est aliquid, et est ens rationis, non autem ens reale»; «malum non est negatio pura, sed privatio boni»; ad 5: «omnis privatio, in quantum hujusmodi, habet rationem mali; sicut omnis forma habet rationem boni».

questa diversa collocazione non dovrebbe, a rigore, essere ricercata nella lussuria, nella golosità e nella superbia. In quanto tali, esse sono ciò che sono, e non le si coglie nel loro diverso carattere se, per distinguerle, si ricorre al più e al meno. In effetti, fra la distruzione che il vizio della gola aveva prodotta nel corpo, oltre che nell'anima, di Ciacco e quella a cui il medesimo vizio aveva dato luogo in Forese Donati, non si dà, né si nota, se si resta all'aspetto fisico delle due figure, un'apprezzabile differenza. La grassezza dell'uno e la magrezza dell'altro erano entrambe espressione del medesimo vizio, una volta visto come eccesso, un'altra come privazione, del μέσον, e quindi anch'essa come un eccesso. Per coglierla, la differenza, e indicarla, occorrerebbe infatti pensare che a meritare, al primo dei due, l'Inferno fosse stato un vizio che, reso più forte dall'aggiunta a esso di un altro o di altri, l'avesse reso irreparabile, a differenza di quel che era avvenuto al secondo, che era goloso e solo goloso, e per questo era stato inviato in Purgatorio. Ma così non è, e, se così potrebbe essere in astratto, tale non è in concreto se si considera che, quali che siano le valenze simboliche e metaindividuali evocate dal personaggio e dal suo nome, nell'Inferno Ciacco stava come goloso, e per il medesimo vizio, Forese stava invece su un girone del Purgatorio. A distinguere le due situazioni, e a rendere la prima più grave della seconda, non interveniva nessun peccato che si fosse aggiunto, in uno dei due, a quello fondamentale della gola. E allora, si ripete, perché l'uno stava nell'Inferno e l'altro nel Purgatorio? La distinzione del male in determinazioni recanti ciascuna il segno di un suo particolare carattere, e di una diversa intensità, presentava una difficoltà uguale e contraria a quella per la quale, permanendo in questa particolarità, ciascuna fosse stata considerata male in forza e in ragione del male preso nella sua unità. Entrambe, infatti, gioverà ribadire, si definivano in virtù dell'eccesso e della dismisura da esse rappresentate rispetto al μέσον in cui Aristotele aveva collocata la virtù; e se eccesso e dismisura significavano superamento del limite, come si sarebbe potuto poi assumere che si desse un eccesso dell'eccesso e una dismisura della dismisura, e che con questo criterio, che non è un criterio, fosse definibile la questione che ci sta dinanzi?

34. Le questioni che poco alla volta emergono dall'esame che si compie dei concetti con i quali Dante delineò la struttura dell'Inferno e del Purgatorio, sono connesse con l'idea che egli ebbe del male come di una realtà che si potesse assumere in sé, ma anche, e senza incontrare, nel passaggio, nessuna reale difficoltà, nelle sue distinzioni e partizioni, in modo che, di volta in

volta, una di queste assurgesse a carattere dominante di una situazione esistenziale. Di «ogni malizia, ch'odio in cielo acquista» poté così distinguere i tratti essenziali: se, né nella *Commedia* né altrove, gli accadde di dedicarle una distinta trattazione, di essa infatti non dubitò mai che esistesse, non solo nelle sue frazioni, ma anche in sé. Prendendola come cosa ovvia, e come tale che non richiedeva una particolare discussione, non si chiese tuttavia in che modo gli uomini ne fossero coinvolti. Non si chiese se, quando del male si fossero resi vittime, la loro cattiveria stringesse in un nodo unitario i suoi tratti specifici e ne risultasse costituita in modo che in quello fossero tutti e attualmente presenti, o se di uno solo partecipassero: di uno che prendeva il sopravvento e si poneva come il tratto distintivo delle personalità. A giudicare dal modo in cui nelle prime due cantiche, Dante divise le anime dei perduti e dei salvati, dando risalto al vizio che nella vita di ciascuno era stato predominante, sembrò che a prevalere fosse la seconda alternativa. La cattiveria dei cattivi appariva sulla scena in una delle sue specifiche forme, e colui che ne era affetto era cattivo secondo, non il genere, che stava sullo sfondo, ma la differenza specifica, che così veniva in primo piano. A prevalere era questa. La preminenza che Dante le accordava era perciò la causa e insieme la conseguenza dell'attenzione che dedicava alle varie modalità del male, e ai singoli soggetti umani, che di volta in volta la incarnavano, ed erano sì cattivi, ma nel senso specifico previsto dai nomi che si attribuivano agli ospiti dei nove cerchi dell'Inferno, dalla lussuriosa Francesca a Bruto e Cassio, traditori di Cesare, dal goloso Ciacco a Giuda, traditore di Cristo.

35. Così, nel canto undecimo, la descrizione dell'ordinamento morale dell'Inferno assunse il carattere di una medievale fenomenologia delle forme del male, ciascuna delle quali era messa in relazione a Dio che ne era, allo stesso modo, ma anche diversamente, offeso; ed ebbe il suo riscontro in quella che si legge nel decimosettimo del *Purgatorio*, nel quale il criterio della distinzione del bene dal male fu ritrovato nel rapporto che l'amore umano istituisce con il creatore, e nel bene, quindi, o nel male che gli arreca. Riscontro parziale, tuttavia, e corrispondenza, quindi, non perfetta. Mentre nell'undecimo della prima cantica la descrizione dei peccati, alludeva, non solo al luogo delle pene, ma anche all'ordine in cui queste erano disposte nella voragine infernale, nel canto del *Purgatorio* il disegno non poté essere eseguito con altrettanta precisione e nettezza. Rispetto al complesso e variegato paesaggio infernale, l'alta montagna del Purgatorio ne offriva uno assai più semplice e, anche per questo, risentendo della natura

del luogo e della sua monotonia, la descrizione che Dante ne fece prese decisamente la via dell'analisi morale. La prese non perché, come, a torto, è stato detto, la «classificazione delle anime del Purgatorio si fondasse, non sulle colpe effettivamente commesse, ma sulle tendenze peccamimose»,[98] quasi che, messi nella condizione di doverla eseguire e dimostrare, la differenza fra quelle e queste potesse mettere capo ad altro che non fosse la necessaria riduzione delle seconde alle prime, delle tendenze peccaminose alle colpe commesse. In realtà, se Dante prese la via dell'analisi morale, fu perché di quella natura era la sofferenza che, quale che fosse stato il peccato commesso e l'asprezza fisica della pena, le anime purganti erano in primo luogo destinate a provare. La parte fisica della pena era spesso, per esse, qualcosa di direttamente vissuto, ma non di dichiarato al *viator* che le interrogava e richiedeva di spiegazioni. E anche quando era descritta rimaneva, tuttavia, sullo sfondo, non perché per sé stessa fosse più lieve, ma perché non prevaleva sull'altra e, in certo senso, le era subordinata. La stessa disposizione peccaminosa della quale le anime dovevano emendarsi era dichiarata in generale; e se, talvolta, dava luogo a intermezzi teorici relativi al peccato e non a chi vi si fosse lasciato prendere, quasi mai era richiamata nel rapporto diretto istituito con i personaggi incontrati sulle balze del monte.

Lo si vede, per esempio, nel lungo e variegato colloquio che Dante ebbe con Forese Donati. Il colloquio rievocò, a tratti, momenti di furente passione politica, atmosfere d'odio, quasi da *Inferno*. Come, tuttavia, la causa della spettrale magrezza dell'uomo che in vita troppo si era dedicato ai piaceri delle mense fu, a misura che il colloquio procedeva, riconsegnata a un tempo ormai trascorso e concluso, così a predominarvi furono, non solo le dolcezze degli affetti familiari, ma, come si è detto, la passione politica, tenuta ora sul registro alto della nobile indignazione morale e ora su quello della vendetta e dell'odio.[99] Il goloso aveva ceduto il passo al cittadino, che ora parlava direttamente con la voce di Dante. Lo si vede ancor più nelle parole di Guido Del Duca, nel canto decimoquarto che ha momenti di così alta poesia che chi vi si imbatta è quasi costretto a pensare che è difficile andare ancora più in alto e tenere il passo di Dante quando tali sono il suo stato di grazia e la

98. Sapegno, *Purgatorio*, p. 183. In modo analogo aveva già giudicato G.A. Scartazzini, *Dantologia. Vita e opere di Dante Alighieri*, Milano 1894, p. 392.

99. Alludo alle parole roventi pronunciate da Forese Donati contro il fratello Corso: cfr. *Pg* XXIV 82-82; e cfr. *supra*, n. 4.

sua poetica velocità. Il personaggio era stato, in vita, corroso e reso infelice dall'invidia. Ma, nel ricordo che faceva della sua terra romagnola e del tempo che vi aveva trascorso,[100] ora parlava così: «non ti maravigliar s'i' piango, Tosco,/ quando rimembro, con Guido da Prata/ Ugolin d'Azzo, che vivette nosco,/ Federico Tignoso e sua brigata,/ la casa Traversara e li Anastagi/ (e l'una gente e l'altra è diretata),/ le donne e' cavalier, li affanni e li agi/ che ne 'nvogliava amore e cortesia,/ là dove i cuor son fatti sì malvagi» (vv. 103-111). E poi, a suggello: «ma va via, Tosco, omai: ch'or mi diletta/ troppo di pianger più che di parlare,/ sì m'ha nostra ragion la mente stretta» (vv. 124-126).[101] L'invidia[102] per la quale su quel girone del monte scontava la pena non dava alcun segno di sé, era come dimenticata, e capovolta nel compianto delle famiglie la cui prosperità aveva forse, un giorno, suscitata la sua invidiosa malevolenza. A riscattarla e purificarla era infatti l'alta poeticità del suo eloquio, che era quello di uno che, avendo la mente rivolta al cielo che lo attendeva, più che mai si mostrava, per dirla con Auerbach,[103] legato al mondo terreno. Lo si vede nel dialogo intrecciato, nel girone dei superbi, con Oderisi che, mentre deplorava la «vana gloria de l'umane posse»,[104] quasi dava a Dante l'occasione di incorrere lui nel suo peccato, facendogli dire che «così ha tolto l'uno a l'altro Guido/ la gloria de la lingua; e forse è nato/ chi l'uno e l'altro caccerà del nido» (vv. 97-99); e quindi, a proposito di Provenzano Salvani, in quei versi fulminanti: «la vostra nominanza è color d'erba,/ che viene e va, e quei la discolora/ per cui ella esce de la terra acerba» (vv. 115-117). Lo si vede nell'altro, e sia l'ultimo a esser ricordato, che Dante ebbe con Bonagiunta Orbicciani, che era fra i golosi, ma, essendo stato poeta, parlava da critico che distingue la sua da una poesia che era andata oltre («o frate, issa vegg'io [...] il nodo/ che 'l Notaro e Guittone e me ritenne/ di qua dal dolce stil novo ch'i' odo».[105]

100. Cfr. G. Arnaldi, *La Romagna di Dante fra presente e passato, prossimo e remoto*, in «Cultura» 33 (1995), pp. 341-382.

101. Su questo scambio, cfr. anche L. Pertile, *Dante contro corrente*, in *Lectura Dantis scaligera. 2009-2015*, Roma-Padova 2016, p. 14.

102. Sulla presenza di questo atteggiamento nei canti romagnoli del *Purgatorio*, osservazioni in U. Carpi, *La nobiltà di Dante*, II, Firenze 2015, pp. 676 ss.

103. Mi riferisco, com'è ovvio, a E. Auerbach, *Dante als Dichter der irdischen Welt*, Berlin u. Leipzig 1929 (lo si può leggere, in italiano, in E. Auerbach, *Studi su Dante*, Milano 1963, pp. 3-161).

104. *Pg* XI 91.

105. *Pg* XXIV 55-57.

Avveniva così, lungo questa via, che fra i peccati puniti sulle balze del Purgatorio e le anime che se ne erano macchiate in vita, Dante ponesse la distanza che, a queste consentiva tanta autonomia quant'era richiesta da un colloquio che, a differenza di quel che necessariamente era accaduto nell'Inferno, fra il *viator* e le ombre, si svolgeva come fra pari. Perché questo avvenisse, si è già accennato. Ma dev'essere ribadito osservando che, se il peccato che le aveva condotte su quelle balze fosse stato reso presente con il suo carattere specifico, Dante avrebbe incontrato difficoltà a spiegare in che cosa fosse stato diverso da quelli puniti nel secondo, nel terzo, nel quarto, nel quinto cerchio del baratro infernale. Per questo, forse, evitò che la questione gli stesse dinanzi nei suoi termini espliciti, ed egli fosse costretto a spiegare come potesse accadere che i lussuriosi, i golosi, gli avari e i prodighi stessero nell'Inferno, ma anche avessero il loro luogo nel Purgatorio, e che cosa in concreto distinguesse la lussuria dalla lussuria, la golosità dalla golosità, l'avarizia dall'avarizia e la prodigalità dalla prodigalità. Non era infatti facile stabilire (la questione, che già si era presentata, ora ritorna) perché e come, all'interno del medesimo peccato, si producesse la differenza per la quale, essendo lo stesso, in modo così diverso era punito, nell'Inferno e nel Purgatorio. S'introdurrebbe infatti nel discorso un tratto di volgarità concettuale se si dicesse che fra lussuria e lussuria, avarizia e avarizia, invidia e invidia, Dante poneva la differenza determinata dalla maggiore o minore intensità con cui, di volta in volta, quelle erano state vissute e esercitate. E ancor peggio si farebbe se si insistesse nell'intendere che i lussuriosi, gli avari e gli invidiosi puniti nell'Inferno, in tanto stavano lì e non nel Purgatorio, in quanto altro avevano aggiunto al loro peccato specifico: era infatti come lussuriosi, avari e invidiosi senz'altra aggiunta che quei personaggi avevano meritato l'Inferno. La questione perciò rimaneva nei suoi termini, e risolverla in quel modo non era consentito, perché quella indicata era la sua elusione, non la sua soluzione. Come già si è visto, e ora deve ribadirsi, ogni peccato essendo di per sé stesso un eccesso, non sarebbe stato ammissibile che, per venire a capo della difficoltà, si parlasse di un eccesso dell'eccesso, e con questo criterio si pretendesse di risolverla. È un fatto che non si riesce a superare che ci sono lussuriosi e lussuriosi, accidiosi e accidiosi, iracondi e iracondi. È un fatto che gli uni stanno nell'Inferno, gli altri nel Purgatorio: con l'eccezione già segnalata e difficile da spiegare, degli invidiosi che nell'Inferno, dove all'invidia si concedeva tuttavia la più grande importanza, non si trovavano, e stavano, invece, nel Purgatorio. È un fatto, dunque, che il problema esiste, e che, nel prenderne atto, occorre dire con semplicità che, all'interno del quadro dantesco, non trovò soluzione.[106]

36. Non c'è, nell'*Inferno*, un personaggio che rappresenti il peccato della superbia, che non è, infatti, fra quelli che vi siano compresi. Nella sua versione purgatoriale, esso ha invece i suoi *exempla* in Omberto Aldobrandesco, Oderisi da Gubbio, Provenzano Salvati. Ma il caso di Oderisi pone un problema ulteriore, del quale, salvo errore, non è stata riconosciuta l'importanza. Dal suo racconto risulta con chiarezza che, come ogni altro peccato della sua natura, la superbia non sarebbe in grado di distinguere in sé ciò che è redimibile da ciò che non lo è, se in aiuto non intervenisse qualcosa di estraneo alla sua natura e di ulteriore, e cioè il confidente abbandono alla pietà e al perdono di Dio. Certo, in un punto fondamentale, il caso di Oderisi era diverso da quello, che per altri aspetti invece gli era analogo, di Manfredi. A differenza del re svevo, Oderisi non era morto

106. L'assenza degli invidiosi nell'*Inferno* fu avvertita come una questione, e intensamente dibattuta, già nell'esegesi antica, e, quindi, in quella moderna. Il centro della questione sta nell'osservazione di Pietro Alighieri *Comentum super poema Comedie Dantis*, ed. by M. Chiamenti, Tempe 2002, p. 148, a giudizio del quale gli invidiosi sono presenti nell'Inferno, dove non ebbero, tuttavia, visibilità perché Dante avrebbe inteso che stessero sommersi nella palude stigia (cfr., al riguardo, F. Salsano, *ED*, III, 493 b-94 a): «in limo talis paludis fingit puniri accidiosos et invidos, in diversis partibus dictae paludis». A sostegno della tesi di Pietro Alighieri possono addursi varie congetture, compresa, com'è ovvio, quella che riguarda la possibilità che, attraverso la sua, sia udibile la voce stessa di Dante che, interrogato in proposito, avrebbe data lui quell'indicazione. Ma, comunque si giudichi della sua plausibilità, resta che da *If* VII 102-126 non si ricava cosa che la renda accettabile. L'invidia è attitudine psicologica fra le più complesse, e può bene intendersi che dia luogo a comportamenti violenti come quelli che spingevano l'una contro l'altra le anime che si trovavano a essere immerse in quella palude: anime che «si percotean non pur con mano,/ ma con la testa e col petto e coi piedi/ troncandosi co' denti a brano a brano» (vv. 112-114). Ma, proprio per la sua natura complessa e molteplice, troppo le si farebbe torto se la si identificasse con quella punita nella palude stigia: a cominciare dai modi coperti e indiretti nei quali si esprime nascondendosi. Aggiungerei il rilievo che, al riguardo, mi sembra il più importante. La tesi di Pietro Alighieri suppone che gli invidiosi siano nascosti fra le anime che 'sospirano' «sotto l'acqua» e la «fanno pulular [...] al summo» (vv. 118-119), e rende inevitabile la domanda: perché Dante pensò che agli invidiosi convenisse togliere la visibilità? Forse perché l'invidia si manifesta negandosi e restando perciò nascosta? Ma, se questa è l'attitudine dell'invidioso, non può esserlo di chi, per definirla, deve necessariamente alludervi con le parole: non diversamente, del resto, da chi, provandola, nega di esserne affetto o da chi intenda definire quel vizio dell'anima. E dell'invidia, in quanto tale, nell'*Inferno*, Dante non parlò.

«in contumacia di santa Chiesa», non era stato scomunicato, e l'ingresso nel Purgatorio gli era stato consentito senza che egli dovesse far trascorrere trenta volte il tempo che aveva vissuto nel segno di quell'attitudine peccaminosa. Nemmeno potrebbe dirsi che il suo peccato rientrasse fra quelli assumibili sotto il segno della negligenza, e questa fosse intesa non tanto come «disposizione al peccato», ma, per dir così, nel suo atto e nelle sue conseguenze. Dante non avrebbe tuttavia incontrato Oderisi sul primo girone del monte, se non «fosse/ che, possendo peccar», quello si era volto a Dio.[107] Non era stata quindi la qualità della sua superbia a evitargli l'Inferno. Era stato il suo finale pentimento. È una notazione preziosa. Se non apre la via alla soluzione del problema relativo al duplice destino di questi peccatori che, in quanto tali, sono puniti per l'eternità nell'Inferno e in vista della salvezza, per il tempo necessario, nel Purgatorio, essa contribuisce tuttavia alla sua radicalizzazione. Dante mise Oderisi fra i superbi che espiavano la loro colpa sul primo girone del Purgatorio, e, fra le righe, suggerì che alla via che conduce alla salvezza non sarebbe pervenuto se, «possendo peccar», non si fosse tuttavia rivolto a Dio. Che l'invocazione del perdono divino fosse riferibile, non necessariamente all'ultimo istante della sua vita, e il destino di Oderisi non fosse stato, perciò, altrettanto drammatico di quello di Manfredi, di Jacopo del Cassero e di Buonconte da Montefeltro, tanto più può concedersi, in quanto, a differenza di questi, la sua non era stata una morte violenta. Ma dal racconto che egli fece a Dante, risulta tuttavia che, se mai gli era accaduto di aver camminato su un sentiero diverso da quello della superbia, non aveva tuttavia atteso che la sua vita fosse giunta all'«orlo» per chiedere perdono a Dio. Oderisi l'aveva fatto intendere quando a Dante aveva detto che, «possendo peccar» e avendo quindi ancora tempo a disposizione per questa pratica perversa, si era rivolto a Dio, e che era stato perciò a causa del pentimento, non delle preghiere che altri avesse rivolte al cielo per la salvezza della sua anima, se questa si trovava lì. Il suo era dunque un caso diverso da quelli, non solo di Manfredi e di Buonconte, ma anche di Provenzano Salvati. A Oderisi che gli aveva indicata l'ombra di quest'ultimo gravata da un peso tale «che del cammin sì poco piglia» (v. 109), Dante aveva chiesto come mai un simile personaggio, che in vita aveva costituito un clamoroso esempio di ambiziosa superbia, potesse trovarsi lì senza che una preghiera si fosse levata in suo favore e senza che fosse trascorso tanto tempo quanto era stato quel-

107. *If* XI 89-90.

lo della sua vita (v. 131). Ma, sia pure con parole oscure («più non dirò, e scuro so che parlo»), Oderisi gli aveva spiegato che la generosità che aveva mostrata nel «trar l'amico suo di pena/ ch'e' sostenea ne la prigion di Carlo», e che l'aveva condotto «a tremar per ogni vena» (vv. 136-137), gli aveva meritata la salvezza. Il caso di Oderisi era dunque diverso da quello di Provenzano Salvani che non, parrebbe, perché avesse chiesto a Dio di essere perdonato, ma solo per la estrema generosità del suo gesto, aveva ottenuto di non essere costretto a soggiornare nell'Antipurgatorio al quale la sua superbia lo avrebbe altrimenti condotto; e entrambi i loro casi erano diversi da quello di Manfredi che, sulla «ripa» dove Dante l'aveva incontrato, era stato collocato a causa della resa che, «rotta la persona di due punte mortali», aveva fatta di sé stesso, «a quei che volentier perdona». I loro casi erano altresì diversi da quello di Buonconte che, ferito a morte, aveva fatto a tempo a invocare il nome di Maria. Se, per questo aspetto, le vicende di Manfredi, di Buonconte e di Oderisi si presentavano non coincidenti con quella di Provenzano Salvani, la ragione per la quale il pittore umbro si trovava sul girone dove i superbi espiavano la loro colpa, e i primi due, invece, erano ancora nell'Antipurgatorio, richiede una considerazione ulteriore. Manfredi, che aveva chiesto il perdono mentre la sua vita si stava spegnendo, era morto in contumacia di «santa Chiesa»: e si sa che cosa questo comportasse. Buoncone aveva chiesto il perdono divino, invocando il nome di Maria; e se, a differenza di Oderisi, anche lui si trovava nell'Antipurgatorio, la ragione non poteva essere trovata se non nel maggior tempo che egli aveva concesso ai peccati che così a lungo l'avevano tenuto lontano da Dio. Alla persuasione che l'umana «nominanza è color d'erba/ che viene e va, e quei la discolora/ per cui ella esce de la terra acerba», Oderisi era pervenuto, non nell'estremo momento della sua vita, ma quando ancora era nella condizione di peccare. Se non fosse per questo, donde allora la ragione della collocazione di Manfredi e Buonconte al di qua della porta del Purgatorio, e della sua al di là di essa? Anche quelli, certo, vi sarebbero stati ammessi. Ma Dante li rappresentò in quella fase del loro percorso perché, con più forza, risaltasse la drammaticità di un pentimento intervenuto nell'ora estrema della vita.

37. La presenza di un Antipurgatorio in cui tutte le anime dovevano trascorrere un periodo proporzionato alla qualità dei peccati che, nel loro tratto specifico, sarebbero stati espiati sul monte, importava delicati problemi teologici che, comunque fossero stati affrontati e risolti, non po-

tevano non lasciare il segno della loro problematicità sulla sua struttura; che, rispetto, a quella dell'Inferno, risultò, non soltanto, come si è detto, meno rigida, ma, in certi suoi tratti, meno sicura, e più problematica. Non si tratta della differenza che, ovviamente, sussiste fra il regno del male, destinato a durare in eterno, e quello dell'espiazione, destinato ad aver termine nel giorno del giudizio, quando, con il riacquisto del corpo, la salvezza e la perdizione di ognuno sarebbero state confermate nel loro definitivo e inalterabile carattere. Si tratta di una differenza che, rispetto all'Inferno, riguarda il Purgatorio nella sua presente realtà; e che si lascia afferrare a condizione che si consideri, non tanto il diverso modo in cui lo stesso peccato si presentava nei due regni, ma la sua ragione e, dunque, qualcosa di, in ogni senso, più profondo. Per giungere subito al punto della questione, si può dire che se, nell'*Inferno*, il peccato era considerato nelle differenze nelle quali la sua natura generale si specificava e, nello specificarsi, assumeva il suo carattere, la situazione, nel *Purgatorio*, si presentava con un altro segno: non perché di questa diversità il lettore fosse stato avvertito da Dante, ma per la forza con la quale gli s'imponeva. Sebbene anche lì il peccato si presentasse distinto nelle sue forme, era tuttavia come se queste vi fossero state riassorbite perdendovi la loro punta acuminata e dolente. In altri termini. Se l'Inferno era il regno del male punito in sé stesso e nelle sue «differenze specifiche», il Purgatorio era quello in cui queste tendevano a rientrare nel «genere», ossia nella grande casa comune del peccato e a perdervisi nell'atto in cui esso pure tendeva a impallidirsi e a dissolversi come una nebbia che, via via, cedesse ai raggi del sole. Il che, dopo aver avvertito che il richiamo del «genere» non ha niente a che vedere con le «tendenze peccaminose» alle quali già si è detto che a torto si è preteso di ricondurre i peccati espiati nel Purgatorio; dopo aver ribadito che sul suo monte sono i peccati a essere espiati e non le «tendenze peccaminose» (che sarebbero, del resto, esse stesse altrettanti peccati, considerati nella loro specificità e attualità, se si trovassero a essere oggetto di punizione sulla cornice di un monte penitenziale), una considerazione conclusiva s'impone. Se ci si pensa, non può sorprendere che, essendo un luogo di purificazione, nel Purgatorio accadesse che, a misura che si saliva verso la sua cima, la sua densità, che è quella del peccato e della colpa, via via si purificasse e necessariamente perdesse di consistenza. Non, si ripete, perché non fossero che una «tendenza peccaminosa» i peccati non conservavano nel Purgatorio la drammatica realtà di quelli puniti nell'Inferno. Ma perché in questo erano conservati e resi immobili dall'eterna pena, in quello erano fin dall'inizio disposti alla purificazione e contenevano perciò in sé il principio che, alla fine, li avrebbe tutti redenti.

38. C'era, tuttavia, di più. Alla radice di questa situazione, che capovolgeva quella dell'Inferno, e la determinava in questo carattere, operava infatti un elemento fondamentale, che ne spiegava la inevitabilità. Si trattava del pentimento che, riguardando il Purgatorio e non l'Inferno, non poteva non contribuire a far sì che, nel secondo regno, le peculiarità del peccare permanessero come tali e si distinguessero l'una dall'altra, nell'atto, tuttavia, in cui il loro tratto specifico dall'«individuo», come si è detto, tendeva a rientrare nel «genere». Ad avvolgerlo era l'atmosfera peccaminosa nella quale, come in una triste nebbia, quello produceva le sue conseguenze. I superbi, gli invidiosi, gli accidiosi, gli iracondi potevano essere definiti nelle loro reciproche differenze in relazione alle vicende nelle quali questi caratteri avevano avuto modo di manifestarsi nel corso della loro vita. Ma il pentimento pareggiava gli uni e gli altri in un segno comune, nel tono medio di una identità per la quale le differenze specifiche si ritiravano e a predominare era il loro lento spegnersi nell'unica sostanza peccaminosa che, pur con le sue illanguidite differenze, rimaneva alla radice della situazione purgatoriale. L'odio, che aveva predominato nella prima cantica raggiungendo il suo culmine nell'incontro di Dante con Bocca degli Abati, rientrava in sé e, dopo aver dato un residuo segno nelle parole pronunziate da Forese Donati sul fratello Corso, si spegneva come una fiamma a cui fosse venuto meno ciò che la faceva ardere. Come già si è ricordato, Guido del Duca era stato, in vita, corroso dall'invidia. Ma le parole di compianto da lui pronunziate nel canto decimoquarto sulla decadenza della Romagna e delle sue famiglie stavano lì a dimostrare che, a causa del pentimento che l'aveva salvato dall'Inferno, la determinazione peccaminosa dalla quale la sua vita era stata caratterizzata aveva perso il suo carattere e la sua attualità, ed era come se appartenesse a un lontano passato. Le differenze specifiche che in vita si erano presentate nel segno della più cruda negatività si stemperavano disfacendosi in modo ben più deciso di quel che non avrebbe comportato la definizione che se ne fosse data in termini di dottrina; che, se fosse stata essa a tenere il campo, il discorso avrebbe assunto l'andamento, o di una argomentazione filosofica relativa al genere e alle specifiche differenze, o di una favola moralistica, noiosamente edificante. Se questo non avvenne, la ragione sarà certo da

trovare nella qualità dell'arte di Dante, che era troppo grande, e nasceva da un'esperienza troppo profonda della vita e delle sue passioni, per poter dare luogo a quegli esiti, diversi fra loro e, in entrambi i casi, infelici. Ma anche dovrà essere indicata nella situazione per la quale, rientrando, attraverso il pentimento, nella sua tonalità «generica», era come se il male richiamasse in sé le sue aggressive, perverse determinazioni e qui ne stemperasse l'asprezza. Il peccato commesso in vita aveva perduto, nel luogo della sua emendazione, la sua attualità: apparteneva al passato, alla vita che era passata; e attuale non era se non la pena imposta dall'emendazione. A derivarne era una situazione che, assai meglio che in termini filosofici, si definirebbe in termini simbolici. Era infatti alla luce di un simbolo, non di un concetto, che, inteso come genere, il male poteva essere avvertito come non meno, ma più aggressivo di quanto non fosse nelle sue differenze specifiche. Non è detto, infatti che, intesa come il luogo ideale, o il genere, in cui ogni peccato s'intrecciava con ogni altro, la disposizione peccaminosa non fosse più forte e distruttiva delle parti che vi confluivano. Resta tuttavia che nell'intenso fumo che, alla fine del canto decimoquinto, annunziava che i due poeti erano giunti nel luogo in cui gli iracondi si emendavano del loro peccato, era come se questo avesse conservata, e anche, tuttavia, dispersa, la sua specificità e che, tornato in sé stesso, non appartenesse più a nessuno, appartenesse solo a sé stesso e nessuno ormai ne partecipasse. Quel fumo infatti era così intenso da rendere difficile, a chi vi fosse stato immerso, l'orientamento: proprio come, nel mondo dei vivi, accadeva nella situazione dell'ira che, anch'essa, rendeva ciechi. Sulla terra l'ira era stata un fumo che non si dileguava e nel quale chi se n'era reso vittima aveva perduto sé stesso. Il fumo che la simboleggiava sulla montagna del Purgatorio era altrettanto intenso, ma di altra qualità, perché, come si è detto, ora si era concentrato e essenzializzato in sé stesso. Sarebbe infatti svanito il giorno in cui l'ultima anima purgante avesse preso la via del cielo, e il dramma della purificazione fosse giunto al termine.

39. Può darsi che, nel dire così, la differenza fra le punizioni a cui erano sottoposte le anime dell'Inferno e quelle che gravavano su quelle del Purgatorio sia stata condotta oltre il limite che conveniva, invece, rispettare. E sia pure. Ma resta che le due situazioni erano tuttavia in netto contrasto. Dalla pena le prime erano ribadite nel peccato dal quale, con la parziale eccezione di Ulisse, che con epica oggettività, aveva narrato «dove per lui perduto» la sua avventura si era conclusa, non era possibile

che si distaccassero mai, né che non ne fossero segnate; e profondamente, dunque, differivano dalle altre del Purgatorio, che, certo, anch'esse pativano una pena che andava al di là della situazione materiale che la produceva e del peccato stesso che l'aveva richiesta, ma era destinata a finire. La differenza, del resto, si mostrava con chiarezza nel momento in cui le anime dannate giungevano davanti a Minosse e quelle destinate al Purgatorio posavano il piede sulla spiaggia alla quale, con il suo «vasello snelletto e leggiero», il «celestial nocchiero» le aveva condotte per deporvele.[108] Le prime erano a tal punto identificate con il peccato che le aveva segnate in vita, e a tal punto ne erano rese riconoscibili, che il fiero giudice non incontrava nessuna difficoltà a individuare, per esse, il luogo d'Inferno dove, in eterno, ciascuna avrebbe conosciuto il suo castigo. Ma non così avveniva per quelle destinate al Purgatorio. E, al riguardo si può dire di più. La diversa caratterizzazione che Dante aveva fatta delle anime che giungevano davanti a Minosse, e di quelle che approdavano sulla spiaggia del Purgatorio, rinviava, senza necessariamente coincidervi, all'altra, e fondamentale, differenza che può notarsi fra il modo in cui era stata delineata la struttura del primo regno e quello, assai meno rigido, con cui lo era stata quella del secondo. Vi si è già ragionato. Ma, a prescindere per ora dalle specifiche incertezze che possono notarsi nella seconda, la differenza fra le due strutture sarebbe apparsa con piena evidenza se si fosse guardato nell'interno di esse, ricercandone il tratto essenziale. Nella sua più profonda radice, l'Inferno presentava il carattere della definitività. Nella sua, il Purgatorio trovava la ragione del suo essere destinato a finire. L'Inferno realizzava e rivelava la sua propria essenza nella figura del cono capovolto, nel quale ciò che è in alto è richiamato in giù dall'irresistibile forza attrattiva di ciò che sta in basso. E non di meno tutto vi era immobile, su ogni sua parte l'eternità aveva inciso il suo tetro segno,[109] niente poteva strappare le ani-

108. *Pg* II 41 e 43.

109. Le parole «dinanzi a me non fuor cose create/ se non etterne, e io etterno duro» (*If* III 7-8) richiedono un chiarimento, che si rende necessario se, fra queste, si comprenda anche la «materia prima». Se infatti con «cose create/ se non etterne», si intendessero gli angeli e il cieli, non ci sarebbe necessità di una particolare discussione, sempre che si tenesse fermo che «eterno» andrebbe preso qui nel senso restrittivo di «creato per l'eternità», e come tale, quindi, che significherebbe ciò che, a partire dal momento della creazione, è destinato a durare per sempre. Non appartiene a questa sede, e al contesto al quale deve restarsi fermi, la questione se l'atto della creazione possa, essendo eterno, dar luogo al tempo della creazione, e sia definibile come eterno, cioè destinato all'eternità, ciò che comunque

me, non solo al loro castigo, ma anche al luogo in cui questo si realizzava. Nel suo essere un cono collocato sulla sua base naturale, il Purgatorio, al contrario, aveva in sé il principio della sua propria risoluzione, ed era come se, in sé stesso, fosse orientato ad andare oltre sé stesso. Non solo, dunque perché nel giorno del finale giudizio non ci sarebbero stati se non eletti e dannati, e la figura dell'anima espiante non avrebbe più avuto né una ragione di esistere né una sede disposta per accoglierla. Ma anche, e soprattutto, perché, nel capovolgimento strutturale che presentava rispetto all'Inferno, il Purgatorio finiva con una cornice (quella riservata ai lussuriosi) che, culminando, a sua volta, in un vertice rappresentato dal Paradiso Terrestre, stabiliva un contatto con ciò che stava oltre e non apparteneva, in quanto tale, alla sua natura. Che il fuoco che si trovava sull'ultima cornice, e attraverso il quale le anime dovevano passare per essere assunte nel cielo del Paradiso, fosse in sé stesso il contrario di sé stesso, e cioè il fuoco della lussuria che, senza uscire da sé, si purificava, può essere considerato ovvio. Ma notarlo era tuttavia necessario.

40. Il pentimento non cancellava la realtà del peccato e la necessità della sua punizione. Ma, se fosse stato sincero e autentico, se fosse stato un vero pentimento, non poteva non accadere che, come si è detto, non ne attenuasse le differenze, facendole rifluire nella «genericità» della sua forma. Si determinava perciò una situazione singolare. Se fosse stato messo nella necessità di scegliere fra il male, inteso nella sua natura «generica» di male, e le sue differenze specifiche, fra il male considerato in astratto e il male preso in concreto, è difficile pensare che la scelta di Dante non sarebbe stata per questo piuttosto che per quello. Se, nel *Purgatorio,* il pentimento aveva per effetto che le differenze specifiche si stemperassero nel male che costituiva qualcosa come il loro «sostrato», è pur vero che, quando gli era accaduto di vederlo all'opera nell'esistenza di personaggi concreti, era a questi e al loro peccato che il suo interesse si era rivolto: a questi, alla loro storia, alla loro psicologia, e alla condizione drammatica e sconvolta in cui quello si era determinato e aveva prodotto le sue conse-

abbia avuto un inizio nel tempo. Ma vi appartiene invece l'altra che riguarda la «materia de li elementi» e il suo «intendimento» da parte di Dio. Può vedersi, al riguardo, il mio saggio *'Se la materia delli elementi era da Dio intesa'*, in «Cultura», 39 (2001), pp. 365-393. La discussione che ne ha fatta M. Gallarino, *Metafisica e cosmologia in Dante. Il tema della rovina angelica*, Napoli 2013, pp. 83, 83, 125, *passim*, è apprezzabile, ma non mi ha persuaso, là dove egli dissente da me, a cambiare parere.

guenze. Nell'*Inferno*, nel canto ventesimosettimo, tenendola sospesa fra la tragedia e la commedia, aveva narrato la storia di un pentimento, quello di Guido da Montefeltro che, a causa di un subdolo e malvagio intervento esterno, non era andato a buon segno, ed era fallito. Ma nel terzo del *Purgatorio*, avendo avuto tutt'altro esito, il pentimento era stato rappresentato in un quadro nel quale le drammatiche condizioni in cui si era determinato conferivano maggior forza alla sua eccezionalità. Si pensi di nuovo a Manfredi e alle ferite, ritratte in due versi memorabili («biond'era e bello e di gentile aspetto,/ ma l'un dei cigli un colpo avea diviso» [vv. 107-108]), che avevano sconvolto l'armonia del suo volto. Si pensi alla rievocazione dei suoi peccati, che erano stati «orribili», e perdonati tuttavia dalla «bontà infinita» che «ha sì gran braccia/ che prende ciò che si rivolge a lei» (vv. 121-123). Ma anche si pensi alle sue ossa abbandonate alla pioggia e al vento, e rievocate in tre versi, essi pure memorabili («or le bagna la pioggia e muove il vento,/ di fuor dal regno quasi lungo 'l Verde,/ dov'e' le trasmutò a lume spento» (vv. 130-132), che risentono di *aen.* 6, 363: «nunc me fluctus habet versantque in litore venti»,[110] e quindi allo scioglimento del dramma nel segno del perdono divino accordato agli «orribili» peccati fra i quali la sua vita era trascorsa. Nel quinto canto, a predominare sul male inteso in senso generico, era stata l'intera vita peccaminosa di Buonconte da Montefeltro; del quale, come già era avvenuto per Manfredi, non si diceva quale peccato avesse tenuto in lui il primo posto segnando la sua vita, e nemmeno lo si lasciava intuire. Ma, se queste anime erano, al momento opportuno, destinate ad accedere al monte del Purgatorio e al luogo specifico richiesto dal loro specifico peccato, era perché, indistinto rispetto a quello, l'Antipurgatoro non lo era in sé stesso: la varietà dei suoi luoghi ne facevano tutt'altra cosa da uno spazio chiuso, e in sé stesso era topologicamente determinato da quella dei peccatori che davano a esso la sua concreta, ulteriore determinazione. Manfredi era lì, non solo in attesa della cornice che gli era destinata sul monte e sulla quale avrebbe espiato il suo specifico peccato, ma perché, preliminarmente, fosse punito in sé il grave ritardo che i suoi peccati avevano imposto al suo pentimento. I suoi peccati non erano nominati, ma erano vivi in lui.

Resta la questione del peccato di eresia che gli aveva meritata la scomunica dalla quale era stato colpito e nel cui segno era morto: una questione che, in riferimento alla struttura del Purgatorio, che non lo contem-

110. D'Ovidio, *Il Purgatorio*, p. 392.

plava e non prevedeva di accogliere chi se ne fosse macchiato, si sarebbe dovuto presentare come insolubile, se, piuttosto che così, non fosse stato più giusto dirla indefinibile.[111] Buonconte, a sua volta, era stato negligente nel pentimento, intervenuto sull'estremo limite delle drammatiche vicende concluse da una morte violenta. E negligenti erano stati i principi raccolti nella valletta descritta nel settimo canto. Nella rappresentazione che Dante ne fece, quello della negligenza era tuttavia, come a suo tempo si vide, un peccato che, per un verso includeva in sé i peccati che ne nascevano, e per

111. La questione della «salvezza» che Dante concesse a Manfredi collocandolo nell'Antipurgatorio, non consiste solo nelle ragioni di ordine teologico che possano essergli sembrate sufficienti ad accordargliela. La questione è, in effetti, due questioni, che si intrecciano senza dubbio, ma che conviene tuttavia tenere distinte. La prima riguarda l'idea dell'ampiezza del perdono di Dio e la possibilità che essa includa nel cerchio formato dalle sue «gran braccia» anche il soggetto di un pentimento intervenuto all'ultimo istante. E al riguardo deve dirsi che la tesi di B. Nardi, *Il canto di Manfredi* (1960), in Id., *'Lecturae' e altri studi danteschi*, a cura di R. Abardo, Firenze 1990, pp. 91-103 (ma101), secondo cui la ragione che Manfredi addusse per la propria salvezza, in *Pg* III 121-123, assegnandola a «quei che volentier perdona», ha la sua origine nel proemio che premise alla traduzione da lui eseguita in latino, dall'ebraico, del *De pomo*, ritenuto opera di Aristotele (il *De pomo* può leggersi nell'edizione datane da P. Mazzantini, in Nardi, *Il canto di Manfredi*, pp. 116-125: il proemio di Manfredi è alle pp. 113-115), è ingegnosa, oltre che proposta con la consueta dottrina, ma non persuasiva (A. Frugoni, *Manfredi*, *ED*, III 802 b, poi in *Scritti su Manfredi*, Roma 2006, p. 109, ebbe ragione di giudicarla «male accettabile»). Se, anche senza concedere, si ammettesse che solo di lì Manfredi avesse ricavata l'idea della bontà divina, la cosa avrebbe riguardato lui, e non Dante, che la medesima consapevolezza attribuì, nel quinto canto, a Buonconte. La seconda concerne invece la inclusione, fra i peccati perdonabili da Dio in chi se ne fosse pentito, anche di quello di eresia; che fu, dei molti suoi, quello che aveva provocato il decreto di scomunica (sulla questione, Frugoni, *Scritti su Manfredi*, pp. 106-107); e concerne, non il punto della sua revocabilità una volta che l'eretico si fosse dichiarato libero dai *laquei diaboli*, ma il fatto che, a differenza dei peccati condannati nei cerchi che vanno dal secondo al quinto, il peccato di eresia non ha un corrispettivo nel Purgatorio. È una questione, alla quale si è già accennato. Ma deve ribadirsi che in questo punto nella struttura del Purgatorio si nota un'incertezza. Nell'*Inferno* il peccato di eresia era collocato fra quelli che, non essendo, a causa della loro natura, passibili di pentimento, non avevano nel Purgatorio, il luogo della loro emendazione. Ma anche di quel peccato deve assumersi che Manfredi si fosse macchiato e pentito, e Dio l'avesse ascoltato e perdonato. Deve perciò ricavarsene una di queste tre conseguenze di diversa natura. La prima, che Dante riteneva che del peccato di eresia ci si potesse pentire, e che il girone infernale ospitava gli eretici non pentiti. La seconda, che non credeva che Manfredi avesse meritato di essere condannato come eretico. La terza che, effettivamente, il suo caso introduceva, nella struttura del Purgatorio e, *überhaupt*, della *Commedia*, un'inconseguenza.

questo, punita in tre luoghi dell'Antipurgatorio,[112] non richiedeva di esserlo in altri deputati all'espiazione di ciò che ne era contenuto e ne era derivato. Per un altro, tuttavia e senza che fra queste due accezioni ci fosse possibilità di accordo, la punizione che le era inflitta non esauriva in sé quella richiesta dai peccati che vi erano contenuti come in potenza: donde, alla luce di questo diverso concetto, la necessità che questi fossero espiati sui gironi del monte, sui quali anche le anime dei negligenti, e la negligenza stessa, avrebbero perciò trovato posto. Il punto, come si torna a constatare, è delicato. Dante, infatti, non chiarì la questione in questi termini. Lasciò un margine al dubbio che, ripercuotendosi sulla struttura del Purgatorio, la rese, per questa parte, incerta. È un problema che, molta attenzione essendogli stata dedicata nella parte iniziale di questo saggio, deve qui essere ribadito nelle non convergenti conseguenze che ne derivano. Resta, infatti, un problema aperto.

Buonconte era un soldato che, ferito a morte nella battaglia di Campaldino e proveniente da una scena di violenza, «forato ne la gola,/fuggendo a piede e sanguinando il piano», aveva cercato scampo, non l'aveva trovato, era caduto, e il suo corpo era rimasto solo in un paesaggio sconvolto. Che Dante s'interessasse a lui che, per la sincerità del suo pentimento, non aveva conosciuto il destino che aveva condotto all'Inferno suo padre Guido, risulta con chiarezza se il suo episodio sia letto ponendosi da questo angolo visuale, senza che qui sia necessario chiedersi in che modo egli risolvesse la relativa questione. Della scena che descriveva con colori forti, con vivo senso drammatico e quasi mettendovi a confronto la violenza della guerra e quella della natura, a Dante interessava sì il dramma specifico che vi si era svolto, ma, anche questa volta, la conseguenza singolare che gli era implicita. La pura peccaminosità, la peccaminosità priva di aggettivi che la determinassero (la negligenza, il tardivo pentimento, la salvezza raggiunta all'ultimo istante) rinviava a una situazione originaria, testimoniata da una natura sconvolgente e sconvolta, nella quale il male cancellava sì nel suo volto ogni differenza, ma mostrava sé stesso come nuda e originaria energia. «Lo corpo mio gelato in su la foce/ trovò l'Archian rubesto; e quel sospinse/ ne l'Arno, e sciolse al mio petto la croce/ ch'i' mi fe' quando il dolor mi vinse:/ voltommi per le ripe e per lo fondo;/ poi di sua preda mi

112. I tre luoghi sono il sentiero «a pie' del monte», sul quale procedevano gli scomunicati, quello, collocato sui suoi contrafforti, sul quale camminavano i «morti per forza», l'altro identificabile nella valletta dove erano riuniti i principi negligenti.

coperse e cinse» (vv. 124-129). Ma è anche vero che l'energia selvaggia della natura, e del male che le corrispondeva, tendeva a rientrare in sé stessa e a confondere, cancellandole, le differenze. Giunto alla fine della storia, il lettore si accorge di aver imparato tutto sulla morte di Buonconte, ma niente della sua vita; della quale, ricordandola ora dal luogo che accoglieva la sua anima penitente, Dante non disse se non che Giovanna, forse la moglie, e gli altri suoi, non avevano cura della sua anima.

41. Non è per il tramite di questa situazione che, usata così, assumerebbe il volto di un astratto espediente ermeneutico, che si torna sul tema del male «genericamente» assunto come il male. Ma per l'esigenza piuttosto di determinare il modo che Dante tenne nel parlarne e svolgerne il concetto. Che, pur senza farne oggetto di specifica trattazione, e fermo restando che il suo interesse andava alle sue specifiche differenze, la *quaestio* del male in quanto male non potesse non essere viva nella sua mente, è ovvio. Per risalire al momento in cui aveva fatto il suo ingresso nella storia del mondo, Dante sapeva benissimo che la *praevaricatio humani generis* non era se non la conseguenza del *lapsus primorum parentum*,[113] che, infatti, *fuit diverticulum totius nostre deviationis*,[114] e che, non nelle sue parti, ma nella sua unità, *peccatum Ade in Christo* [...] *fuit punitum*.[115] Nell'Epistola ai Romani, che gli era accessibile nella vulgata latina, aveva letto che, come per la colpa di un solo uomo il peccato era entrato nel mondo, e con il peccato, la morte, così tutti avevano peccato (ὥσπερ δι'ἑνὸς ἀνθρώπου ἡ ἁμαρτία εἰς τὸν κόσμον εἰσῆλθεν, καὶ διὰ τῆς ἁμαρτίας ὁ θάνατος, καὶ οὕτως εἰς πάντας ἀνθρώπους ὁ θάνατος διῆλθεν, ἐφ' ᾧ πάντες ἥμαρτον);[116] e il peccato di cui ora si parlava, era, beninteso, quello considerato nella sua essenza e nell'intera sua estensione, non quello diviso e classificato nelle sue specifiche differenze. In Tommaso, lo si è già accennato, ma anche in Agostino e in Boezio, Dante aveva certamente letto le pagine in cui era stata discussa la questione della sua realtà o irrealtà; e poiché, soprattutto in quelle del primo, frequenti erano i riferimenti a altri autori, anche da questi, per quello almeno che se ne diceva lì, avrà tratto ammaestramenti. Se perciò non gli occorse di trattarla né nella *Comme-*

113. *VE* I iv 4.
114. *Mn* I xvi 1.
115. *Mn* II xi 1.
116. Rom. 5,12-13

*dia*, né altrove, sarebbe assurdo ritenere che analisi così sottili come quelle condotte in quei testi non avessero suscitato in lui alcun interesse. Sarebbe assurdo pensare che non se ne fosse procurata la conoscenza l'autore di un poema che, nella sua prima parte, trattava dell'Inferno come del luogo eterno dell'eterno dolore; e che, sia pure in forma indiretta, quelle analisi non fossero destinate a comparire anche nelle sue pagine, come non avrebbe mancato di accorgersi chi di accorgersene fosse stato in grado. Non si lavora di fantasia se si pensa che, per venire a capo della questione del male, Dante avesse cercato di individuarne i termini leggendo, fra gli altri possibili, gli autori che sono stati appena citati. Neppure si lavora di fantasia se si suppone che i loro pensieri gli tornassero tutti alla mente quando dovette dar forma all'«'mperador del doloroso regno»,[117] e allora fu il concetto della στήρεσις, della privazione, quello di cui, indirettamente, si servì. «Bonum et malum» si legge nel *De malo*, q. 1, a. 1, 2,

> proprie opponuntur ut privatio et habitus, quia ut Simplicius dicit in Commento Praedicamentorum, illa proprie dicuntur contraria, quorum utrumque est aliquid secundum naturam, sicut calidum et frigidum, album et nigrum; sed illa quorum unum est secundum naturam et aliud recessus a natura, non opponuntur proprie ut contraria, sed ut privatio et habitus. Sed duplex est privatio: una quidem quae est in privatum esse, ut mors et caecitas; alia vero quae est in privari, ut aegritudo quae est via in mortem, et ophthalmia quae est via in caecitatem. Et huiusmodi privationes interdum dicuntur contraria, in quantum adhuc aliquid retinent de eo quod privatur; et hoc modo malum dicitur contrarium, quia non privatur totum bonum, sed aliquid de bono remanet.

Chi legga questo passo, nel quale le tesi aristoteliche relative agli opposti, ai contrari, al possesso e alla privazione, erano state riesposte con nettezza, e a esse aggiunga le linee in cui Tommaso ulteriormente spiegava che «malum est quidem in rebus, sed ut privatio, non autem ut aliquid reale, sed in ratione est ut aliquid intellectum; et ideo potest dici quod malum est ens rationis et non rei, quia in intellectu est aliquid, non autem in re. Et hoc ipsum quod est esse intellectum, secundum quod aliquid dicitur ens rationis, est bonum: bonum enim est aliquid intelligi» (q. 1, a. 1, 20), – chi legge questo passo intende con facilità che, dopo averle trasferite in un contesto non filosofico, ma religioso e teologico, Dante se ne era servito per conferire a questo un grado specifico di pensabilità filosofica. Nella

117. *If* XXXIV 28-29.

rappresentazione del diavolo che, definito come l'imperatore del doloroso regno, recava in sé il segno di cui era privo, e cioè di Dio che, per definizione, era l'imperatore dell'universo, a dominare era, con la sua interna problematicità, il concetto della στήρεσις, della privazione. E la stessa cosa avveniva per la bellezza di Dio, che era pensata alla luce della categoria del possesso, mentre la bruttezza del diavolo («s'el fu sì bel com'elli è ora brutto,/ e contra 'l suo fattor alzò le ciglia,/ ben dee da lui procedere ogni lutto» [vv. 34-36]) lo era alla luce, di nuovo, di quel concetto. Si aggiunga che se Dio era all'origine dell'ordine che da lui era stato dato al mondo, a quello corrispondeva il disordine che Lucifero vi aveva arrecato;[118] e qui forse, in margine, può notarsi che al danno irreparabile che l'angelo aveva subìto nell'esser stato scagliato giù dal cielo e conficcato in eterno nel centro della voragine infernale che ne era derivata di conseguenza,[119] aveva tenuto dietro una sorta di drammatico e ironico riconoscimento. Quand'era in cielo ed era il capo della coorte angelica, Lucifero era sì il più bello, ma non, com'è ovvio, il contrario/opposto di Dio. Lo divenne quando, attraverso la punizione inflittagli, e che fu essa stessa una forma suprema di *privatio*, Dio fece di lui il suo contrario, e, stando a Tommaso e a quanti ragionavano come lui, se, per un verso, gli tolse la realtà, per un altro gliela restituì, e, con quel segno, a suo modo grandioso, dette luogo a un rapporto indissolubile, sul quale molto si sarebbe pensato e anche fantasticato.

42. Non a questi concetti tuttavia ci si riferiva quando, qui su, si osservava che, attraverso il pentimento, la distinzione dei peccati tendeva a risolversi in un segno che a tutte le anime era comune e nel quale la loro specifica asprezza lentamente sfumava. Pur nella condanna che, per l'eternità, lo aveva fermato nel suo luogo di pena, il lussurioso punito nell'Inferno era così tenace nella relativa passione, e così esclusivo, che niente poteva distrarvelo; e altrettanto deve dirsi dei golosi, degli avari e prodighi, degli iracondi, dei superbi, degli accidiosi. La numerazione si ferma qui perché, come si è già osservato, sono questi i peccati che, presenti nella parte alta, e dunque all'inizio, della cavità infernale, avevano il loro riscontro in quella, alta anch'essa, che si trovava alla fine, della montagna del Purgatorio. A

118. È il tema centrale della cosmologia origeniana (*De principiis*, I 5, 5, éd. par H. Crouzel et M. Simonetti, I, Paris 1978, pp. 192-193). E cfr. T. Gregory, *Il principe di questo mondo. Il diavolo in Occidente*, Roma-Bari 2013, pp. 14 ss.

119. *If* XXXIV 121-126.

cominciare dagli eretici del sesto cerchio, gli altri erano invece privi tutti di riscontro purgatoriale: il che, non essendo affatto pacifico, né chiaro nella sua ragione, pone un problema del quale, al momento opportuno dovrà ancora dirsi qualcosa. Per continuare il discorso, si osservi tuttavia che, rispetto a quelli dell'Inferno, con i quali un confronto poteva essere istituito, i lussuriosi del Purgatorio erano tutt'altra cosa. Considerata nel suo carattere attivo, la loro era una passione trascorsa, non attuale; mai uno di loro avrebbe potuto pronunziare, magari con altra e meno squillante intonazione, parole come quelle che, nel suo girone infernale, erano state dette da Francesca da Rimini. Anche nei confronti di coloro che in vita avevano volto l'amore in forme innaturali, la rappresentazione che Dante ne aveva fatta non accennò mai a salire di tono. E se suonò cruda nel paragone per differenza istituito fra il peccato sodomitico e il mito di Pasifae e del suo congiungimento con il toro,[120] la misura, anche in questo passaggio, non fu oltrepassata. I lussuriosi dell'Inferno erano più di mille, e se, da Semiramide a Cleopatra, da Achille a Tristano,[121] alcuni avevano un nome,[122] da tutti quella passione era stata esercitata in modo conforme alla natura, sì che, come si sa, ai sodomiti era stato riservato un altro girone.[123] La schiera dei lussuriosi che avevano esercitato l'amore secondo natura era, per il resto, anonima, e Dante aveva inteso che tale dovesse restare, tanto che non aveva ritenuto di dover indicarvi e nominarvi altri. Ma i lussuriosi del Purgatorio formavano due schiere che, composte di gente che aveva praticato l'amore secondo natura, e di gente che l'aveva praticato in senso contrario, procedevano l'una in senso opposto all'altra. Fra coloro che appartenevano alla prima c'era Guido Guinizzelli, e, quando da lui seppe o, piuttosto, non seppe, degli appartenenti alla sua schiera, Dante non mostrò la sorpresa che aveva manifestata nel vedere che, fra i sodomiti puniti sulla sabbia rovente del terzo girone del settimo cerchio dell'Inferno, c'era Brunetto Latini. Lasciò che, dopo aver accennato ai sodomiti e al rimprovero che si rivolgevano (vv. 79-81), fosse lui a deplorare, con pesanti parole, i lussu-

120. *Pg* XXVI 41-42. Difficile decidere se Dante dipendesse da Virgilio che, *aen.* 6, 24-26, aveva insistito sull'inganno (*furto*) che rese possibile «Veneris monumenta nefandae» (che Servio aveva congetturato potesse intendersi come *ultio Veneris proditae*), o da Ovidio (*Met.* 8, 131-137, *Ars amandi,* 1, 289 ss. ), o da entrambi, ma lasciando cadere l'idea della frode.

121. Cfr., al riguardo, la nota di G. Inglese, *Commedia*, I, *Inferno*, Roma 2007, p. 86.

122. *If* V 67-68: «e più di mille/ ombre mostrommi e nominommi a dito».

123. *If.* XV 16 ss.

riosi della sua schiera senza, per altro, farne i nomi («or sai nostri atti e di che fummo rei:/ se forse a nome vuo' saper chi semo,/ tempo non è a dire, e non saprei»).[124] Ma quando la sua identità gli fu rivelata («farotti ben di me volere scemo:/ son Guido Guinizelli; e già mi purgo,/ per ben dolermi prima ch'a lo stremo»),[125] Dante non aveva potuto non provare una forte emozione nel sentir «nomar sé stesso il padre/ mio e de li altri miei miglior che mai/ rime d'amore usar dolci e leggiadre» (vv. 97-99). Per esprimere la sua emozione, aveva, come a quel poeta si conveniva, usato parole di estrema ricercatezza stilistica. E, dopo che il tema della lussuria era stato a sufficienza toccato, subito il discorso si era spostato sul piano della letteratura e del polemico elogio che, contro l'opinione prevalente, Guinizzelli aveva pronunziato di Arnaut Daniel, giudicato il «miglior fabbro del parlar materno» (v. 117) e superiore perciò a «quel di Lemosì», cioè al perigordino Giraut de Bornelh. Della questione letteraria che questi versi delineano, e del coinvolgimento in essa della poesia di Guittone (vv. 124-126) tratterà chi abbia interesse e competenza bastanti a definirne il significato.[126] Qui deve invece notarsi la rapidità con cui, messa da parte la questione dell'eros, il discorso si era spostato tutto sul piano della letteratura, della civiltà letteraria e del primato che, in essa, spettava a Guinizzelli. Il peccato espiato su quel girone era stato dichiarato in termini forti, ma senza che, di coloro che ne erano state vittime, si dicesse il nome, e dichiarando, anzi, l'intenzione di non pronunziarlo. L'aveva definito «ermafrodito», ossia il contrario di omosessuale.[127] Ma nessun nome fu fatto, né, del resto, Dante l'aveva preteso. Anche nell'incontro con Brunetto Latini la discrezione aveva prevalso sulla curiosità, ma non fino al punto che, rivelando l'identità di due[128] e tacendo degli altri che con lui erano sulla spiaggia rovente, di tutti non si dicesse che erano «cherci/ e litterati grandi e di gran fama,/

124. *Pg* XXVI 88-90.

125. *Pg* XXVI 91-93.

126. Su questi versi, le osservazioni pù ricche si trovano in Sapegno, *Purgatorio*, p. 293, e Inglese, *Purgatorio*, pp. 320-325. Su Guinizzelli nella *Commedia*, cfr. anche A. Tartaro, *La riabilitazione di Guinizzelli,* in *Cielo e terra. Saggi danteschi*, Roma 2008, pp. 155-174.

127. Che qui «ermafrodito» significasse l'atto che congiunge il maschile e il femminile, secondo la definizione di Isidoro, *Etym*, XI III 11, è possibile. Si veda comunque E.R. Curtius, *Letteratura europea e Medio Evo latino*, trad. it., Firenze 1992, p. 130. Ma sull'argomento tornerò.

128. *If* XV 109-110.

d'un peccato medesmo al mondo lerci».[129] Di quel peccato anche ser Brunetto recava su di sé il segno doloroso: a tal punto che, quasi per liberarlo da esso, Dante lo aveva fatto parlare da maestro, da moralista e da profeta, per poi riequilibrare la situazione risolvendo il suo dramma in una sorta di congedo che gli aveva dato non senza aver fatto ricorso a una notazione da commedia: «poi si rivolse, e parve di coloro/ che corrono a Verona il drappo verde/ per la campagna; e parve di costoro/ quello che vince, non colui che perde» (vv. 121-124). Ma la differenza fondamentale restava quella che si è detta; e che deve essere riferita, in primo luogo, al modo in cui, nel *Purgatorio*, i peccati non perdevano, ma attenuavano la loro specificità e, pur restando distinti, per effetto del pentimento si risolvevano in una sorta di peccaminosità, vaga e media.

43. Senza essere mai uscita di scena, perché riguardava la condizione imprescindibile dell'accoglienza delle anime nel luogo della purgazione dei peccati, la questione del pentimento dev'essere ora affrontata sia in sé, sia, ed è, o sarebbe, il suo aspetto più importante, in relazione alla sua efficacia nei riguardi del peccato considerato in ciascuna delle sue determinazioni. La prima questione sarebbe la più importante se, affrontandola nei suoi termini estremi, Dante si fosse chiesto che cosa propriamente l'atto del pentirsi implicava e che rapporto intratteneva con il suo oggetto. Nella *Summa theologica*, Suppl. part. tertiae, q. 98, a. 2, Tommaso si era chiesto *utrum damnati poeniteant de malo quod fecerunt*, e, senza esitazione, aveva risposto di no perché, come «dicit Bernardus in Cantica [...], damnatus semper vult iniquitatem suam, quam fecit: ergo nunquam de peccato commiso poenitet». Dopo di che, giunto alla fine dell'articolo, al quesito aveva risposto

> dicendum quod poenitere de peccato contingit dupliciter: uno modo per se, alio modo per accidens. Per se quidem de peccato poenitet, qui peccatum, inquantum est peccatum, abominatur; per accidens vero qui illud odit ratione alicujus adjuncti, utpote poenae, vel alicujus hujusmodi. Mali igitur non poenitebunt, per se loquendo, de peccatis, quia voluntas malitiae peccati in eis remanet; poenitebunt autem per accidens inquantum affligentur de poena quam pro peccato sustinent.

Posta la premessa, e assunta in campo come unica protagonista, la volontà del male, era ovvio che la conseguenza non potesse essere diversa da

129. *If* XV 106-108.

quella che Tommaso traeva: e a tal punto non lo era che anche la distinzione del *per se* dal *per accidens* rischiava di venir meno e di non riuscire a mantenere la qualsiasi ragion d'essere che si fosse preteso di riconoscervi. Era, o avrebbe dovuto essere, evidente infatti che, non potendo essere se non del primo tipo ed essendole vietato di assumere il carattere del secondo, quella distinzione avrebbe senz'altro potuto, e anzi dovuto, essere esclusa per essere per intero ricondotta nell'ambito della *mala voluntas*, dove non poteva aver luogo. Se, infatti, fosse stata la paura della pena a cui il peccato apriva le porte a dettare le parole del pentimento, la *voluntas* che le ispirava non sarebbe stata se non la medesima *mala voluntas* che, avendolo prodotto, non poteva pretendere di redimerlo, e neppure di distinguersene. Se queste erano le premesse, c'era infatti un solo modo di dare espressione al pentimento; e questo era che da *mala* la *voluntas* si facesse *bona*. Ma, in questo caso, sarebbe stato evidente che l'insorgere della *bona voluntas* avrebbe di per sé stesso determinato il ritiro e la collocazione alle sue spalle della situazione peccaminosa che, divenuta un previo oggetto di pentimento, come oggetto non possedeva più nessuna attualità e non si poneva come attualmente opposta dinanzi alla potenza che doveva redimerla. In modo ora più, ora meno, esplicito, al pentimento si riconosceva, da parte dei filosofi e teologi che ragionavano così, uno straordinario potere. Il pentimento aveva agito e dato prova della sua efficacia nelle situazioni drammatiche in cui aveva conseguito il suo scopo strappando alle tenebre dell'Inferno le anime di Manfredi di Svevia e di Buonconte da Montefeltro, ma anche, deve supporsi, di Jacopo del Cassero e persino, forse, della Pia. E richiedeva tuttavia di essere messo in stretto rapporto con l'illimitata capacità di perdono della «bontà» divina: un rapporto non facile a essere definito nei suoi caratteri propri, ed esposto, a ben guardare, a un grave rischio. La potenza della bontà divina e la sua illimitata facoltà di perdono rischiavano di subire una forte limitazione, e di smarrire il carattere dell'assoluta gratuità, se, *ab extra*, avessero ricevuto un impedimento ulteriore a quello che a esse proveniva sia dalla non redimibile *mala voluntas*, sia, per un altro verso, dalle virtù che si riconoscevano al pentimento quando fosse stato sincero e incondizionato. Per non imporre alla potenza della grazia divina il limite che non poteva altrimenti esserle assegnato, il pentimento avrebbe dovuto, in un modo o in un altro, essere determinato e governato da lei, che non poteva essere oggetto di limiti. Ma, in questo caso, come si sarebbe potuto definirlo sul serio sincero, autonomo, ispirato all'odio che, come si leggeva negli scritti di Tommaso d'Aquino, si sarebbe dovuto nutrire nei confronti del peccato commesso? Determinata in modo rigido dal volere di Dio, persino la sua sincerità avrebbe perso il suo carattere e il suo pregio. Messo di fronte a un siffatto passaggio aporetico, con il pentimento che doveva essere sincero e autonomo, e con la grazia divina che era essa a determinarlo come sincero e autonomo, Dante avrebbe protestato contro chi, riconoscendo a esso questo carattere e rilevandone la difficoltà, dimostrava di essere vittima della pretesa di coloro che, con la «veduta corta di una spanna», pretendevano di misurare ciò che richiedeva un metro diverso da quello che stava nelle loro mani. Certo, Dante avrebbe risposto così, perché così aveva replicato a chi pretendeva di capire come l'unità di Dio potesse essere triplice. Ma, con la follia che, per lui, era intrinseca a quella pretesa, anche la difficoltà rimaneva; e chi cerchi di entrare nella logica che presiede alla determinazione strutturale del Purgatorio deve prenderne atto.

44. In *Inferno* XI 40-45, Dante aveva scritto: «puote omo avere in sé man violenta/ e ne' suoi beni; e però nel secondo/ giron convien che sanza pro si penta/ qualunque priva sé del vostro mondo,/ biscazza e fonde la sua facultade,/ e piange là dov'esser de' giocondo». Nella lettera questi versi sono chiari, nelle implicazioni no. Che colui che avesse usato violenza contro sé stesso, togliendosi la vita, mettendo i suoi beni al rischio della sorte, dando fondo alle sue sostanze, piangendo e lamentandosi «là dov'esser de' giocondo», fosse privato della possibilità che il pentimento gli giovasse, sembra asserzione fin troppo ovvia. Era dannato, infatti, e le pene dell'Inferno erano implacabilmente le stesse per l'eternità: porvi qualche rimedio era tanto impossibile quanto sarebbe stato inutile, nella sede infernale, riconoscere di averle meritate. Ma il punto, a rigore, non è questo. È invece se, per quanto inutile e sterile di effetti, il pentimento possa comunque insorgere nell'animo del dannato, e con il pentimento, per il suo tramite, in lui possa formarsi la coscienza del male commesso: il che non significa attenuazione, ma, se mai, accrescimento. Studiata nella rappresentazione concreta dei personaggi che popolano la voragine infernale, la questione può ricevere una varia risposta. In Dante, infatti, c'erano il filosofo e il teologo che ragionavano, ciascuno, nei termini di queste scienze e dalle premesse traevano le necessarie conseguenze. Ma c'era anche l'artista che, nel ritrarre la fisionomia di un peccatore dell'Inferno, si proponeva bensì di essere coerente al sistema dei suoi pensieri, salvo che talvolta capitava che l'indagine psicologica e la disposizione poetica riuscissero più forti della teoria, non la rispecchiassero in ogni conseguenza, e, se non

il pentimento (ma questa è la parola usata qui), almeno la coscienza del peccato commesso entrasse nel personaggio rendendolo più complesso di quel che sarebbe stato se, ridotto a semplice soggetto, e oggetto, del suo peccato, a questo solo si fosse dato rilievo, e alla sua definizione. Una simile disparità e complessità di situazioni emotive non la si cercherebbe con frutto in Filippo Argenti, che non era se non ira cieca e disperata, rivolta contro Dante che l'aveva riconosciuto, ma, in primo luogo contro sé stesso («e 'l fiorentino spirito bizzarro/ in sé medesmo si volvea co' denti»);[130] non la si cercherebbe in Capaneo che di sé affermava: «qual io fui vivo, tal son morto», e meritò che Virgilio gli dicesse: «o Capaneo, in ciò che non s'ammorza/ la tua superbia, se' tu più punito:/ nullo martiro, fuor che la tua rabbia,/ sarebbe al tuo furor dolor compito».[131] Ma se ne troverebbe il segno in Vanni Fucci che, asserendo che una «vita bestial» gli era piaciuta, «e non umana», non solo fra l'una e l'altra sapeva tuttavia distinguere e, almeno in questo, partecipava della seconda, non della prima, ma, a riprova della consapevolezza che aveva di sé e della sua comunale malvagità, si cimentava nella più atroce e feroce profezia politica che si legga nella *Commedia*: «ma perché di tal vista tu non godi,/ se mai sarai di fuor da' luoghi bui,/ apri li orecchi al mio annunzio, e odi:/ Pistoia in pria di Neri si dimagra:/ poi Fiorenza rinnova genti e modi./ Tragge Marte vapor di Val di Magra/ ch'è di torbidi nuvoli involuto;/ e con tempesta impetuosa e agra/ sovra Campo Picen sia combattuto:/ onde repente spezzerà la nebbia, sì ch'ogne Bianco ne sarà feruto./ E detto l'ho perché doler ti debbia!».[132] Di tale autocoscienza, perversa fin che si voglia, ma in questo carattere innegabile, si troverebbe il segno anche in altri peccatori dell'Inferno. E questo resta vero anche a prescindere dall'idea, o malgrado l'idea, di De Sanctis,[133] il quale era convinto che, a misura che questo restringeva i suoi cerchi e al fuoco subentrava il ghiaccio, i suoi abitanti irrigidivano i loro caratteri e, con la coscienza di sé, perdevano ogni residua umanità, che spariva infatti dai loro volti come dalle loro parole.

Se, come si deve, si sta alla logica della struttura e della collocazione che ha in essa, Francesca era una donna dannata. Ma in grado, tuttavia, di

130. *If* VIII 62-63.

131. *If* XIV 50, 63-66. Resta nella memoria la caratterizzazione che, contrapponendolo a Farinata, De Sanctis fece di Capaneo, nel quale la forza non è che «millanteria della forza» (De Sanctis, *Lezioni e saggi su Dante*, pp. 658-662).

132. *If* XXIV 140-151.

133. De Sanctis, *Lezioni e saggi su Dante*, pp. 681-682.

operare una distinzione fra la sua condizione attuale e quella che sarebbe stata, e ancora sarebbe la sua, se la passione d'amore non l'avesse travolta, se amico, invece che nemico, le fosse stato il re dell'universo; che allora essa avrebbe pregato per Dante e per la sua pace. Anche Farinata sapeva di una situazione diversa da quella che lo teneva prigioniero per l'eternità, e, anzi, per quella sola aveva pensieri (era, infatti, come se «avesse l'inferno a gran dispitto»),[134] per non parlare di Brunetto Latini, del quale già qualcosa si è detto, e poi di quei tre fiorentini antichi, Guido Guerra, Tegghiaio Aldobrandi, Iacopo Rusticucci, che anch'essi avevano peccato contro la natura, e con i quali, ragionando sulle tristi condizioni di Firenze, Dante, tuttavia, aveva intrecciato un dialogo che, per certi tratti, meglio che a quel luogo, sarebbe appartenuto al Purgatorio, tale era la reverenza da lui dimostrata nei loro riguardi e quindi la condivisione degli affetti non solo umani («di vostra terra sono, e sempre mai/ l'ovra di voi e li onorati nomi/ con affezion ritrassi e ascoltai./Lascio lo fele e vo per dolci pomi,/ promessi a me per lo verace duca:/ ma 'infino al centro pria convien ch'i' tomi»),[135] bensì anche politici e civili («la gente nova e i subiti guadagni/ orgoglio e dismisura han generata,/ Fiorenza, in te, sì che tu già ten piagni» (vv. 73-75). Del resto, proprio il desiderio che alcuni dannati mostravano di essere ricordati, e persino, in alcuni casi, non ricordati, nel mondo di lassù, è prova, come tante volte è stato notato, che il distacco non era stato totale e che non perduto era il ricordo della umanità. A parte Ulisse e Guido da Montefeltro, che a pieno si mostravano ed erano padroni della storia della quale erano stati sfortunati protagonisti, e pure, nei confronti del mondo in cui erano stati vivi, avevano un diverso atteggiamento, la consapevolezza che, nei cerchi infernali molti dannati conservavano della differenza intercorrente fra la situazione in cui avevano condotta la loro vita e quella in cui, nell'Inferno, pativano la conseguenza della loro terrena sconfitta, – questa consapevolezza restava viva e costituiva un tratto singolare del loro essere presente; che, perciò, era bensì scisso in parti e non ricomponibile in unità, ma tale che, pur deformata, la coscienza vi era presente e faceva parte della pena. Persino al conte Ugolino che, al suo «bestial segno», mostrava l'odio che lo legava alla sua vittima, persino in lui questa coscienza era stata richiamata a sé dalle parole che Dante gli aveva rivolte. Non era, infatti, tanto chiuso nel feroce esercizio della sua vendetta da non sapere,

134. *If* X 36.
135. *If* XVI 58-63.

e da non ricordare, una vita che avrebbe potuto essere diversa. «Ben se' crudel, se tu già non ti duoli/ pensando ciò che 'l mio cor s'annunziava;/ e se non piangi, di che pianger suoli?».[136]

Il riconoscimento di una consapevolezza che, implicando il distacco e il confronto, non avrebbe dovuto darsi a personaggi chiusi nella ripetizione del loro gesto peccaminoso, non deve tuttavia indurre a credere che quel che conta siano la deviazione dalla rigida linea strutturale e la libertà che, rispetto a quella, essi realizzavano: la libertà e, con quella, il tratto umano che li faceva vivi. Si tratta di una vecchia tesi, della quale sarebbe assurdo negare il pregio, e quindi il merito di aver fatto girare aria nuova nei chiusi ambienti di certo dantismo, miope e gretto. Ma, a evitare che il giusto rilievo diventi trita retorica, deve tenersi per fermo che, in quanto si sia verificata, la deviazione dalla struttura è pur sempre, anche se sia la poesia a provocarla, un evento della struttura; che deve quindi essere tenuta ferma nella sua logica, se si vuol dare un senso a ciò che, rispetto a essa, si presenta con altro segno e se, altresì, si vuol cercare di cogliere la ragione per la quale è accaduto quel che è accaduto. La libertà e il respiro morale che, malgrado tutto, Dante avvertì, e quasi sorprese, in alcuni dei personaggi dell'Inferno, sono, l'una e l'altro, il frutto paradossale dell'eccessiva rigidezza caratterizzante la premessa teologica del suo discorso; che, per sé stesso, avrebbe dovuto escludere che, in quel luogo, coloro che vi erano rinchiusi ancora partecipassero di ciò che di umano avevano avuto in vita, e non riusciva invece a conseguire per intero il suo scopo. Lo si constata con relativa facilità se, oltre l'effetto disumanante che da quella premessa derivava, o avrebbe dovuto derivare, sia al peccato commesso sia alla pena che per l'eternità lo ribadiva, si considera il drastico dualismo che, per quella via, avrebbe spezzato l'universo. Da un lato, tutto il male, da un altro tutto il bene, donde il contrasto che l'idea del viaggio ultramondano stabiliva con questa visione delle cose e il rischio dell'eterodossia in cui essa incorreva quando nel *viator* si fosse considerata presente l'intera umanità che, con lui, entrava nell'Inferno, ma anche ne usciva per scalare il Purgatorio e per pervenire, di cielo in cielo, alla diretta visione di Dio. È una vicenda che, facendo parte del nucleo essenziale della *Commedia*, è stata a lungo studiata in un'altra occasione,[137] alla quale queste considerazioni

136. *If* XXXIII 40-42.

137. Cfr. il mio *Il viaggio di Dante*, in *"Forti cose a pensar mettere in versi". Studi su Dante*, Torino 2017, pp. 447-574.

spontaneamente ritornano. Ma, a quel che allora fu detto, deve aggiungersi che il drastico dualismo cristiano del bene e del male produceva conseguenze in ordine, anche, all'idea della divinità. Le produceva nei riguardi, non solo della sua misericordia, della sua vocazione e efficacia salvifica, ma altresì della sua onnipotenza; che, certo, non poteva essere considerata tale, e perciò assoluta, se la conseguenza della vittoria conseguita sul male aveva comportato l'entificazione di questo in una realtà che non avrebbe mai potuto essere negata senza che questo atto la ribadisse nella sua indipendenza e autonomia.

45. Si è detto che il pentimento costituisce la *conditio sine qua non* del perdono divino. Pentirsi è un merito, che può essere ripagato dall'ottenimento della salvezza. Ma chi avesse cercato di spingere lo sguardo negli abissi della libertà divina, e nell'assoluta gratuità dei suoi atti, avrebbe potuto ricavarne che, tutto dipendendo da quelle, anche il pentimento ne dipendeva: sì che era a Dio, e non al peccatore, che si doveva se questo ne aveva maturate in sé l'esigenza e la convinzione. Si dava, d'altra parte, la possibilità di una diversa risposta. Se si fosse ammesso che c'erano peccati di natura tale che pentirsene non era concesso a chi avesse soggiaciuto a essi, ne sarebbe derivato che anche la libertà e l'onnipotenza di Dio subivano un limite non valicabile; che, poiché con queste non era compatibile e non poteva perciò essere ammesso, anche la possibilità del pentimento avrebbe dovuto, per coerenza, essere affermata e difesa, quale che fosse, o fosse stata, la natura del peccato che ne era oggetto. Formulata in questi termini, la risposta sarebbe stata ineccepibile. Ma stava tuttavia di fatto che, come già si è notato, soltanto i peccati puniti nei gironi che, nell'Inferno, andavano dal secondo al quinto, avevano il loro riscontro in quelli espiati sulle sette balze del Purgatorio. Gli altri, e sono quelli dai quali si sosteneva che più Dio riceveva offesa, non vi erano compresi. Poteva, e doveva, dedursene che, non trovando luoghi che nel Purgatorio fossero idonei ad accoglierli, in tanto non vi erano rappresentati in quanto, dagli omicidi ai traditori dei propri benefattori, a chi si fosse macchiato dei relativi peccati non avrebbe potuto esser riconosciuta e concessa la possibilità di pentirsene? In linea di principio, e lo si è già notato, l'impossibilità che di certi peccati fosse concesso di pentirsi avrebbe importato l'ammissione di un limite imposto, non soltanto alla libertà morale del peccatore, ma, ed è ovvio, anche all'onnipotenza divina. Messa in termini teologici e filosofici, la questione, dunque, era seria, non si poteva aggirarla. Quei termini ne impedivano la soluzione: donde la discrasia che, per que-

sta parte, si determinava fra la struttura dell'Inferno e quella del Purgatorio, più ristretta quest'ultima, molto più ampia la prima; e, con la discrasia, la constatazione che, rispetto a quello dei peccati ammessi alla purificazione purgatoriale, assai più alto era il numero degli altri che, non essendo passibili di pentimento, inesorabilmente erano destinati all'eterna pena infernale. Che Dante pensasse e, soprattutto, sentisse così, non sorprende. La pietà, nell'*Inferno*, è un sentimento soggettivo del *viator*, e non insorse, in modo esplicito, se non dinanzi a Francesca. Nei confronti degli altri ci può essere sorpresa, qualche volta affetto o ammirazione. Ma i peccatori restavano peccatori, e spesso Dante li odiava.

46. La struttura del Purgatorio, conviene ripetere, è meno rigida di quella dell'Inferno; e anche, per certi riguardi, più incerta. Ma per ragioni intrinseche, non estrinseche, interne, non esterne alla natura della cosa. Come si è già osservato, nell'Inferno le anime dannate occupavano il luogo a cui erano state destinate da Minosse, e non c'era alcuna possibilità che da un girone passassero a un altro. La loro collocazione aveva il suo certo riscontro nel luogo a cui erano destinate: dove il giudice infernale aveva deciso che andassero, là andavano per rimanervi in eterno. L'Inferno era il regno dell'inesorabile, dell'incontrovertibile, del necessario che non ammetteva disguidi. Nel Purgatorio la situazione si presentava con altri caratteri: non perché esso fosse, per eccellenza, un luogo di transito, non perché, a loro modo, per il tramite della penitenza a cui erano sottoposti, anche i suoi abitanti andassero cercando libertà, o non solo per questo, ma per la diversa ragione che, se, con la spiaggia dove era collocata e coll'erta salita che conduceva ai suoi sette gironi concentrici, la montagna che ne costituiva il luogo offriva una fisionomia nettamente definita, non altrettanto avrebbe potuto dirsi per le modalità delle pene che vi si soffrivano, e per quelle della loro attuazione. L'asserzione dev'essere chiarita nel suo significato; e ora si cercherà di far vedere perché si sia detto così.

Nel canto decimosettimo che, ai vv. 82-139, offre una descrizione dell'ordinamento morale del Purgatorio corrispondente a quella che, nell'undecimo dell'*Inferno*, era stata fornita della struttura penitenziale del regno del male, Dante esordì con una domanda rivolta a Virgilio: «dolce mio padre, di', quale offensione/ si purga qui nel giro dove semo?». La domanda era in ogni senso legittima perché, giunto al sommo della scala che dal girone degli iracondi conduceva al successivo, Dante ignorava bensì quali anime vi avrebbe trovate, ma non che ve ne avrebbe trovate in atto di espiare le loro colpe. Nei tre gironi precedenti aveva incontrato i superbi, gli invidiosi, gli iracondi, e ora aveva messo il piede su quello degli accidiosi che, nell'*Inferno*, erano, nel quinto cerchio, uniti agli iracondi e non, come qui, divisi da essi. Ma, rispondendo con brevi parole alla domanda specifica che gli era stata rivolta («l'amor del bene scemo/ del suo dover quiritta si ristora»),[138] da questa definizione Virgilio aveva preso lo spunto per svolgere, in alcuni suoi tratti, una teoria generale dell'amore e per delineare il criterio in ragione del quale le anime erano ripartite nei gironi del monte, senza tuttavia, occorre dire subito, ritenere di dover spiegare per quali vie dovessero arrivarvi, e se dovessero percorrerne una che, necessariamente, era quella, e altre non se ne dessero. Insomma, aveva lasciato in sospeso, o non aveva ritenuto di dover chiarire, se quella via si dovesse percorrerla in tutta la sua estensione, dall'inizio al luogo in cui terminava, e questo fosse, per le anime, l'unico modo di pervenire al vertice del monte, o se si dessero altre possibilità, l'ascesa non fosse di necessità legata a quella regola e anche in altro modo potesse realizzarsi. In effetti, la teoria dell'amore che Virgilio aveva esposta a Dante aveva bensì mostrato come alle sue interne differenze corrispondessero i diversi atteggiamenti peccaminosi puniti e espiati nel Purgatorio, ma senza fornire chiarimenti sul punto che, viceversa, seguitava a restare oscuro, e cioè sui modi in cui concretamente l'espiazione si realizzava. Si sa che la teoria esposta da Virgilio nel canto decimosettimo ebbe uno svolgimento essenziale all'inizio del successivo, nel quale, fra le altre cose, senza nominarne l'autore, Dante aveva risposto alla tesi ragionata da Cavalcanti negli ardui versi di *Donna me prega*. Poiché, tuttavia, di questo si è parlato altrove,[139] qui converrà concentrare l'attenzione sui versi conclusivi del canto decimosettimo, che, per la loro intelligenza, non presentano particolari difficoltà, e, al di là di qualche asprezza stilistica, sono di piana comprensione. Dopo aver posto come premessa che «né creator né creatura mai/ [...] fu sanza amore, o naturale o d'animo», e che il primo «è sempre sanza errore, / ma l'altro puote errar per malo obietto/ o per troppo o per poco di vigore» (vv. 91-96), Virgilio aveva aggiunto che «mentre ch'elli è nel primo ben diretto», e cioè è rivolto a Dio, e «ne' secondi», ossia riguardo ai beni mondani, «sé stesso misura», «esser non può cagion di mal diletto» (vv. 97-98). Se, tuttavia,

138. *Pg* XVII 86.

139. Cfr., in proposito, quel che ho scritto nel sesto capitolo del mio *Dante, Guido e Francesca*, Roma 2008, pp. 141-171.

smarrita la giusta misura, «al mal si torce, o con più cura/ o con men che non dee corre nel bene,/ contra 'l Fattore adovra sua fattura» (vv. 100-102), e a lui perciò reca offesa e dispiace. Il che, per un verso faceva intendere perché, essendo negli uomini «sementa [...] d'ogni virtute», anche, per un altro, l'amore lo fosse «d'ogne operation che merta pena». Se, d'altra parte, «mai non può da la salute/ amor del suo subietto volger viso» e «da l'odio proprio son le cose tute», se altresì è impossibile che ogni essere si rivolga con odio al primo essere, e cioé a Dio, doveva essere chiaro che «'l mal che s'ama è del prossimo», e che questo «amor nasce in tre modi nel vostro limo» (v. 114). Si trattava, infatti, di un amore «triforme». La prima forma aveva la sua radice nella speranza che chi avesse potuto dar ombra a qualcuno fosse soppresso, in modo che a questo solo fosse dato di grandeggiare. Donde la superbia. La seconda derivava dal timore di «perder perch'altri sormonti», e si chiamava invidia. La terza si rendeva percepibile nell'incapacità di sopportare un'ingiuria ricevuta e nella conseguente dismisura della reazione, ossia dell'ira che possiede e rende schiavo chi se ne lasci vincere. Con questa triplice distinzione Virgilio aveva definita la natura dei peccati da cui, in vita, erano state oppresse le anime che avevano incontrate nei tre sottostanti gironi, e della cui natura era stato richiesto da Dante: «se lento amor a lui veder vi tira,/ o a lui acquistar, questa cornice,/ dopo giusto penter, ve ne martira» (vv. 130-132). A questo punto, la descrizione dei peccati espiati sulle cornici del Purgatorio, e direttamente osservati da Dante, poteva dirsi completa. Aggiungendo, a quello dove attualmente si trovavano, i tre già visitati con Virgilio, e i tre ai quali sarebbero via via pervenuti, i gironi erano sette, ossia tanti quanti erano i peccati contati da Gregorio Magno nel trentaduesimo dei *Moralia*, ma non, per esempio, da Tommaso, il quale, nel *De malo* aveva osservato che i *principalia vitia* sembravano sì essere sette, ma non lo erano. «Capitalia vitia videntur dici ex quibus alia oriuntur. Sed omnia vitia oriuntur ex uno vitio vel duobus: dicitur enim *I ad Tim*. VI: 'radix omnium malorum cupiditas' et *Eccli.* X dicitur: 'initium omnis peccati superbia'. Ergo non sunt septem vitia capitalia» (q. 8, a. 1). Per Dante, invece, che non aveva ritenuto, in quella sede, di seguire le sottili distinzioni e disquisizioni di Tommaso, questo era il loro numero, sì che all'elenco che fin lì ne aveva fornito, a lui non restava se non di aggiungere il peccato che nasceva dal troppo amore nutrito per i beni mondani. Era il peccato dell'accidia, del quale tuttavia in quell'occasione Virgilio avrebbe taciuto, «acciò che tu», diceva rivolto a Dante, «per te ne cerchi» (v. 138).

47. Così, procedendo di questione in questione, siamo tornati in vista di quella che si delineò all'inizio a proposito del rapporto che, più o meno saldamente, connette la qualità dei peccati espiati sulle cornici del Purgatorio alla natura di queste: ossia se ciascuna fosse disposta a ricevere le anime che, per espiare il loro peccato predominante, vi erano destinate dopo aver esaurito il tempo trascorso ai piedi della montagna, e nell'Antipurgatorio, o se, di tempo in tempo, ciascuna dovesse ospitare tutti i peccatori che, oltre quello principale, anche di altri peccati si fossero macchiati. Detto in altri termini. La questione era se, essendo destinata a scontare sul conforme girone il suo peccato principale, l'anima penitente vi accedesse direttamente e, nel segno di questo, si purgasse anche di quelli ai quali altri gironi erano destinati, oppure se la cosa andasse in altro modo, e quella vi accedesse bensì, ma non prima di aver soggiornato, se non su tutti, almeno su alcuni, il tempo necessario a purificarsi anche di quelli che si erano accompagnati al suo principale. Che la questione si ponesse è indiscutibile, e detto questo, poco il testo consente di aggiungere. La situazione strutturale del Purgatorio si conferma, infatti, in alcuni punti, e a questo riguardo, così poco definita che a dirne di più si incontrerebbe una difficoltà non superabile. La si incontrerebbe, infatti, anche nel caso in cui si dovesse rispondere in modo perentorio alla semplice domanda se, invocando preghiere atte ad abbreviare la loro attesa, sia per le anime dell'Antipurgatorio, in attesa di essere ammesse sul monte, sia per quelle che già vi avevano trovato posto, l'ascesa potesse essere agevolata in modo decisivo e, in certo senso, inaspettato (è il caso di Forese). Poiché su questo punto il testo non parla sempre con la stessa voce, la conseguenza che se ne trae è necessariamente non univoca. Alla conclusione secondo la quale, ogni anima doveva percorrere intera la scala che, gradino dopo gradino, conduceva al vertice del monte, non senza buoni motivi si contrapponeva quella secondo cui, se non per tutte, per alcune anime l'ascensione o era abbreviata da un imperscrutabile decreto divino, o avveniva in modo soltanto interiore, nel senso che, raggiunta di colpo la balza che conveniva al suo peccato, di lì, senza che altre fermate le fossero richieste, essa compiva la sua emendazione e perveniva sulla cima del Purgatorio.

48. La questione relativa al modo in cui le anime pervenivano al girone sul quale dovevano scontare la pena richiesta dal loro specifico peccato, resta, dunque una questione. Se si considera che i sette gironi erano cia-

scuno consacrato a un peccato diverso dagli altri, non andava senza difficoltà l'idea che un'anima destinata a un girone, dovesse necessariamente cominciare la sua ascesa dal primo, al quale quindi tutte le anime dovevano previamente accedere e sostarvi alquanto. Forse anche per le difficoltà a cui questa idea metteva capo, Dante evitò di porre la questione in termini rigidi, e, lasciandola aperta a diverse possibilità interpretative, senza, forse, nemmeno averne l'intenzione, indusse il lettore a intendere che, nel fondo del suo pensiero, erano rimaste operanti due prospettive della purificazione purgatoriale, diverse fra loro e tali che, con pari forza, si dividevano il campo. Una era quella per la quale, al pari di lui e della sua guida, le anime purganti erano tenute a scalare il monte del Purgatorio e, dopo aver soggiornato sui vari suoi gironi, ma più a lungo su quello relativo al loro peccato preminente, pervenivano all'ultimo, anche in questo caso restando tuttavia incerto se tutte dovessero entrare e fermarsi nel Paradiso Terrestre per essere sottoposte ai lavacri di Matelda. L'altra era quella che, escludendo che le anime fossero costrette a scalare il monte girone dopo girone, prevedeva che la purificazione di tutti i peccati, di cui ci si fosse macchiati nel corso della vita, dovesse compiersi sul girone a cui ciascuna era destinata dal principale di essi; e lasciava intendere che al luogo della pena esse sarebbero pervenute in virtù di una disposizione divina che non prevedeva un realistico salire.

Che, per sé stesso e la personale ascesa che compiva del Purgatorio, Dante avesse previsto che, col «punton de la spada» l'angelo portinaio gli incidesse sulla fronte sette P che, corrispondenti ai sette peccati espiati nei sette gironi, gli sarebbero, via via, stati cancellati quando li avesse raggiunti, è idea indiscutibilmente legata all'eccezionalità dell'impresa che lo vedeva protagonista; e anche, com'è ovvio, a quella dell'ascesa purificatrice realizzata attraverso la fisica scalata, girone dopo girone, della montagna. Era ben comprensibile che l'uomo che, da vivo, entrava nel Purgatorio per raggiungerne la cima e di lì, di cielo in cielo, salire fino a Dio, dovesse lavare via le impurità che gravavano sul suo corpo mortale, e che, scandita dal superamento che, via via, faceva dei gironi, la sua purificazione fosse fatta coincidere con la fisica, come s'è detto, progressione dell'ascesa. Di lì, tuttavia, non si ricava che, coincidente con la successiva cancellazione dei sette P e con il significato simbolico di questa,[140] il rito della purificazione valesse anche per

140. Per la simbologia dei sette P il rinvio è a *Ez* 9, 4 e a *Apc* 7, 3: e cfr. Inglese, *Purgatorio*, p. 131.

le anime, e che queste fossero tutte tenute a scalare la montagna al modo di Dante e di Virgilio: i quali, in effetti, che altro modo avrebbero avuto, al di fuori di questo, di percorrere in tutta la sua estensione, la linea ascendente del monte? Si può ritenere che dal rito esse fossero escluse non perché il loro era un corpo aereo e non carnale (anche l'ombra «organa poi/ ciascun sentire infino a la veduta»),[141] ma per la diversa ragione che, a differenza di quel che si richiedeva a Dante, che era, non ombra ma uomo vivo, la loro purificazione era affidata alle sofferenze, in primo luogo morali, che avrebbero patite nel Purgatorio, e al tempo che queste erano destinate a durare: sì che, se per l'uomo vivo, quei segni valevano in un senso, per le anime ne avrebbero, comunque, avuto e indicato uno diverso, con l'altro non coincidente. Per Dante, la purificazione aveva nell'ascesa fisica lo strumento della sua realizzazione; e altro strumento non c'era. Per le anime la purificazione, e quindi, in senso figurato, l'ascesa, si realizzavano, e potevano comunque realizzarsi in modo diverso da quello fisico: per esempio, nella complessa sofferenza, del resto non solo morale, che esse pativano sul girone a cui erano destinate, nonché su quelli via via superati, in una vicenda che, come fu per Stazio, poteva durare secoli e secoli.[142]

La questione, che non è di quelle inutilmente proposte se, dal modo in cui la si intende e la si prospetta la struttura morale del Purgatorio riceve un carattere o un altro, non trovò, d'altra parte, la sua soluzione nel ventesimoprimo della seconda cantica. Dalle parole di saluto e di augurio che, nel vederlo, Virgilio gli aveva rivolte («nel beato concilio/ ti ponga in pace la verace corte/ che me rilega ne l'etterno essilio»),[143] Stazio, che in Dante

141. *Pg* XXV 101-102. Il testo prosegue così: «quindi parliamo e quindi ridiam noi,/ quindi facciam le lagrime e sospiri/ che per lo monte aver sentito puoi» (vv. 103-104). Cfr., al riguardo, S. Gentili, *'Quindi parliamo, quindi ridiam noi' (Pg XXV, 103): piacere e dolore delle anime nella 'Commedia' di Dante,* in *Piacere e dolore. Materiali per una storia delle passioni nel Medioevo*, a cura di C. Casagrande e S. Vecchio, Firenze 2009, pp. 149-169, e P. Falzone, *Filosofia e teologia nel canto XXV del 'Purgatorio'*, in «Bollettino di italianistica», n.s., 3 (2006), pp. 41-72. Ma si veda anche Inglese, *Purgatorio*, pp. 312-313.

142. *Pg* XXI 67-68: «e io, che son giaciuto a questa doglia/ cinquecento anni e più...». Non so donde il Busnelli, *L'ordinamento morale del Purgatorio dantesco*, p. 11, abbia ricavato che «Stazio stette al Purgatorio più di dodici secoli, i primi tre fuor della porta di S. Pietro o ne' primi cerchi; degli altri nove quattro tra gli accidiosi e cinque tra gli avari». È evidente che, mettendo insieme alcuni dati ricavati dai canti ventesimoprimo e ventesimosecondo, il Busnelli si è dottamente sostituito a Dante, ha colmato le lacune e ha dettato i tempi del percorso purgatoriale di Stazio.

143. *Pg* XXI 16-18.

non aveva riconosciuto un uomo vivo, aveva ritenuto che i due fossero «ombre che Dio sù non degni» (v. 20). E quello allora aveva dovuto spiegargli la ragione del loro essere là. Aveva dovuto avvertirlo che Dante era uomo vivo, che lassù non avrebbe certo potuto salire, «però ch'al nostro modo non adocchia» (v. 30), senza l'aiuto di una guida, e che comunque di compiere quell'impresa e di «regnare» con i «buoni» era degno, come si sarebbe accorto se avesse guardato «i segni» che l'angelo gli aveva profilati sulla fronte. Dal modo in cui i vv. 22-23 sono congegnati («i segni/ che questi porta e che l'angel profila») parrebbe che si potesse ricavare che al «gentil portinaio» quel gesto fosse abituale, e che non c'era ombra che, comparendogli davanti, non dovesse esserne, e non ne fosse, segnata. Se tuttavia si considera che apparteneva alla sua natura di conoscere in Dio quel che gli accadeva davanti, e che necessariamente, quindi, l'angelo sapeva che Dante non era un'ombra, può ritenersi che dipendessero dalla consapevolezza che egli aveva dell'eccezionalità del caso sia l'incisione che, con la spada, aveva eseguita sulla sua fronte dei sette P, sia le parole spese per avvertirlo che «di fuor torna chi 'ndietro si guata». Non sembra infatti che quel monito potesse essere rivolto ad altri che a Dante e che, una volta ammesse nel Purgatorio, alle anime fosse, per una ragione connessa al loro comportamento, dato di tornare indietro e riprendere la loro vita peccaminosa, alla quale solo sulla terra, e da parte di vivi, si sarebbe potuto ritornare. Per le anime, tornare indietro non avrebbe significato se non riprendere il loro posto sul pendìo che conduceva alla porta del Purgatorio e disporsi nell'attesa di essere di nuovo ammesse nel luogo dal quale esse stesse, e non si capisce per quale ragione, avrebbero dovuto, o voluto, escludersi ora che, per volontà di Dio, era venuta l'ora in cui il loro percorso purgatoriale era sul punto di cominciare. Non c'è infatti nessun indizio che questa retrocessione potesse aver luogo e la conseguente duplicazione dell'attesa le riguardasse. Per le anime che fossero state ammesse a intraprenderlo, il percorso purgatoriale poteva esser sì reso più breve dalle preghiere dei vivi. Ma che ammettesse disguidi e deviazioni e retrocessioni, era impensabile. Insomma, l'avvertimento dell'angelo poteva andar bene per Dante che, essendo vivo, era bene in condizione di interrompere, non riuscendo a sostenerla, la fatica dell'ascesa e di tornare a peccare sulla terra. Per le anime, si ripete, no. I tempi dell'attesa al di qua e al di là della porta erano segnati e imposti dalla decisione divina; e per l'anima che fosse stata sottratta all'Inferno e, a partire dal suo arrivo alla foce del Tevere, fosse stata destinata a percorrere le due fasi del suo soggiorno nel Purgatorio, non sussistevano volontà e libertà che potessero resistere alla necessità di un processo che, come le avrebbe condotte, a tempo debito, a vedere il volto di Dio, così non prevedeva se non questa direzione e che quanto era stato deciso accadesse. Ne consegue che, se l'avvertimento relativo all'impossibilità di tornare indietro riguardava Dante, e non poteva riguardare se non lui che, poiché era vivo, poteva esercitare, nel segno della viltà, il suo libero volere, ci sono buone ragioni per credere che anche il gesto compiuto dall'angelo per incidergli sulla fronte i sette P fosse riservato a lui che, non essendo un'anima, da quel segno era abilitato ad entrare in un luogo che ai vivi non era concesso di visitare.[144] Che poi, il viaggio di

144. Contro questa tesi può addursi il già citato *Pg* XXI 22-24: «se tu riguardi i segni/ che questi porta e che l'angel profila,/ ben vedrai che coi buoni convien ch'e' regni». Furono questi versi, a indurre F. D'Ovidio, *Studii sulla Divina Commedia*, Mlano-Palermo 1901, che prima aveva escluso che l'incisione riguardasse altri che Dante (p. 241 n. ), a dubitare dell'esclusione e poi (p. 582) a convincersi del contrario (cfr. anche il suo *Il Purgatorio e il suo preludio*, pp. 311-312), meritandosi per questo il plauso del Busnelli, *La concezione dantesca del Purgatorio*, p. 71. Sono soprattutto le parole «e che l'angel profila» che, riferendosi a Dante, ma non, necessariamente, a lui soltanto, potrebbero far pensare che al rito dei sette P dovessero partecipare tutte le anime che si presentavano davanti alla porta del Purgatorio; e così giudicarono M. Barbi, *Problemi di critica dantesca*, I, Firenze 1934, p. 229, e quindi Porena, *Purgatorio*, pp. 89 e 202, Sapegno, *Purgatorio*, pp. 101 e 234, mentre a Inglese, *Purgatorio*, p. 131, sembrò che il dubbio potesse risolversi in senso positivo alla luce di XXI, 22-24 (e cfr. p. 263). Non può non osservarsi che i segni che «l'angel profila» sono specificamente indicati da Virgilio sulla fronte di Dante («che questi porta»), in modo tale che il «profila» potrebbe, senza far violenza al testo, che resta comunque ambiguo, intendersi come «ha profilato». Diversamente mi pare che intenda C. Calenda, *Purgatorio IX: le forme del sogno, i miti, il rito*, in «Rivista di studi danteschi», 1 (2002), pp. 297-298. In realtà, è proprio l'obiettiva ambiguità delle parole in questione a non giustificare la certezza che, secondo il D'Ovidio, tutte le anime dovessero ricevere quel segno; e qui non riprendo la questione concernente l'avviso relativo all'impossibilità di tornare indietro, perché nel testo ne ho detto quel che bastava. Aggiungo che, nell'affresco di Domenico di Michelino, che si trova in Santa Maria del Fiore a Firenze, e che ritrae la montagna del Purgatorio e Dante che la illustra, la spada dell'angelo è puntata sulla fronte della prima delle figure penitenti che si dirigono verso la porta, e fra le quali Dante non è compreso, mentre, per es., nella figura che adorna il ms. Palatino 313, c. 101 r, della Biblioteca Nazionale Centrale di Firenze, l'angelo tiene la spada dritta e parallela alla figura. Ma per decidere quale autorevolezza debba riconoscersi al dipinto di Domenico di Michelino, se quel gesto implichi una specifica intenzione esegetica e non ne sia invece privo, occorrerebbe sapere donde e da chi l'autore avesse tratto la sua interpretazione: il che richiede un'apposita ricerca, dalla quale comunque non risulterebbe provato che quella sola abbia diritto di cittadinanza. Sta di fatto che non c'è prova positiva che i P fossero incisi sulla fronte di tutte le anime penitenti; e gli argomenti esposti in contrario conservano, perciò, intatta la loro validità. Non fornisce elementi utili al chiarimento della questione quel

Dante essendo il frutto della decisione di Dio, non fosse pensabile che egli «allettasse» viltà, e si volgesse indietro, non significa che a lui non fosse dato di avvertire dentro di sé lo sgomento che l'esperienza che si accingeva a compiere gli procurava. Era un uomo vivo. Era perciò ben naturale che, dinanzi all'angelo e ai tre gradini che conducevano alla sua sedia, «divoto» si gettasse «a' santi piedi» chiedendo misericordia[145] e compiendo il rito della penitenza. Era ben naturale che il suo essere comunque destinato a scalare il monte fino alla cima, avvenisse con una modalità penitenziale che alle anime, in tanto non era richiesta, in quanto, da che, per esse, aveva avuto inizio il cammino purgatoriale, il rito della penitenza era attuato nei momenti che, per ciascuna, segnava il tempo del loro procedere. Su questa differenza è necessario insistere, e darne le ragioni; e aprire, quanto meno, una questione che non risulta sia stata avvertita e abbia ricevuto, nell'esegesi, alcun risalto.

49. Che, tuttavia, questione dei sette P a parte, l'idea che le anime dovessero compiere sulle pendici del Purgatorio un percorso analogo a quello in cui era impegnato lui, fosse presente a Dante, e a essa talvolta si riferisse, è innegabile. Lo si deduce, non tanto dal monito che, rivolto da Catone alle anime perché corressero «al monte a spogliar*s*i lo scoglio» che non consentiva che a esse Dio fosse «manifesto», può essere interpretato sia nell'una sia nell'altra direzione, quanto piuttosto dai versi che si leggono nel ventesimoterzo del *Purgatorio* e che, essendo stati ricordati all'inizio, è giunto il momento che li si sottoponga a una più stretta esegesi. Come si ricorderà Dante si era meravigliato che, essendo morto da soli cinque anni, Forese si trovasse nel sesto girone del monte e fosse perciò assai più vicino al punto più alto che non al più basso della scala purgatoriale. La meraviglia, d'altra parte, nasceva dalla precisa nozione che egli mostrava di avere, non tanto, o non soltanto, del tempo che le anime impiegavano a giungere alla meta, quanto piuttosto della lenta gradualità del loro avvicinarsi a essa. Converrà di nuovo avere sotto gli occhi la domanda che egli formulava: «se prima fu la possa in te finita/ di peccar più, che sovvenisse l'ora/ del buon dolor ch'a Dio ne rimarita, / come se' tu qua su venuto ancora?/ Io ti credea trovar là giù di sotto/ dove tempo per tempo si ristora» (vv. 79-

che si legge in E. Raimondi, *Metafora e storia. Studi su Dante e Petrarca*, Torino 1970, p. 116 n. 1. e in E.H. Kantorowicz, *I due corpi del re. L'idea di regalità nella teologia politica medievale*, tr. it., Torino 2012, pp. 479-480.

145. *Pg* IX 109-110.

84); e quindi la risposta di Forese: «sì tosto m'ha condotto/ a ber lo dolce assenzo d'i martiri/ la Nella mia: con suo pianger dirotto,/ con suoi prieghi devoti e con sospiri/ tratto m'ha de li altri giri./ Tanto è a Dio più cara e più diletta/ la vedovella mia, che molto amai,/ quanto in bene operare è più soletta» (vv. 85-93). A giudicare da questo scambio di domande e risposte, la ragione per la quale, dopo così pochi anni dalla morte, Forese si trovava tanto in alto sulla scala, era da indicare in un'eccezione che la regola aveva subìta. Un'eccezione che, certo, il sistema penitenziale prevedeva, e che non avrebbe perciò suscitata una troppo grande meraviglia in chi avesse considerato che a determinarla erano state la grazia di Dio e le preghiere che a lui erano state rivolte perché rendesse più breve il tempo dell'attesa, ma che, all'interno di quel sistema, era pur sempre l'eccezione di una regola che, per sé stessa, prevedeva non tanto la velocità, quanto piuttosto la lentezza e, con queste, anche altro. Doveva infatti intendersi che, nel caso di Forese, l'attesa era stata abbreviata sia nel tempo da lui trascorso sulla «costa ove s'aspetta» (v. 89), sia nella scalata del monte; che, a tal punto era stata rapida che, di colpo, dal basso egli era stato innalzato fino alla penultima cornice. Che cosa se ne deve dedurre? La questione deve essere esaminata sotto due distinti profili, relativo il primo al tempo che Forese aveva trascorso nell'Antipurgatorio, e che, ascoltate da Dio, le preghiere della consorte avevano fatto in modo che fosse drasticamente abbreviato; relativo, il secondo, a quello che la sua anima aveva impiegato per giungere al penultimo girone. In che modo vi era giunto? Scalando in modo velocissimo, dopo esser stato rapidamente ammesso al monte, i suoi primi cinque gironi e trovando posto su quello che al suo preminente peccato conveniva? Oppure pervenendovi direttamente, senza mai aver posato il piede sui precedenti? In entrambi i casi, a determinare la sua ascesa sarebbe stata una disposizione provvidenziale, o, se si preferisce, un intervento speciale della grazia di Dio; che, nel primo, avrebbe comportato, su ciascun girone, una sosta brevissima, e comunque una vera e propria scalata, nell'altro una specie di salto miracoloso, un volo che dall'Antipurgatorio l'avrebbe condotto al girone, a lui riservato, dei golosi. Ferma restando, l'estrema velocità, erano due ipotesi diverse. La prima implicava la scalata e il soggiorno, anche se brevissimo, su ciascuno dei gironi raggiunti. La seconda che, la meta fosse stata raggiunta con un salto miracoloso.

50. Si tratta, certo, di questioni minute; e possono facilmente dare l'impressione della futilità a chi sia persuaso che non accadrebbe niente di

irreparabile se dovesse constatarsi che, salto o ascesa graduale, quella delle anime era comunque un'ascesa realizzata in modi che, forse, erano due e non lo stesso modo, e non di meno si compivano per il tramite di, e coincidevano con, una purificazione che, visibile o no che fosse in un'ascesa fisicamente rappresentabile, era pur sempre pensata come il faticoso salire di un'anima che doveva conoscere una seconda morte, quella della peccaminosità espiata, per potersi presentare pura al cospetto di Dio. Chi può dubitarne? Ma, non per puntigliosa fedeltà a ciò che altri potrebbe giudicare superfluo e assegnare alla classe delle questioni oziose, dovrà tuttavia avvertirsi che la distinzione fra ascesa graduale e salto si rivelerebbe essa stessa insufficiente a definire la questione, una volta che si fosse capito che, se l'ascesa graduale non è un salto, questo è pur sempre un'ascesa eseguita con la particolare modalità segnata dai gradi della sua realizzazione; che può essere più o meno veloce, salvo che, salto o ascesa, resta pur sempre un'ascesa che, attraverso i suoi gradi, realizza una progressiva purificazione. È evidente, per altro, che, dopo averla posta, sulla questione conviene non insistere, e seguire l'esempio di Dante che, avendo notato con meraviglia che, a soli cinque anni dalla morte, Forese Donati si trovava sulla penultima balza del monte, non aveva indugiato a descrivere le modalità di un'ascesa che, anche se la si poteva definire «salto», era, e rimaneva, pur sempre un'ascesa. Esempio, tuttavia, non privo anch'esso di pericoli. Avrebbe infatti potuto esporlo all'obiezione che la penultima posizione non era l'ultima e che, comunque, pervenuto con grande velocità al girone dei lussuriosi, non era detto che quel personaggio non dovesse poi sostarvi per molti secoli! Critica meritata, dopo tutto, da chi, essendosi impegnato nella laboriosa impresa di dare una riconoscibile struttura all'Inferno e al Purgatorio, si era dimenticato di riservarvi un posto ai critici zelanti.[146]

146. E un altro, eventualmente ai critici affetti dal morbo della volgarità, per i quali la ragione che convinse Dante a collocare Forese nel girone dei golosi è da ritrovare nel suo desiderio di osservare in lui quella specie di «contrappasso» per il quale l'uomo che in vita aveva a dismisura accresciuto il suo corpo con il troppo cibo che aveva ingerito, ora si trovava a essere tale che «da l'ossa la pelle s'informava» (*Pg* XXIII 249). In realtà, la ragione per la quale a Forese Donati Dante dedicò il canto ventiduesimo e i primi trentatré versi del successivo, è ben altrimenti seria. Rappresentando in Forese la metamorfosi della pinguedine in estrema magrezza, l'intento di Dante non fu di collocarlo nella posizione che potrebbe esser definita del goloso punito. Se solo di questo si fosse trattato, la rappresentazione del suo vizio avrebbe potuto essere eseguita anche se egli l'avesse incontrato «là giù di sotto/ dove tempo per tempo si ristora», e concedergli tanto spazio non sarebbe stato necessario. La ragione per la quale lo collocò nel sesto girone può e deve essere indicata, oltre che nella possibilità che gli offriva di

51. Questa «triforme» possibilità, 1) che, per le anime, l'ascesa fosse analoga a quella di Dante e di Virgilio, ma anche, e all'inverso, che non a questa fosse ispirata quella delle anime che, ascendendo, si purificavano, 2) che si trattasse, non di ascesa, ma di salto, 3) che questo fosse di diversa lunghezza (o, se si preferisce, altezza), – questa triforme possibilità resiste alla sua risoluzione in una delle tre ipotesi che la costituiscono e alla conseguente eliminazione delle altre due. Non si può escludere, ma nemmeno si può senz'altro ammettere, che le anime dovessero affrontare la fisica fatica dell'ascesa, per sostare poi più a lungo sul girone a cui le destinava il loro specifico peccato. Non si può escludere, ma nemmeno ammettere, che le cose andassero in senso opposto, e che al suddetto girone esse pervenissero direttamente, e lì, nel segno del più importante, scontassero anche i peccati che a quello facevano corona. A far prevalere l'idea che alle anime non incombesse l'obbligo di sostare anche su gironi diversi da quello a cui erano destinate, bastò forse che Dante si richiamasse al suo senso dell'ordine interno all'universo e che, con le debite differenze, il modello dell'Inferno, nel quale sarebbe stato impensabile che un dannato si trovasse in un luogo diverso da quello che il suo peccato gli aveva meritato, valesse anche per il Purgatorio. Bastò la considerazione che, in caso contrario, in ogni girone si sarebbe verificata una tale contaminazione e confusione di anime espianti che il peccato principale non avrebbe avuto, non si dice visibilità, ma spazio sufficiente alla sua propria penitenza e purificazione. Sullo stesso girone ci sarebbero state infatti anime espianti il loro specifico peccato, anime che, avendone già espiato uno nel loro, via via espiavano gli altri su quello (e poi sui successivi), e quindi, insieme a quelle che vi sostavano, anime che vi pervenivano e anime che lo lasciavano, di modo che, nei confronti della cavità infernale, il Purgatorio avrebbe presentato, su ciascun girone, linee e caratteri, non solo non a sufficienza definiti e netti, ma segnati, al contrario, da grave confusione, da un ininterrotto e caotico andare e venire.

mostrare, in un suo aspetto specifico ed estremo, la logica interna alla struttura del Purgatorio, nell'altra che gli consentiva di dare risalto a un momento della vita politica di Firenze che dal nome dei Donati aveva tratto uno dei suoi caratteri più drammatici. Il centro dell'episodio di Forese è nella dura condanna da lui pronunziata del fratello Corso, nella maledizione rivolta al suo nome. Di una materia così complessa, nella quale alla ragione teologica si aggiungeva quella politica, non era pensabile che si potesse dar conto nei pochi versi che all'amico di un tempo egli avrebbe dedicati se l'avesse incontrato nell'Antipurgatorio e la sua storia non fosse stata così intimamente intrecciata con quella di Firenze.

In effetti, dal senso dell'ordine che, come si è detto, era in lui, Dante dové essere indotto a escludere che, ogni anima essendo gravata da tutti e sette i peccati capitali, la espiazione di ciascuno avvenisse sui diversi gironi, e dunque non simultaneamente, ma in tempi diversi. Non era pensabile che a ciascun individuo umano appartenessero attualmente tutti e sette i peccati distinti e definiti nel modo che si è visto, e a lui tuttavia corresse l'obbligo di espiarli, in tempi successivi e nei luoghi a ciò deputati. Era un'ipotesi, questa, che sarebbe entrata in conflitto, non solo con l'idea della preminenza del peccato per il quale si davano superbi, invidiosi, iracondi e così via fino ai lussuriosi dell'ultima cornice, ma persino con quella che presiedeva alla loro distinzione e ne rendeva possibile l'analisi. Se i peccati capitali fossero, tutti e sette, stati attualmente compresenti in ciascun peccatore, si sarebbe determinata una situazione per la quale, non solo il superbo sarebbe stato, com'era certo possibile, anche lussurioso e invidioso e goloso, ma anche che l'avaro sarebbe stato prodigo e il prodigo avaro, in un senso diverso, quindi, da quello per cui, l'uno essendo il contrario dell'altro, a entrambi era assegnato lo stesso girone. Ancora: si sarebbe determinata la situazione per la quale l'accidioso sarebbe stato iracondo, e l'iracondo accidioso, in una confusione e contaminazione di attitudini che la distinzione dei rispettivi caratteri non prevedeva, e dalla quale sarebbe stata messa in seria difficoltà. Che si riesca a capire, Dante non si pose mai in termini espliciti la questione a cui qui si accenna. Se avesse pensato che i peccati si intrecciavano e si condizionavano a vicenda nell'animo umano, formandovi figure non riducibili l'una all'altra, non avrebbe distinto il Purgatorio in gironi, e la psicologia avrebbe prevalso sulla fisica. Non fu così, e la psicologia fu invece fisicizzata nella differenza posta tra le forme peccaminose dell'agire umano. Non si va perciò lontano dal vero se si pensa che, nei riguardi della loro distinta espiazione sulle balze del Purgatorio, egli forse pensava in termini analoghi a quelli a cui Tommaso aveva fatto ricorso quando aveva argomentato che se, in senso assoluto, non è vero che «ille qui in uno praecepto legis offendit tantum reatum incurrat quantum si omnia transgrederetur», vero è tuttavia che «quodammodo reatum incurrit pro contemptu omnium praeceptorum, non in omnibus sed in uno. Qui enim unum praeceptum contemnit, in tantum omnia praecepta contemnit in quantumm contemnit Deum, ex quo omnia praecepta auctoritatem habent».[147] Anche per Dante sarà stato vero

147. Thomae *de malo*, q. 2, a. 9.

che, nell'espiare il proprio preminente peccato sulle balze del Purgagorio, nel segno di questo ogni anima espiava anche gli altri che, poiché stavano in lei come in potenza, in quello erano attualizzati anch'essi, e altro, per la loro espiazione, non richiedevano. Il peccato rimandava ai peccati, e questi rientravano in quello.

52. Che, d'altra parte, e a dimostrarlo stanno i versi del canto di Forese, a Dante non fosse tuttavia estranea l'idea che l'espiazione purgatoriale si realizzasse mediante l'ascesa delle anime di girone in girone verso l'ultimo, è innegabile, e con le diverse potenzialità che includeva in sé nemmeno dal suo esempio era escluso: se il pianto e le preghiere di monna Nella non avessero consentito che, dopo solo cinque anni, il consorte si trovasse nel penultimo girone del monte, non avrebbe torto chi pensasse che, in assenza di quell'aiuto, a Forese sarebbe spettato, senza eccezioni alla regola della debita attesa, di cominciare l'ascesa dal basso, dove Dante aveva ritenuto che l'avrebbe incontrato. Del resto, che questa idea avesse le sue buone ragioni, è facile comprendere se si considera il carattere progressivo di ogni purificazione che solo per ragioni miracolose può, nell'atto del suo prodursi, bruciare in sé le fasi attraverso le quali è altrimenti necessario che passi per giungere alla sua realizzazione. Se nell'Inferno i peccati e le pene si rivelavano via via più gravi a misura che si scendeva nel luogo in cui Lucifero era imprigionato, nel Purgatorio, come si sa, accadeva il contrario. Ma a determinarvisi era, tuttavia, pur sempre un progresso che, nell'Inferno, procedeva nella direzione del «peggio», nel Purgatorio in quella del «meglio». A parte le pene, ma in modo conforme, i peccati vi si facevano infatti meno gravi a misura che si riduceva la loro distanza da Dio. Dal luogo in cui ci si emendava del più grave si perveniva a quelli nei quali erano puniti i peccati che, via via, lo erano di meno: e, fisica o no, questa era comunque un'ascesa, perché, come si è detto, anche il salto aveva i suoi gradi e, con la mente, ciascuno di essi poteva essere fermato nel suo luogo. Come si è già osservato, ma ora conviene ribadire, la lussuria era il primo peccato, e quindi il meno grave che, scendendo nell'Inferno, Dante avesse incontrato. Che lo ritrovasse al vertice del Purgatorio e lì stesse quindi al posto più alto, importava non che fosse il più grave, ma, al contrario, che fosse il più lieve. Se il cono che in figura geometrica simboleggiava il Purgatorio risultava capovolto rispetto a quello che simboleggiava l'Inferno, la collocazione in punti opposti dello stesso peccato ne veniva come conseguenza necessaria, ed era a conferma della speculare opposizione in cui l'Inferno,

o, meglio, la sua parte alta, stava nei riguardi del Purgatorio. Non è quindi senza significato che la barriera di fuoco che fasciava l'ultima cornice del monte alludesse tanto alla lussuria quanto alla purificazione, nella sua viva fiamma, di tutti peccati: quasi che, e già lo si è notato, nel suo proprio fuoco essa bruciasse anche sé stessa e in sé stessa mostrasse la sua propria trasfigurazione. Se tuttavia l'idea dell'ascesa progressiva, girone dopo girone (e sosta su ciascuno), non prese il sopravvento, non impose la sua logica, e a essa sembrò che Dante avesse sostituita l'altra secondo cui a ogni peccato capitale corrispondeva il girone dove quello, e solo quello, doveva essere espiato, è probabile che la ragione stesse nelle complicazioni alle quali si è accennato, e nella consapevolezza che egli ne ebbe. L'eliminazione di questo, che a lui dovette apparire come un irrimediabile *inconveniens*, non fu tuttavia sufficiente né a escludere l'altro rappresentato dalla necessità che, comunque, tutte le anime dovessero passare per la prova del fuoco purificatore e quindi, in un modo o in un altro, pervenire all'ultimo girone, né a impedire che, anche a questo riguardo, il discorso presentasse aspetti non in ogni senso conformi alla premessa.

Quando Dante mise il piede sull'ultimo girone del Purgatorio, vi trovò bensì i lussuriosi che, divisi nelle due schiere comprendenti coloro che avevano peccato per eccesso d'amore e quelli che l'avevano praticato contro natura, marciavano gli uni contro gli altri e così stabilivano un'opposizione in entrambi i suoi opposti rientrante tuttavia nella dimensione del peccato di lussuria, ma non le altre anime che avrebbero dovuto esservi pervenute poco prima di lui, ed esservi perciò presenti per sostenere la prova del fuoco e accedere al Paradiso Terrestre. A sua volta, quando vi fu giunto privo ormai della guida di Virgilio, egli non vi trovò se non Matelda che, dopo che ebbe fine la complessa processione allegorica che vi aveva avuto luogo, lo sottopose, ma, lui soltanto, ai riti della purificazione prima nelle acque del Letè, poi in quelle dell'Eunoè, nelle quali, «donnescamente», immerse anche Stazio. «Donnescamente», ossia per un impulso di femminile generosità, perché Stazio era già, a quel punto, un'anima del Paradiso, e di essere purificato non aveva quindi alcun bisogno.

53. Che quel che avvenne nel Paradiso Terrestre non concordi con quanto Dante aveva scritto nel canto decimoquarto dell'*Inferno*, è difficile negare. Lì, a conclusione del discorso che aveva riguardato la formazione dei fiumi infernali, a una sua precisa domanda Virgilio aveva risposto: «Letè vedrai, ma fuor di questa fossa,/ là dove vanno l'anime a lavarsi,/

quando la colpa pentuta è rimossa».[148] Di questo non c'è, nei canti finali del *Purgatorio*, alcun riscontro. A parte Matelda, e il suo difficile simbolo, e Dante che vi mise piede accompagnato da Stazio, nel Paradiso Terrestre non c'era nessuno. Le ragioni di questa che, nella struttura complessiva della *Commedia*, è, senza dubbio, una discrasia, o, che si dica, un'incongruenza, stanno forse in ciò che, quando scriveva il decimoquarto dell'*Inferno*, Dante assegnava bensì alle acque del Letè un simbolico significato di purificazione, ma non aveva ancora del tutto chiaro nella mente quello che doveva attribuire al suo ingresso nel Paradiso Terrrestre. Non aveva chiaro in mente che, entrandovi, avrebbe assunto il significato del nuovo Adamo, dal quale doveva avere inizio un tempo che non era il semplice prolungamento del primo, non era il tempo inaugurale di una nuova età della storia umana, ma era bensì quello in cui la storia che aveva preso le mosse dalla caduta del primo uomo avrebbe ceduto a un'altra, che non apparteneva più alla terra, e per sempre era sottratta alle sue dolorose vicende. Ma, sia che il tempo del nuovo Adamo fosse il tempo senza tempo della fine del tempo, e necessariamente, perciò, privo di uomini, sia che fosse il tempo di una nuova storia, in entrambi i casi egli, che le dava inizio, doveva essere solo. Da solo, quindi, doveva entrare nel Paradiso Terrestre; nel quale, se Matelda stava per una Eva purificata, si sarebbe realizzata, nei confronti del luogo che, per poche ore era stato abitato dal primo Adamo, una singolare inversione. Nel Paradiso Terrestre, nel quale Adamo era stato collocato da Dio, Eva era sopravvenuta in un secondo momento. Entrando in questo medesimo Paradiso, rimasto vuoto per tutto il tempo che la storia umana era durata, la situazione appariva invertita: il nuovo Adamo vi avrebbe trovata la nuova Eva che lì, non si sa da quando, era stata collocata da Dio. La prima Eva aveva perduto il Paradiso Terrestre che alla nuova era stato restituito prima che il nuovo uomo vi mettesse piede. Quale sia il significato di questa situazione simbolica, è difficile dire. Difficile, ma non impossibile. La presenza della donna che Dante mai nominò senza definirla «bella», significava forse che, mentre con la prima il primo Adamo era stato, dopo la caduta, condannato a generare figli che, fuori di quel luogo, sarebbero stati esposti alla sofferenza e alla morte, con l'altra il secondo avrebbe dato inizio a una nuova stirpe destinata a scrivere, non sulla terra, ma in quel giardino, la pagina di una diversa storia? Significava che, da donna, quale era stata, peccatrice, con il nome di Matelda Eva ora appariva

148. *If* XIV 136-138.

come colei che era, non solo purificata, ma anche destinata a purificare e a trasferire la storia umana in una dimensione che al tempo storico non apparteneva più? Se, come da altre pagine risulta,[149] chi scrive decisamente propende per questa interpretazione, che richiede un Paradiso terrestre non popolato da anime in attesa dell'ultima purificazione, su un punto tuttavia è necessario che non sorgano equivoci. Né nella prima cantica, né in documenti altri dalla *Commedia*, è contenuta la prova che fin dall'inizio Dante avesse pensato e rappresentato in sé stesso il nuovo Adamo, in Matelda la nuova Eva, e in entrambi avesse indicato i progenitori di una nuova umanità, sottratta alla storia che si svolgeva nel tempo e assegnata a una avente la dimensione dell'eterno. Ancora una volta deve ammettersi che del formarsi, in Dante, di questa consapevolezza, che non era all'inizio quale fu alla fine, non possediamo purtroppo un documento che, all'infuori della stessa *Commedia*, o, nascosto in essa e virtuosamente tratto alla luce, metta i suoi studiosi nella condizione di individuare il momento in cui, nel poema, il tema apocalittico della fine del tempo storico, cominciò a prender forma, a imporsi e anche a produrre, nella sua struttura, qualche discrasia e incongruenza. Come tutti sanno, non c'è un solo documento, che sia di natura privata, e non letteraria, in cui Dante dica qualcosa di sé, sollevi il sipario, consenta agli studiosi di spingere lo sguardo nel suo laboratorio e di dare un tempo alle differenze che pure nel suo poema sono presenti. Il momento apocalittico della *Commedia* si rende evidente nei canti finali del Purgatorio e, oltre che nel personaggio di Matelda, ha il suo documento nei momenti della processione mistica. Ma delle revisioni a cui è impossibile non pensare che, di tempo in tempo, egli sottoponesse un poema così complesso, delle modifiche che vi apportò, come dei mutamenti di tono, niente sappiamo di specifico al di là di quel che il testo stesso suggerisce alla varia sensibilità degli interpreti; e anche per quel che in particolare riguarda la revisione veronese della prima e della seconda cantica[150] non abbiamo nessun documento al di fuori di quello che testimonia dell'incongruenza che, a proposito del Paradiso Terrestre, si riscontra fra quel che, come si è visto, se ne diceva nell'Inferno e poi se ne disse nel Purgatorio. Ignorare la

149. Cfr. il mio saggio *Matelda nel suo contesto*, in *"Forti cose a pensar mettere in versi"*, pp. 279-382.

150. Petrocchi, *Il Purgatorio*, pp. 60-61, e, più ampiamente nel saggio *Intorno alla pubblicazione dell'"Inferno' e del 'Purgatorio'*, in *Itinerari danteschi*, Bari 1969, pp. 83-118. Ma cfr. anche G. Inglese, *Vita di Dante. Una biografia possibile*, Roma 2015, pp. 129-134.

discrasia, che al riguardo è innegabile, definendolo, secondo un costume che non deve esitarsi a giudicare ridicolo, come soltanto «apparente», significherebbe non capire che è anche per il loro tramite che può spingersi lo sguardo nel complesso lavoro che l'assegnazione di una struttura al primo e al secondo regno costò a Dante.

54. Il percorso esegetico compiuto fino a questo punto, e che ha avuto di mira, l'Antipurgatorio, il Purgatorio, la natura del primo, quella del secondo, nonché le ragioni per le quali quello fu premesso a questo, è stato lungo, ha toccato varie questioni, ha conosciuto la necessità che si producessero deviazioni verso strade secondarie. Giunti verso la fine dell'indagine, deve riconoscersi che, pur dopo le tante analisi che sono state richieste dal tentativo messo in atto per comprendere la struttura sia del Purgatorio, sia della zona che lo precede, la questione relativa al perché Dante credette che quest'ultima dovesse esser messa innanzi al monte dei martìri resta in sé stessa tutt'altro che chiara. L'analogia che da non pochi è stata notata fra l'Antipurgatorio e l'Antinferno si è mostrata troppo debole per poter sostenere il peso di quell'anticipazione, e non tanto produttiva di chiarimenti strutturali che ne riuscissero compensate le oscurità che, per contro, ne derivavano. Si è detto, qui su, che l'analogia che si è riscontrata fra queste due «realtà» è, in sostanza, una falsa analogia, e il giudizio richiede di essere confermato, ripetendo che il cosiddetto Antinferno apparteneva *pleno iure* alla cavità infernale, alla quale era interno anche se non ne costituiva un grado; sì che soltanto dal disprezzo che provava per la qualità del peccato che vi era punito Dante era stato indotto a tenerlo intenzionalmente separato dall'Inferno e a collocarlo al di qua dell'Acheronte. Altrettanto, invece, non potrebbe dirsi per l'Antipurgatorio, il cui territorio, a rigore, non apparteneva, o soltanto in parte poteva considerarsi appartenente al Purgatorio, se questo fosse stato identificato con la sua montagna, ma lo precedeva senza coincidervi. Al di là di ogni determinazione topografica, a tenerlo separato da questo era la porta che, sorvegliata dall'angelo guardiano, e collocata a una certa altezza del monte, si apriva solo se l'ordine fosse stato da lui ricevuto direttamente da Dio. A costo, dunque, di incorrere nel peccato di pedanteria, deve dirsi che il confronto che si istituisca fra Antinferno e Antipurgatorio rivela un'analogia imperfetta; che può essere sì confermata come analogia, ma solo se, ribadendone l'anzidetto carattere, se ne riduca l'ambito e, anche come analogia, la si consideri non coincidente con la sua idea. In effetti, se indeterminata era, nell'Antipurgatorio, la pena sofferta dalle anime che vi stavano in attesa, e

soffrivano di un dolore che in nessun momento a Dante accadde di definire come di natura specifica, non potrebbe dirsi che altrettanto indeterminata fosse quella degli «sciaurati che mai non fur vivi», che, nel terzo dell'*Inferno*, egli aveva definiti «spiacenti a Dio e a' nemici sui». Come a suo tempo si vide e si disse, i vermi e i mosconi che li tormentavano, i colpi rabbiosi che essi si scambiavano urlando, piangendo, bestemmiando, tutto questo configurava un supplizio che, quanto era tormentoso e osceno, di altrettanto era determinato in questo carattere; e se stava al di qua della tragica grandezza delle autentiche punizioni infernali, una punizione era anche quella che vi aveva luogo, meschina e sordida ma, per questo verso, ben raccoglibile in una definizione che rinviasse a pene infernali. Perché, dunque, se l'analogia riscontrabile fra quelle due zone era una soltanto relativa, e imperfetta, analogia, a un Antinferno che, a rigore non era tale, se della regione infera costituiva il necessario vestibolo, Dante fece seguire, nella seconda cantica, un Antipurgatorio che, alla resa dei conti, dava luogo piuttosto a problemi che non a soluzioni e al primo, comunque, assomigliava, in definitiva, assai poco? Le ragioni che, a suo tempo, avevano indotto Bernardo di Chiaravalle a presentare il Purgatorio come un'arma da usare contro l'eresia[151] potranno forse essere contate fra quelle che, condivise da lui, indussero Dante a farne il secondo regno e la seconda tappa del suo grande viaggio nell'aldilà: ma non sono certo identificabili in quelle che lo indussero a premettervi una zona che, pur essendo strada obbligata a esso, non apparteneva all'idea specifica che se ne aveva e alla rappresentazione che se ne dava. Se fu di Dante l'idea di identificare il Purgatorio con una montagna segnata da sette balze concentriche, più che mai sua fu quella di farlo precedere da un Antipurgatorio. Ma perché, si ripete, questa idea gli venne in mente? In realtà, sembra di poter dire che la ragione dalla quale fu persuaso a dare un così grande rilievo alla purgazione delle anime, la cui meta era costituita dal cielo e dalla contemplazione di Dio, stava in un'analogia non imperfetta, questa volta, ma suggestiva, che egli colse fra il paesaggio che si era offerto alla sua vista, dopo che fu uscito dalla selva, e l'altro che gli fu dato di contemplare quando, venuto fuori con Virgilio dalle tenebre dell'Inferno, posò il piede sul terreno in leggero pendìo che conduceva a un colle illuminato dai raggi del sole. L'analogia, ed è ovvio, non riguardava soltanto il paesaggio. In realtà, si istituiva fra, da una parte, lui che, essendo uscito prima dalla selva e quindi dall'Inferno, doveva raggiungere, nel primo caso, il colle, nel secondo, la

151. Le Goff, *La naissance du Purgatoire*, pp. 229 ss.

montagna del Purgatorio, e iniziarne l'ascesa, da un'altra le anime che, dopo essere state depositate sulla spiaggia dall'angelo nocchiero, si trovavano anch'esse dinanzi a una pianura che saliva verso le pendici della grande montagna che a Ulisse, che la guardava dal mare, era apparsa «bruna» per la distanza. Forte nel primo caso, l'analogia era fortissima, dalla parte di Dante, nel secondo. A lui pure che usciva dalla selva era apparsa, la prima volta, una terra dominata a non grande distanza da un colle che, illuminato dai raggi del sole, gli si rivelava come la meta alla quale avvertiva di dover dirigere il suo passo. L'analogia si era fatta perciò, nel caso che lo riguardava, più stringente. A Ulisse, deve ribadirsi, la montagna era apparsa «bruna»; e il colore scuro poteva ben essere interpretato come un presagio di morte, l'annunzio della catastrofe che di lì a poco sarebbe venuta a compimento quando la nave girò tre volte su sé stessa e sparì nelle acque. Il sole, che illuminava il colle, indicava una via di speranza e di salvezza. Come per le anime, anche davanti a Dante si erano aperti due territori che conducevano a una montagna, che, qui e ora, interessa non tanto stabilire se fosse la stessa, o significasse altro. In entrambi i casi, si davano gravi difficoltà. Nel caso delle anime, le difficoltà consistevano sia nella salita imposta dal monte che doveva essere scalato, sia anche in ulteriori ostacoli, che dal fisico trapassavano nel morale. Nel caso di Dante, gli ostacoli e gli impedimenti erano quelli che nel primo canto dell'Inferno erano stati connotati in termini schiettamente allegorici. Le anime che erano sbarcate sulla spiaggia del Purgatorio, dovevano, per raggiungere il monte, superare la distanza in cui si trovavano dalla porta presidiata dall'angelo custode, e vivere e patire la prova di un'attesa che dava inizio all'espiazione dei peccati commessi, fermandosi però sulla soglia e senza entrare nel suo ambito specifico. L'inizio dell'espiazione non era ancora espiazione: ma Dante non spiegò mai cosa fosse, in che cosa consistesse, quale particolare pena comunicasse all'anima che era attesa dalla prova aspra del monte. Lasciò intendere che le trasmettesse pena e angoscia, prive di un contenuto ulteriore alla ragione consistente nell'offesa recata a Dio. All'uscita della selva, Dante aveva invece davanti a sé, non solo il pendìo che conduceva ai piedi della montagna, ma le famose tre fiere, decise a sbarrargli il cammino. Il punto di contatto fra le due situazioni era costituito non solo dalla montagna che doveva essere raggiunta, dagli ostacoli che si frapponevano al compimento dell'impresa, e dal significato intrinseco a questo, ma anche dalla parte antistante a essa, che era indispensabile percorrere perché il traguardo fosse conseguito e la vera e propria purgazione potesse avere inizio. La differenza era che quelle sbarcate sulla spiaggia del Purgatorio erano anime di morti. Dante, che usciva dalla selva dopo una lunga e incerta lotta, era invece un uomo vivo che, tuttavia, al pari di quelle, richiedeva di essere profondamente purificato. Era una differenza, ovvia, che alludendo tuttavia a un'analogia, obbligava a un confronto e imponeva una riflessione. Quando si mise a meditare sul Purgatorio e il suo concetto, egli immaginò che, per arrivare al punto in cui ne avrebbe affrontata l'ascesa, a lui che, uscito vivo dalla selva, non per questo era giunto alla meta, spettasse di affrontare la fatica di un cammino simile a quello che le anime avrebbero compiuto nell'Antipurgatorio per arrivare davanti alla porta guardata dall'angelo. Che poi quello che Dante compiva all'uscita della selva fosse un vero e proprio cammino, che, per le anime, si configurava, invece e soprattutto, come il tempo di un'attesa, cambia poco, se si considera che queste sono metafore e che era, comunque a una meta che, con quei diversi mezzi, si doveva pervenire. Fra le due situazioni, la sua, di uomo che usciva vivo dalla selva, e quelle delle anime che erano sbarcate sulla spiaggia del Purgatorio, si davano perciò forti analogie, e la differenza, tuttavia fondamentale, rappresentata dal suo essere vivo. È proprio, per altro, dove la differenza appariva ed era più forte, che, se ci si pensa, si scoprono le analogie più profonde, e si arriva a capire perché, dinanzi alla montagna del Purgatorio, Dante avesse avvertita la necessità di immaginare un territorio che fosse di attesa e di prologo, se si può dire così, all'espiazione, e che era modellato su quello che gli era apparso all'uscita dalla selva.

55. Dante, dunque, era uscito vivo dalla selva sopravvivendo a un «passo»[152] che vivo non aveva mai lasciato nessuno. Se la selva era una specie di Inferno, e quel passo ne indicava il carattere come di una prigione che non consentiva uscite, Dante, che miracolosamente ne era venuto fuori, non era diverso, a questo punto, dalle anime che, dopo essere uscite anch'esse dal carcere della vita, si affollavano sulla spiaggia. Ne era venuto fuori e, al pari di esse, si trovava dinanzi una pianura che, in dolce pendìo, conduceva ai piedi di un colle, che ben poteva essere simile alla montagna del Purgatorio o essere, addirittura, la stessa cosa di questa.[153] La differenza profonda che sussisteva fra le due situazioni non metteva, dunque, in crisi la forte analogia che, nel fondo, le legava. La selva, che

152. *If* I 26-27.

153. Cfr. il mio saggio *Sui versi 22-27 del primo canto della 'Commedia' su alcune altre questioni,* in *"Forti cose a pensar mettere in versi"*, pp. 56 ss., dove ho inteso che il colle simboleggi l'Impero non ancora conseguito.

da questo punto di vista funzionava come una metafora, non tanto della vita, quanto dell'Inferno, includeva un «passo» che, al pari del «doloroso regno» di Lucifero,[154] mai nessuno aveva lasciato vivo. Dante, che a quel «passo» era sopravvissuto, era perciò assai simile a un'anima che si stesse avviando verso il suo Purgatorio e, intanto percorreva il tratto che conduceva a esso: simile, ma non identico, per motivi che, se non fossero colti, il senso della situazione sfuggirebbe per intero. Le anime che mettevano il piede sulla spiaggia del Purgatorio venivano da una vita di peccati, non certo dall'Inferno. Uscendo vivo della selva, che, a causa del famoso «passo» valeva come l'Inferno, Dante era invece il primo uomo che, da vivo, avesse dovuto e potuto affrontare un percorso penitenziale, che non l'avrebbe tuttavia condotto su per le rampe del Purgatorio, se prima non fosse entrato nell'Inferno, nel vero e proprio Inferno, per compierne fino in fondo l'esperienza e acquisire la coscienza del male che vi era incluso. La differenza che, per questo verso, lo distingueva dalle anime, che l'angelo aveva deposte sulla spiaggia del Purgatorio, era profonda, e tale che nessuno potrebbe non tenerne conto: quelle anime non erano uscite dall'Inferno, e non vi erano destinate. Venivano dalla vita che a esse era mancata, ma ad attenderle, in lontananza, e tuttavia con sicurezza, c'era la vita eterna. La differenza, dunque, era profonda; e non si potrebbe non notarla. Resta tuttavia che, uscito lui dall'Inferno, Dante si era trovato in un paesaggio e davanti a una pianura in salita che, con poche differenze, dovevano, l'uno e l'altra, apparirgli assai simili a quelli che gli si erano mostrati quando era scampato al passo che, per tutti, era stato fatale. La differenza fra le due situazioni si attenuava dunque perché entrambi i paesaggi erano percorribili, in senso materiale, in un caso, in senso ideale in un altro, come vie che conducevano a una meta costituita, nel primo, da un colle, nel secondo da una montagna; che, se non era, o posto che non fosse, la stessa cosa del primo, al pari di quello era tuttavia una meta che, in qualche modo, doveva essere raggiunta e affrontata. Se si ritiene che il colle che si ergeva al di fuori della selva non era che la montagna del Purgatorio, apparirà ovvio che questa fosse tuttavia preceduta dallo spazio che andava innanzi a quella, e che, per raggiungerla, lo si dovesse idealmente percorrere. Se si ritiene che non lo era, e che l'identità non era che un'analogia, questa interveniva tuttavia a sostituirla senza danno. In entrambe le situazioni c'erano due montagne, l'una e l'altra precedute da un terreno che, in vari

154. *If* XXXIV 28.

modi, si doveva percorrere per raggiungerle e scalarle: in entrambe le situazioni c'era un cammino da compiere in vista di una meta. Per arrivare al Purgatorio, le anime dovevano sostare nell'Antipurgatorio, e, standovi per alquanto tempo, era come se compissero il cammino necessario al materiale raggiungimento della meta. Per prendere la direzione del colle, Dante doveva, lui pure, affrontarne uno difficile e penoso. Era anche lui, in questo senso, un'anima purgante. Se è così, si può ben concludere che alla radice dell'idea dell'Antipurgatorio erano all'opera analogie profonde, complessi intrecci allegorici, e che il tormentatissimo «passo/ che non lasciò giammai persona viva»[155] anticipava un tema che non sarebbe stato percepibile, e non si sarebbe chiarito se non all'inizio della seconda cantica.

56. L'idea di premettere al Purgatorio, e al suo specifico territorio (la parte della montagna che s'innalzava a partire dalla porta sorvegliata dall'angelo), un luogo variamente caratterizzato (la spiaggia, la pianura in pendìo, i contrafforti) che conduceva a esso, ma non vi coincideva, nacque, dunque, da un'idea che dovette formarsi nella mente di Dante nell'atto in cui era impegnato a pensare la selva nella quale immaginava di essersi smarrito e da cui tentava di venire fuori. Gli sembrò che, con ovvie differenze, l'Antipurgatorio ripetesse quella sua situazione esistenziale: con ovvie differenze che non erano tali da cancellare un'analogia che tendeva all'identità. La più notevole di queste differenze è che da Dante, che usciva dalla selva, la meta del colle non fu conseguita: diversamente di quel che di necessità accadeva alle anime che, una volta messo il piede sulla spiaggia del Purgatorio, era impossibile che non pervenissero, dopo un tempo più o meno lungo, al luogo del monte a esse destinato. Ma significherebbe fraintendere il senso del paragone se, nel primo caso, si vedesse un fallimento, reso evidente dalla mancata scalata del «dilettoso» colle, e solo nel secondo un successo.[156] A far sì che le due situazioni non coincidessero, e non potessero coincidere, era un dato

155. Ho discusso a lungo intorno al significato di questo verso in *Sui versi 22-27 del primo canto della 'Commedia'*, pp. 42 ss. La connessione indicata qui non mi era ancora chiara. Ma su quel che è detto in quelle pagine non trovo niente che debba essere mutato.

156. Che la scena iniziale del *Purgatorio* abbia una «straordinaria somiglianza» con la scena del prologo, fu acutamente notato da Singleton, *La poesia della Divina Commedia*, p. 496, del quale, per le ragioni addotte nel testo, non può, per altro accogliersi, ed è differenza fondamentale, perché implica due diverse interpretazioni del poema, l'idea che la «conversione» fallisse nel primo caso, e riuscisse nel secondo.

che ben potrebbe essere definito storico e politico, era una situazione alla cui insidiosa pericolosità e negatività solo il Veltro avrebbe potuto metter fine uccidendo la lupa. Di qui il ripiegamento di Dante e Virgilio, e la scelta di una via che, essendo assai più lunga e complessa, certo non era definibile nei termini della rinuncia e della sconfitta: la via del viaggio ultramondano, resa inevitabile dall'essere l'uomo che usciva dalla selva, non un'anima, ma un individuo vivo, immerso in un presente di uomini vivi e operanti in una situazione politica e morale che non consentiva altra soluzione. Il colle perciò fu evitato, perché le tre fiere e soprattutto l'ultima, la lupa, che si paravano innanzi all'uomo che tentava di scalarlo, imponevano che lo scopo fosse raggiunto per una via più lunga che non fosse quella della diretta scalata. Che poi il viaggio ultramondano significasse in modo non soltanto politico e morale, e assumesse il carattere di un'apocalisse culminante in una trasfigurata rigenerazione dell'umanità redenta al di là del tempo storico che lo stesso viaggio ultramontano avrebbe consumato e risolto in un tempo collocato al di là del tempo, è quanto, argomentato in altre sedi, non occorre sia ripetuto in questa. Ma chi, nel caso della mancata escursione del «dilettoso» colle, parla di fallimento, di questo non capisce il senso profondo; e si lascia sfuggire l'essenziale.

Fu dunque, nel senso che si è indicato, un'idea narrativa, e non filosofica o teologica, quella da cui Dante fu indotto a stabilire la relazione che gli si era rivelata fra, da una parte, l'uscita del suo personaggio dalla selva e il suo avvio nella direzione del colle, e, da un'altra, la situazione delle anime che, nella zona antistante il Purgatorio, erano anch'esse in cammino verso la porta del Purgatorio? Senza dubbio, sembra proprio che sia così. La *Commedia* è un poema, non un medievale trattato delle colpe e delle pene. Ma la linea che la percorre è tuttavia segnata da questioni, anche filosofiche, anche teologiche, che, per non generare equivoci, possono e debbono essere definite strutturali, concernenti cioè il senso che Dante dette a questo aspetto della sua opera. E a tenerle insieme, con queste formando la sua trama strutturale, è l'allegoria. Per capire che cos'era per lui il Purgatorio, e il modo in cui l'aveva pensato nelle sue parti e nel nesso che le stringeva, occorre perciò guardarvi dentro, coglierne la congruenza e, perché no, le difficoltà in cui la sua costruzione incorse; quel che fu dichiarato e quel che rimase implicito. E la poesia che, in questa cantica, tocca vertici di assoluta perfezione? La si affida alla comprensione di chi non sia sordo al suo richiamo, fermi tuttavia nella convinzione che, comunque se ne pensi in termini di filosofia, essa non è un elemento del quadro strutturale; piaccia o non piaccia, sta a sé, e impone la sua presenza.

## *Nota*

1. Alla domanda che ci si è spesso rivolta a proposito delle ragioni per le quali Dante ritenne di dover anteporre al Purgatorio vero e proprio un luogo nel quale le anime avrebbero dovuto, per potervi entrare, attendere per un tempo, che non solo per i negligenti, gli scomunicati, i morti di morte violenta, ma per tutti, era un determinato tempo, non si sono date, da chi si pose il relativo problema, risposte che suonino persuasive. Donde il tentativo che qui sopra si è compiuto di fornirne altre che non partecipassero di quel carattere, e rimediassero a quell'inconveniente. Un'accettabile spiegazione non si è data nemmeno della ragione per la quale Dante immaginò che le anime destinate al Purgatorio si riunissero tutte alla foce del Tevere dove, fino all'anno giubilare 1300, ciascuna doveva attendere il tempo, stabilito da Dio e trasmesso all'angelo nocchiero, in cui avrebbe potuto prender posto nel «vasello snelletto e leggiero», guidato dall'angelo, e, a viaggio terminato, mettere il piede sulla spiaggia dell'isola. Eppure, fornirla, o tentare di fornirla, quella spiegazione si sarebbe dovuto. Come, infatti, il Purgatorio era preceduto da un Antipurgatorio, così è notevole che anche a quest'ultimo Dante anteponesse un luogo che, non appartenendo, a rigore, all'area né dell'uno né dell'altro, in un certo senso, tuttavia, vi apparteneva e faceva parte del complessivo paesaggio: di lì, infatti, e solo di lì aveva inizio il viaggio che, dopo un tempo non prevedibile, avrebbe condotto le anime «a ber lo dolce assenzo d'i martiri». Non plausibile, d'altra parte, è l'idea che, dopo aver resa difficile l'ammissione al Purgatorio con l'anteporgli un luogo di più o meno lunga attesa, Dante intendesse elevare la difficoltà a un grado ancora più alto, anteponendo a questo un luogo definibile come Antiantipurgatorio. Il Tevere era un elemento troppo importante della sua visione delle cose, perché la sua introduzione nel discorso dovesse valere per altro, e non per il significato che gli era intrinseco. A formare la sua decisione di scandire in tre momenti l'accesso al Purgatorio (dalla foce alla spiaggia, da questa all'Antipurgatorio e, di qui al Purgatorio), è probabile perciò che avesse influito su di lui la considerazione che, il Tevere essendo il fiume di Roma, la partenza dalla sua foce rivestiva, per le anime che affrontavano il percorso della purificazione, un alto significato, rinvenibile nel suo essere il simbolo di tutti i significati interni alla sua storia che, come sarebbe stato argomentato nel secondo libro della *Monarchia*, richiedeva di esser definita sacra. Nell'Epistola ai cardinali italiani, il rimprovero rivolto a quanti avevano scelto il partito francese e accettato il trasferimento ad Avignone della sede papale, suonò particolarmente severo nei confronti dei romani

Napoleone Orsini e Jacopo Stefaneschi che, *parvuli*, avevano conosciuto *sacrum Tiberim* (*ep.* XI 22), e con la loro scelta avevano recato un supremo oltraggio a una città, Roma, alla quale, non solo quelle italiane dovevano guardare con reverenza, ma *tota civitas* (XI 22). Il Tevere era un fiume sacro. Al contrario di quel che talvolta è stato detto, non era semplicemente il contrario dell'Acheronte che, come si sa e Dante aveva ricordato al v. 105, era un fiume infernale, al quale, poiché apparteneva ai vivi il Tevere non poteva a rigore contrapporsi. Per sé stesso, il fiume di Roma rappresentava qualcosa di ulteriore, il punto di inizio di una storia che, attraverso la purificazione e la purgazione dei peccati, conseguiva il suo definitivo traguardo. Che poi le anime destinate al Purgatorio si affollassero alla sua foce e, per un tempo più o meno a lungo, occupassero un luogo che non apparteneva all'aldilà, era, come si legge in Le Goff, *La naissance du Purgatoire*, p. 461, una «vieille légend», della quale egli, per altro, non disse in che modo fosse giunta a Dante, né mostrò di sospettare le più profonde implicazioni. Se tuttavia quel che si è osservato coglie nel segno, deve supporsi che la ragione per la quale Dante la utilizzò sia da ritrovarsi nel significato che le attribuiva, e che non fu la conoscenza della leggenda a ispirargli quella decisione, ma fu questa a fargli apprezzare la leggenda inducendolo a sfruttarla nel quadro che era intento a costruire del Purgatorio. È infatti impensabile che, conoscitore quale era dell'*Eneide*, Dante non avesse a mente il passo (8, 59-64) in cui un dio, rivelatosi come il Tevere, apparve a Enea che, nell'imminenza del duello che l'avrebbe opposto a Turno, era stato vinto dal sonno, e gli disse: «Surge age, nate dea, primisque cadentibus astris/ Iunoni fer rite preces iramque minasque/ supplicibus supera votis. Mihi victor honorem/ persolves: ego sum, pleno quem flumine cernis /stringentem ripas et pinguia culta secantem,/ caeruleus Thybris, caelo gratissimus amnis». Al che, risvegliatosi, Enea «surgit et aetherii spectans orientia solis/ lumina rite cavis undam de flumine palmis/ sustinet ac talis effundit ad aethera voces:/ 'Nynphae, Laurentes nymphae, genus amnibus undest,/ tuque, o Thybri tuo genitor cum flumine sancto,/ accipite Aeneam et tandem arcete periclis» (vv. 68-73). Il v. 72 derivava da Ennio (fr. 54 Vahlen = 24 Valmaggi) *Teque, pater Tiberine, tuo cum flumine sancto,* che a Dante non era noto. Ma il passo vigiliano bastava a comunicargli l'idea che il Tevere era un fiume sacro che prendeva la forma di un dio, parlava e assumeva la protezione dell'eroe troiano. Chi, al riguardo, desiderasse saperne di più, può vedere, oltre il classico libro di J. Carcopino, *Virgile et les origines d'Ostie*, Paris 1919, l'importante saggio di Ar. Momigliano, *Thybris pater* (1938), in *Terzo contributo alla storia degli studi classici e del mondo antico*, II, Roma 1966, pp. 609-639, anche se, né l'uno né l'altro, citano Dante. Ma, sul fondamento di quel che si è detto, si corre troppo con la fantasia se si sospetta che, per diretta reminiscenza virgiliana, egli considerasse sacra la foce del Tevere, e che di lì perciò dovesse avere inizio il viaggio che avrebbe condotto Dante, e in lui l'umanità, a essere «sanza fine cive/ di quella Roma onde Cristo è romano» (*Pg* XXXII 101-102)?

2. L'intenzione, per altro, non è di correre con la fantasia. Con l'intento di contribuire alla migliore definizione dei caratteri strutturali del *Purgatorio*, lo scopo è, non solo di esaminare alcune concordanze che sono state indicate fra il sesto libro dell'*Eneide* e la seconda cantica della *Commedia*, ma di far vedere in che cosa, e perché, nelle parti che la compongono, poco si avverta la presenza di quel che informa l'oltretomba virgiliano. Che, nel comporre il *Purgatorio* Dante tenesse presente il sesto dell'*Eneide*, e versi di questo affiorassero a tratti alla sua memoria, è innegabile, e più volte notato; e qui, a parte il Norden, sempre fondamentale, va ricordato anche il vecchio libro di Gino Funaioli, *L'oltretomba nell'Eineide di Virgilio*, Palermo-Roma 1924, che, opera di un grande virgilianista, sembra essere uscito dalla memoria dei dantisti e può invece riuscire utile a chi se ne serva con giudizio. Non notata, almeno quanto sarebbe stato necessario, è stata invece la forte differenza che, in riferimento a una questione essenziale, quella del pentimento avvenuto all'ultima ora, sussiste fra i due testi, il sesto dell'*Eneide* e il *Purgatorio*, e non per caso, ma necessariamente. Nel delineare l'*Inferno*, Dante ebbe più volte, e in modo significativo, presente Virgilio; e la cosa è talmente nota, tante volte è stata posta in rilievo, che si perderebbe tempo a insistervi. Nel delineare il *Purgatorio*, se si guarda all'essenziale, e cioè al pensiero che lo ispira, no. Per venire al concreto, si prenda il testo addotto da D'Ovidio, *Il preludio del Purgatorio*, p. 404, e cioè *aen.* 6, 566-569: un testo che, come vedremo, sarebbe stato indicato con vera sagacia se l'intento fosse stato, non di cogliervi analogie, ma di segnare una netta differenza di situazioni e di pensieri. D'Ovidio lo segnalò perché gli studiosi della seconda cantica vi cogliessero l'analogia che, a suo giudizio, sussisteva fra l'idea dantesca del pentimento intervenuto nell'ultimo istante della vita e quel che poteva leggersi nel poeta latino. Lo giudicò, per altro, «difficiletto per la costruzione», tanto che, dopo aver notato che, nel tradurlo, Annibal Caro se l'era cavata «un po' a orecchio», non risparmiò nemmeno il sapere latino di Dante. L'intenzione del celebre dantista non era del tutto innocente. Se non si risparmiava il professorale piacere di segnalare un'imperfetta comprensione del latino anche da parte di Dante, al quale poteva pur essere accaduto di aver frainteso quel passo, «più o meno» (p. 405), e che «fra le scuciture del testo latino» si fosse «imbrogliato», «suppergiù come fece poi Annibal Caro» (p. 411), si errerebbe tuttavia se si ritenesse che il suo intento fosse stato di riprendere, alla fine del secolo decimonono o agli inizi del ventesimo, la provocazione di Niccolò Niccoli presso Leonardo Bruni, o di questo attraverso quello, a proposito della *sacra auri fames*. Niente di così radicale. Ma, se si sta al suo discorso, deve constatarsi che, da una parte, il D'Ovidio avanzava il dubbio che anche da Dante il passo di Virgilio fosse stato ben capito, mentre, da un'altra, teneva per fermo che nella sua idea del pentimento intervenuto all'ultimo istante della vita egli avesse subìto l'influsso del poeta latino.

3. È vero, d'altra parte, che il passo non è semplice e presenta qualche difficoltà. Converrà dunque citarlo, innanzi tutto, per chiedersi se, lasciando da parte il

latino di Virgilio e di Dante, per il suo fraintendimento ci fossero state la materia e l'occasione. Non è detto infatti che i versi virgiliani addotti dal D'Ovidio fossero attualmente presenti a Dante quando era intento a delineare il dramma di coloro che solo in punto di morte avevano offerto a Dio il loro pentimento. Nemmeno è escluso che il possibile fraintendimento del loro significato appartenesse piuttosto all'illustre critico che non al grande poeta. Ma si veda il passo che, effettivamente, non è dei più limpidi: «Cnosius haec Rhadamanthus habet durissima regna/ castigatque auditque dolos subigitque fateri/ quae quis aput superos, furto laetatus inani,/ distulit in seram commissa piacula mortem». In modo non elegante, ma, credo, fedele, lo si può rendere così: «Radamanto di Cnosso governa questi durissimi regni, condanna, ascolta le colpe e costringe a confessare i crimini commessi (*commissa piacula*) chi, allietato da un inutile inganno, li aveva differiti fino al momento supremo della morte». A partire dallo ὕστερον πρότερον di *castigat/ audit*, che va comunque notato a riprova dell'estrema durezza di un giudice che non poteva non condannare, e condannava, infatti, prima di aver ascoltato, questi tre versi richiedono di essere letti e intesi in modo che a emergerne sia, non la concordanza, ma la netta differenza in cui si pongono con l'idea dantesca del Purgatorio. Il passo di Virgilio non sarebbe infatti ben interpretato nella sua movenza iniziale se non vi si cogliesse l'impianto giudiziario che, essendone presupposto, lo caratterizza. Come giudice delle anime che gli comparivano dinanzi Radamanto non conosceva alternative alla condanna: quelle erano infatti le anime di coloro che, in terra, non avevano commesso che *piacula*, crimini, sì che, e a condanna già avvenuta, il suo compito non era se non di costringerle a confessare quel che avevano commesso. Se è così, a emergere, nei confronti delle anime di coloro che avevano tardato a pentirsi ed erano nell'Antipurgatorio cristiano, era non solo la differenza per la quale queste avevano fatto in tempo a pentirsi e quelle, invece, avevano seguitato a peccare fino all'ultima ora dell'ultimo giorno di vita, ma anche altro. E cioè, dalla parte dell'*Eneide*, un vero e proprio processo (sommario sì, ma processo) e, da quella del *Purgatorio*, una schiera di anime che, salvate dalla bontà di Dio, attendevano che venisse, per loro, il momento di iniziare l'ascesa del Purgatorio. La differenza si sarebbe rivelata con ulteriore nettezza se si fosse considerato che, mentre, in Virgilio, il differimento, non si dice del pentimento (che presso di lui non era in questione), ma, se mai, della rinunzia al peccato e alla sua confessione, era stato spinto fino all'estremo istante della vita che, sopravvenendo, l'aveva impedito (*distulit seram commissa piacula mortem* significa che il momento supremo della morte, della *sera mors*, aveva incluso in sé, vanificandoli, l'eventuale confessione e il vantaggio che al reo avrebbe potuto derivarne), in Dante, al contrario si era mantenuto al di qua della morte: aveva preso, infatti, la forma della confessione resa, non a un giudice, ma a Dio. Si trattava, infatti, di un pentimento. Il significato, il diverso significato, dei due testi sfuggirebbe, quindi, se non si insistesse sulla connotazione giuridica del discorso virgiliano (*piaculum*, vedremo, è termine tecnico), e sull'assenza di questa in quello dantesco, e non si facesse battere l'accento sul punto che né nel Purgatorio, né nell'Antipurgatorio, vi è di essa alcuna traccia. Catone non era un giudice di anime, giudice di anime non era l'angelo guardiano che, su diretta ispirazione divina, sorvegliava la porta del Purgatorio e consentiva a chi vi fosse giunto di oltrepassarla: non poteva accadere, infatti, che, una volta che quella meta fosse stata conseguita, a un'anima che si fosse resa degna di oltrepassarla fosse imposta un'ulteriore sosta, o addirittura accadesse che la si rispedisse indietro. Il punto che distingue le due concezioni, questa di Virgilio e quella di Dante, è qui; e non c'è modo di farle convergere in un punto comune: alla radice dell'una e dell'altra stava infatti una diversa idea religiosa. Insomma, gli scellerati dell'*Eneide* erano tali perché fino alla fine della loro vita avevano seguitato a commettere il male, e ora stavano davanti a Radamanto, che giudicava, condannava, affidava i colpevoli alla *ultrix Tisiphone*, chiamandola a eseguire su di loro la sua feroce punizione. Di espiazione, e non di eterna condanna, poteva invece parlarsi, e si parlava, per i peccatori cristiani che in punto di morte si erano rivolti a Dio e ora erano nell'Antipurgatorio. Opposto a quello degli scellerati virgiliani era perciò, deve ribadirsi, il caso previsto da Dante nel quadro della sua concezione. Opposto, infine, era il modo tenuto nella delineazione del momento finale; che in Virgilio si era già realizzato nel segno di una morte che, essendo già avvenuta, non prevedeva e soprattutto non consentiva pentimenti, e in Dante no perché, giunta sul suo estremo «orlo», la vita era ancora vita e poteva ospitare la richiesta dell'estremo perdono. Insomma, notarlo sarà ovvio, ma sembra necessario: nella parte dell'aldilà rievocata dal D'Ovidio, Virgilio ritraeva un luogo infernale potentemente descritto nella sequenza (vv. 570 ss.) che comincia con *continuo sontis ultrix accincta flagello/ Tisiphone quatit* etc. Dante, invece, descriveva il luogo di una penitenza che, senza fallo, avrebbe conseguito la redenzione. Ancora. Nel quadro delineato da Virgilio, non c'era posto per un pentimento che, avvenuto all'ultimo istante, potesse salvare l'anima dall'eterna pena a cui sarebbe stata altrimenti destinata. Il pentimento poteva avere la forma della confessione. Ma la confessione non era pentimento, e non prevedeva vantaggi. In Dante, sì. E questo è il punto che, come del resto è ovvio, distingue da quello antico l'aldilà cristiano.

Anche se di quanto osservava non si giovò per mettere in termini rigorosi il paragone che aveva istituito, e per escluderlo, a ragione, tuttavia, il D'Ovidio (pp. 404-405) aveva rilevato che in latino *piaculum* significa sia il crimine sia lo strumento con cui si realizzava la sua punizione. Ma del differente significato non seppe fare buon uso. Nel v. 569 i *commissa piacula* rinviavano al primo significato, non al secondo. Entrambi tuttavia erano presenti nello stesso sostantivo: *piaculum commissum* era espressione tecnica del diritto romano (cfr. , p. es. , M. Talamanca, *Istituzioni di diritto romano*, Milano 1990, pp. 139, 282 e 286) che, in sé stessa distinguendo i due momenti del crimine e della sua *expiatio*, manteneva perciò il suo significato giuridico anche se il *piaculum* avesse turbato la *pax deorum* e avesse quindi riguardato l'ambito religioso. Nei versi di Virgilio i *commissa piacula* erano castigati per il tramite, non di un *piaculum* che, in quanto strumento di punizione e di espiazione di un crimine, necessariamente avrebbe implicato che i puniti avessero un tempo davanti a sé, fossero perciò uomini vivi e della conseguita espiazione, se questa non avesse importata la pena della morte, potessero godere il frutto. Erano castigati da una sentenza che, pronunciata nell'aldilà dal giudice degli inferi, faceva coincidere l'espiazione con un supplizio terribile perché destinato a durare per l'eternità. Quella che aveva il suo centro nei *piacula* intesi come strumenti di espiazione era una cerimonia giuridica o religiosa, che aveva luogo in un tribunale o davanti a un altare, non, come nel caso di un morente cristiano che chiedeva il perdono, nell'intimo della coscienza, e quale che fosse il luogo fisico in cui il dramma si svolgeva. Resta, in ogni caso, che, se anche si invertisse l'ordine e il testo consentisse di riferirli al secondo, la sostanza non muterebbe. Dal paragone proposto a venir fuori sarebbero le differenze. Le quali, in effetti, consigliano di non istituirlo.

4. Convinto che, nell'ideazione del Purgatorio e per la questione, in particolare, dei pentiti dell'ultima ora, Dante si fosse, senza risparmio, servito di materiali tratti dal sesto dell'*Eneide*, il D'Ovidio non solo non considerò quel che qui su è sembrato opportuno porre in rilievo, non solo non distinse fra le utilizzazioni, per dir così, marginali e le altre, essenziali, ma anche ad altro non concesse attenzione. E cioè al fatto che se, su molti luoghi della *Commedia*, la presenza del poema di Virgilio è indiscutibile, si dà anche, e non sembri un paradosso, il caso inverso di un'influenza che, per vie traverse, Dante, e quello proprio del *Purgatorio*, esercitò ed esercita su alcuni traduttori dell'*Eneide*, che quindi risultò in determinati passaggi, discretamente cristianizzata. La questione si gioca fra due termini, diversi fra loro e poi spesso identificati o confusi: oppure, e se si preferisce, si gioca su un termine, «espiazione», che nell'originale latino di Virgilio non figura, e essendo stato introdotto da alcuni traduttori nelle loro versioni, deve comunque decidersi in quale accezione fosse stato preso. In senso strettamente giudiziario, «espiazione» significava la pena che si sconta per un determinato numero di anni, o per sempre, ossia finché la vita duri. E non implicava perciò che, terminato il periodo imposto dalla sentenza, o comunque nel corso di questa, anche se non fosse a termine, l'espiante avesse fatto cader via dalla sua anima tutti i peccati da cui questa era stata segnata. In senso schiettamente religioso, nel caso in cui l'espiazione avesse coinvolto il pentimento, il termine indicava, o poteva indicare, purificazione e redenzione; e allora il suo significato coincideva con quello che Dante aveva in mente quando delineava e costruiva il suo Purgatorio cristiano. La differenza che intercorre fra questi due significati dev'essere sempre tenuta presente, e mai persa di vista, quando si tornino a considerare le

coincidenze che si suppongono esistenti fra il testo di Virgilio e quello di Dante. Poiché il D'Ovidio, che giudicò difficile il passo di Virgilio, non ebbe egli stesso a darne un'ordinata versione, do qui di seguito alcuni esempi di traduzioni recenti e meno recenti. E comincio, com'è giusto, con quella di Annibal Caro, non senza aver notato che, a differenza di altre, appartenenti, non come la sua al sedicesmo secolo, ma al ventesimo, nel rendere il passo di Virgilio egli fu non felicissimo, ma attento tuttavia a non introdurvi elementi cristiani. Ho sottomano un'edizione primonovecentesca (*L'Eneide*, traduzione di Annibal Caro, Milano s.d., p. 230) e leggo: «questo è di Radamanto il tristo regno,/ là dov'egli ode, esamina, condanna / e discuopre i peccati che di sopra/ son da le genti o vanamente ascosi/ in vita, o non purgati anzi a la morte» (vv. 844-848). Qui sarà interessante notare che il Caro risolse l'inversione temporale dello ὕστερονό/πρότερον, non solo mettendo l'ascolto innanzi alla condanna, ma a questa premettendo anche un «esamina», quasi che avesse voluto restituire a Radamanto l'onore del giudice imparziale e scrupoloso, e dimenticando tuttavia che, poiché di fronte a lui stavano anime già condannate, il suo compito si restringeva a esigere che la loro colpa fosse esplicitamente confessata. Si potrà aggiungere che «discuopre i peccati», non solo è molto meno forte di *subigit fateri*, ma che, in realtà, non lo traduce, e che tra i peccati «vanamente ascosi» (che è debole traduzione dell'energico *furto laetatus inani*) e «non purgati anzi a la morte», il testo latino non includeva l'alternativa che egli vi pose. Detto questo, deve aggiungersi che fraintendimento non c'é, e che tanto meno giustificate appaiono le ironie del D'Ovidio in quanto, più e meglio di altri che gli tennero dietro, il Caro si era reso immune dal rischio di conferire all'Averno virgiliano qualche tratto del Purgatorio di Dante.

Si prenda ora la traduzione francese di André Bellesort (Paris 1958, p. 185), e si legga: «le Gnossien Rhadamante exerce dans ces lieux un pouvoir impitoyable. Il met à la torture et interroge les auteurs de crimes cachés, et il les force d'avouer les forfaits qu'ils se réjouissaient vainement d'avoir dissimulés parmi les hommes et dont ils reculèrent l'expiation jusqu'au jour trop tardif de la mort». È una traduzione non priva di eleganza, forse sovrabbondante. Ma non felice, tuttavia, nel punto in cui alludeva al rinvio della confessione dei *commissa piacula* al giorno, definito troppo tardivo, della morte. Non si capisce infatti per chi e per che cosa questo giorno sarebbe «trop tardif» se il suo avvento realizzava il desiderio del peccatore di non confessare e rendere pubblico il suo peccato. Il luogo critico di questa versione, che in sostanza fraintende il testo nel suo punto più delicato, sta, per altro, non tanto qui, quanto piuttosto nella presenza in essa di una parola, *expiation*, che non traduce nessun equivalente latino per la buona ragione che nel testo virgiliano quel termine non c'era e non poteva esserci. La si intenda in senso giuridico, o in senso religioso, l'espiazione implica un processo di purificazione che, giunto al termine, pone fine ai tormenti che, per conseguirla, è stato necessario sopportare. Ma le anime di cui si parla nel passo virgiliano erano nell'Averno dove, scaduto per esse il tempo della possibile confessione dei *commissa piacula*, avrebbero pagato in eterno il loro crimine. Si forza il senso di questa traduzione se nel termine *expiation* si avverte un'antistorica vibrazione cristiana?

In genere molto pregevole, la versone di Luca Canali riuscì tuttavia, nella resa del v. 569, equivoca: «questi durissimi regni governa Radamanto di Cnosso, e punisce e ascolta gli inganni, e costringe a confessare le colpe commesse tra i vivi che, compiacendosi di un'inutile frode, ognuno differì di espiare oltre l'ora della morte». La versione è meno elegante di quella del Bellesort, e non altrettanto scorrevole. Ma, nel punto essenziale, non meno equivoca. Oltre a non bene restituire il senso del testo che, *in seram* [...] *mortem*, è reso con «oltre la morte», la versione del Canali sembra suggerire che solo allora il peccatore desideri espiare i suoi *piacula*, e dunque, parrebbe, in un aldilà simile a quello cristiano di Dante. Il che, oltre a essere palesemente improbabile, si pone in contrasto con la nota in cui, a ragione, nello stesso volume, il Paratore parafrasava il v. 569 osservando che «l'unico vantaggio» era stato, per quei peccatori, «di non aver dovuto subire castighi in terra e di aver potuto differire la pena all'ultimo limite possibile, all'ora della morte» (*Eneide*, a cura di Ettore Paratore, traduzione di L. Canali, III, Milano 1995, p. 299). Allo stesso modo del Canali, e non avendo tenuto conto dell'esegesi di Paratore, rese il verso anche V. Sermonti nella sua versione dell'*Eneide*, Milano 2007, p. 333. A questo punto, conviene aggiungere che il verso era stato, invece, bene inteso da Remigio Sabbadini che, nella sua edizione del VI libro (Torino 1947, p. 359), aveva scritto: «se sfuggirono la punizione in vita (*apud superos*), non la sfuggono dopo la morte, e perciò la loro astuzia per nasconder (*furto*) la colpa non giovò (*inani*)». Ciascuno noterà che, sebbene non felice, il «dopo la morte» del Sabbadini non ha lo stesso senso dell'«oltre» del Canali. Nel caso del Sabbadini, «dopo la morte», c'era la punizione, in quello del Canali la espiazione, ossia proprio il contrario di quel che dice il testo, che, per parte sua, nella sua versione poetica, Giuseppe Albini (Bologna, I,1943, p. 341) aveva, invece, rettamente inteso: «Radamanto di Cnoso ha questi regni durissimi: ei condanna, ode le colpe, e sforza a quelle rivelar che, lieto altri d'un vano eludere, produsse a l'ora de la morte inespiate».

5. Che quindi, il D'Ovidio non avesse ragione nel ritenere che dai versi dell'*Eneide* Dante avesse dedotto elementi essenziali per l'ideazione del suo oltretomba purgatoriale, è evidente. Sul che, poiché l'essenziale è stato detto, non conviene insistere, se non per aggiungere che non si sa donde egli ricavasse che non conforme alla «credenza cristiana» e non «raccomandata» da essa era l'idea dantesca del pentimento avvenuto all'ultimo istante e accolto nondimeno dalla «bontà infinita» di Dio. Se quindi è possibile che, passando ai particolari, il D'Ovidio non avesse torto quando proponeva il paragone fra Museo e Sordello, o indicava, nei due testi, altri particolari punti d'incontro, altrettanto non potrebbe dirsi della

sua convinzione che «tutto l'Antipurgatorio, largamente inteso, dall'imbarco sulla foce del Tevere alla valle dei principi» fosse «più o meno costruito con disegni e materiali dell'*Eneide*», e che nel suo insieme fosse «una costruzione ben poco teologica», non «propriamente contraria alla teologia e al dogma, ma» a essa estranea al punto che «le curiose remore escogitate dal poeta per certe categorie di anime, quella specie di alunnato d'aspiranti alla purgazione, il teologo non può accoglierle che con una stretta di spalle ed un sorriso» (p. 422). Senza pensare di doverne sorridere, per suo conto Patrick Boyde, *Human Vices and human Worth in Dante's Comedy*, Cambridge 2000, p. 70, ha ritenuto che «Dante's desire to bring the number of zones in Purgatory up to ten (in a pattern of 7+2+1, as in the other canticas) led him to create two areas at the foot of his mountain (conventionally described as theAntepurgatory) which have no counterparts in orthodox theology». Ma, vinto dal desiderio di far quadrare i conti, non ha ritenuto di dover spiegare in che senso nell'anticipazione che Dante fece al Purgatorio di un luogo di attesa e di espiazione fosse presente un rischio di eterodossia. In questa sede, che non è consacrata alla discussione minuta dell'ampia indagine che il D'Ovidio dedicò al Purgatorio (compreso il saggio consacrato in modo specifico al primo canto, le pagine che la compongono ammontano a seicentotrentaquattro) non occorre che l'attenzione sia rivolta a ogni suo aspetto. A suggello di quanto fu scritto nel saggio che precede, basterà avvertire che la questione della «teologia» si pone, non nei termini di una corrispondenza puntuale fra il modo dantesco di considerare e classificare i peccati e quello tenuto dai teologi e filosofi (Bernardo di Chiaravalle, Tommaso d'Aquino) ai quali faceva riferimento; non nei termini di una concordanza o discordanza fra i suoi pensieri e, in generale, la dottrina della Chiesa, ma in quelli per i quali la struttura da lui conferita al secondo regno talvolta ne fu agevolata e altre volte resa più problematica. La battaglia che Dante combatté nel suo pensiero per dominare una materia che, in alcuni punti, si mostrava particolarmente restia a rendersi coerente in ciascuna delle sue parti, costituisce forse l'oggetto più interessante, per chi studi la relativa questione, e cerchi di coglierne le connessioni interne. Da questo punto di vista, a differenza dell'Inferno e più che mai del Paradiso, il Purgatorio presenta (più volte abbiamo dovuto dirlo) una struttura aperta o non perfettamente chiusa in un segno coerente. E ha richiesto perciò molte analisi specifiche. Il senso del saggio che precede è tutto in queste ultime. Se esse abbiano contribuito a far sorgere qualche problema nella testa degli studiosi e dei lettori di Dante, lo scopo che si proponevano potrà considerarsi raggiunto.

## 2. La «selva» e il «dilettoso monte»

1. Nella critica dantesca di ieri e di oggi la famosa «selva selvaggia» è stata percorsa e ripercorsa in lungo e in largo.[1] Alberi, foglie, zolle del terreno, tutto è stato osservato, niente è sfuggito all'esegesi e, spesso, al suo accanimento. Perché allora si reputa necessario tornare a visitarla? Quale indizio del suo diverso significato è emerso che sia tale da richiedere un'ulteriore indagine? Della selva è stato detto tutto. È tuttavia presente, nel canto proemiale della *Commedia*, una sequenza di elementi (la selva, l'uscita da essa, il pendìo che conduce al «dilettoso monte») che, connessi fra loro, rinviano a quel che accade nel primo canto del *Purgatorio* e alla sequenza che, con non dissimile carattere, anche lì ha luogo (Dante uscito dall'Inferno, la spiaggia del Purgatorio e, sullo sfondo, la sua alta montagna, la cui presenza sarà rivelata da Catone nel rimprovero rivolto alle anime perché si affrettassero a «correre» al monte per «spogliarvi lo scoglio» che nascondeva a esse la vista di Dio).[2] Si tratta, in entrambi i casi, di una connessione di elementi che colpisce, sia per sé stessa, sia per l'analogia che può cogliersi fra l'una e l'altra, e sulla quale, poiché non risulta che, in quanto tale, abbia in particolar modo fermato l'attenzione dell'antica e della moderna esegesi,[3] conviene che si ragioni. La connessione degli elemen-

1. F. Mazzoni, *Saggio di un nuovo commento della Divina Commedia*, Firenze 1967, pp. 1-140.

2. *Pg* II 122-123.

3. La connessione non sfuggì a Ch.S. Singleton, *La poesia della Divina Commedia*, tr. it., Bologna 1988, p. 496, che la notò, e di ciò deve darglisi merito. Non disse bene, tuttavia, e lo si vedrà nel testo, quando osservò che mentre l'uscita dall'Inferno era stata coronata da successo, visto che esserne uscito significava comunque, per chi era stato protagonista di questa impresa eccezionale, essere accolto in Purgatorio, quella dalla selva si era conclusa

ti è evidente sia nella prima sia nella seconda serie. Ci si deve chiedere, in ordine alla prima, quale relazione si dia fra la selva, da cui Dante era uscito, e il monte, o colle, al quale era diretto e non riuscì a pervenire; e, in ordine alla seconda, posto che ovvia è quella che si dà fra l'uscita dall'Inferno e la prospettiva, sullo sfondo, del Purgatorio, quale sia l'ulteriore relazione che passa fra le due sequenze. Per intendere la struttura della *Commedia*, e i suoi significati, si tratta di domande che debbono essere poste. Tutto sono, infatti, fuor che oziose; e richiedono una risposta.

2. Nel *Convivio* IV xxiv 12, Dante aveva parlato della «selva erronea di questa vita», ed è ben possibile che questa definizione, che è di probabile derivazione agostiniana,[4] gli stesse in mente quando, dando inizio alla prima cantica, rievocò il luogo in cui, pervenuto al «mezzo del cammino» della sua vita,[5] il suo personaggio si era disperso. Ma i contesti sono troppo diversi perché non debba distinguersi. Nel capitolo del *Convivio*, il discorso verteva sulle quattro età della vita, e sull'«adolescente» che, entrandovi, «non saprebbe tenere lo bono cammino, se dalli suoi maggiori non li fosse mostrato». Il senso del discorso, svolto nel *Convivio*, è chiaro. La vita si mostrava come un'insidiosa selva di possibili errori per l'adolescente che, essendovi entrato senza una guida che l'avesse previamente ammaestrato, e non avendo perciò imparato a distinguere il bene dal male, il vero dal falso, vi avrebbe conosciuto la sua rovina. In quel passo, per altro, Dante non diceva che, per sé stessa e in generale, la selva della vita non fosse che errore e falsità. Se questo fosse stato il suo pensiero, «mestier non era parturir Maria», invano Cristo sarebbe sceso sulla terra, invano sarebbe morto; come invano avrebbe prestato e presterebbe la sua opera il *didascalos* che si fosse trovato, e si trovasse, a operare in una situazione nella

con una sconfitta: il colle era infatti risultato irraggiungibile e non scalabile. Non disse bene perché la sconfitta, se così si vuole chiamarla, richiamava la necessità del viaggio ultramondano, e di questo costituì la premessa Se la presenza, accanto a lui, di Virgilio non era bastata a far sì che Dante avesse ragione della lupa, e il colle dovesse quindi essere, piuttosto aggirato, che direttamente affrontato, resta che aggirarlo significava dare inizio al viaggio ultramondano: il che, certo, non significava sconfitta.

4. Cfr. Aug. *in Iohann.* V xvi 8; *Conf.* X xxxv 56.

5. Dante, in realtà, disse «nostra», e su questo si fermò G. Contini, *Un'idea di Dante. Saggi danteschi*, Torino 1976, pp. 33-34. Sul senso che, a mio parere, deve darsi a questa espressione, rinvio al mio *Il viaggio di Dante*, in *«Forti cose a pensar mettere in versi». Studi su Dante*, Torino 2017, pp. 513 ss.

quale non ci fossero stati, e non ci fossero, se non l'errore e il male. Ad attenderla non ci sarebbe stato se non l'Inferno, a non aver senso sarebbero stati il Paradiso, e quindi il Purgatorio che è mezzo per pervenirvi da parte di chi, non solo nel segno dell'errore abbia vissuta la sua vita, ma al male abbia anche saputo contrapporre il bene. In effetti, non era così. Quella definizione valeva solo per la determinata età della vita che vi era presa in considerazione. Nell'esordio dell'*Inferno*, si riferiva invece a un uomo che, resosi prigioniero nell'intrico delle sue piante, si trovava nella parte centrale della sua vita: non, dunque, in quella della giovinezza, ma nell'altra della piena maturità. Non valeva perciò in assoluto; e citarla a riscontro dei versi iniziali dell'*Inferno* non si sarebbe dovuto, senza aver operata la necessaria distinzione.[6]

La selva nella quale Dante si era disperso e dalla quale era pur stato in grado di uscire vivo, essendo tuttavia ancora in rischio di esservi di nuovo attratto e reincluso, era, dunque, rispetto a quella in cui si smarriscono gli adolescenti privi di guida, tutt'altra cosa. E tutt'altra cosa da un adolescente era Dante, quando vi si disperse, anche rispetto ai maestri: come proprio il caso di Virgilio dimostrava. È ben vero, infatti, che come maestro gli si era presentato, e come guida, nel momento in cui più disperava di aver partita vinta nella battaglia che aveva impegnata con la selva e le sue conseguenze. Ma si trattava di un maestro che ritornava presso di lui dopo che già gli era stato tale in un periodo anteriore della sua vita, e prima dunque che, «pien di sonno», si smarrisse nella selva: «tu se' lo mio maestro e 'l mio autore», gli aveva detto riconoscendolo come colui di cui a lungo aveva studiato il «volume» e da cui aveva tratto «lo bello stilo che» gli aveva «fatto onore». Il che, mentre è perfettamente compatibile con l'idea che l'incontro avvenisse quando alle sue spalle già Dante aveva una ragguardevole opera poetica, che gli aveva data fama, non lo sarebbe se egli fosse, invece, stato all'inizio, e non alla fine, del periodo in cui l'aveva composta. Che, d'altra parte, quando si era smarrito nella selva Dante fosse giunto alla metà degli anni di regola riservati alla vita umana, è provato, se il primo verso del poema non bastasse, proprio dall'apparizione di Virgilio. Se il suo libro era stato a lungo fondamentale

6. Giudicò in modo opposto, com'è noto, G. Pascoli, *Minerva oscura* (1898), in *Prose*, ed. Vicinelli, II, Milano 1952, pp. 1-291. La difesa che delle sue tesi fece nell'opuscolo *Intorno alla Minerva oscura*, Napoli 1899, conferma l'insostenibilità di quella secondo cui, conforme al passo del *Convivio*, «la selva è la vita adolescente» (p. 17).

nella sua vita, e chi l'aveva scritto poteva essere salutato come il suo maestro e autore, la ragione stava nel contributo che da lui aveva ricevuto a diventare adulto. Si dirà che talmente ovvio è che le cose stiano così, che di addurre questo argomento, e di insistervi, non c'era reale necessità. E sia pure. Ma occorre tuttavia considerare che il riscontro con il passo del *Convivio*, e con la selva della quale vi si parla, deve essere eseguito dando rilievo alla differenza che contiene rispetto alla situazione in cui Dante era venuto a trovarsi quando vi si smarrì. La selva di cui si dice nel *Convivio* solo per una parte, e non la più importante, corrisponde a quella in cui, da adulto, Dante si era smarrito; per un'altra, invece, non vi corrisponde, come è dimostrato dal suo essere tale che da quella il giovane usciva e si faceva adulto, e da questa, invece, non si veniva fuori. Se a Dante fu possibile uscirne, fu infatti sì per l'impegno che vi mise, salvo che questo non avrebbe conseguito il suo scopo se non fosse stato per la grazia divina che lo assisteva. Nella generica selva della vita, non era dato di incontrare Virgilio. Nella sua, che aveva altra natura, Dante lo incontrò. Il viaggio che con la sua guida avrebbe compiuto per giungere fin sulla cima del monte del Purgatorio, dove ad attenderlo avrebbe trovato Beatrice, era stato deciso in cielo, come tutti sanno.

3. La selva, dunque, era, innanzi tutto, e occorre notarlo, non la selva, ma una selva, la specifica selva nella quale a lui era accaduto di disperdersi, e che, se è così, deve intendersi che fosse quella richiesta, e idealmente costituita, dai peccati che aveva commessi e che, innanzi tutto, erano i suoi, anche se (ma notarlo è una pura banalità) non esclusivamente i suoi. Come si deduce dal fatto che nessuno mai ne era uscito vivo (v. 27), molti l'avevano abitata e probabilmente l'abitavano quando Dante vi si era smarrito, sì che sarebbe assurdo sostenere che egli si fosse trovato a esservi solo nel tempo in cui vi si era reso prigioniero. Se di altri, con cui si fosse trovato a condividerla nel momento in cui vi si era perso, tuttavia non parlò, la ragione potrebbe essere indicata nella particolare situazione psicologica che si era determinata in lui che, a differenza di ogni altro che aveva invece dovuto soccombere alla sua legge, ne era uscito vivo. Era questo, del resto, il punto, importante e decisivo, quello che occorreva mettere in risalto perché apparisse chiaro quale fosse il senso dell'intera vicenda. Nel passo del *Convivio* era enunciata una considerazione generica sulla vita umana che, nella fase della giovinezza facilmente erra e si perde. In quello dell'*Inferno* era delineato un dramma specifico, e, sotto ogni punto di vista, eccezio-

nale, che riguardava comunque gli uomini, non gli adolescenti; e in senso specifico riguardava Dante. Il quale ne fece perciò, e non perché ne stesse parlando nel prologo di una cantica dedicata all'Inferno, qualcosa di molto simile a questo, la cui δεινότης riguardava gli uomini in quanto si fossero avviati su false vie, e non in quanto fossero stati adolescenti privi di guida. Adolescente, del resto, e si deve ribadirlo, Dante di certo non era quando vi entrò.[7] Era un uomo, come non caso ci tenne a far sapere, giunto alla metà del suo cammino, e perciò nel momento più alto di una vita che, come si è detto, già aveva conseguito, nelle lettere, un ragguardevole traguardo («lo bello stilo» che gli aveva «fatto onore»). Non era, quindi, la massima del *Convivio* a essergli adatta, ma una, piuttosto, che avesse alluso alla difficoltà di salvarsi per chi, per ragioni ben più complesse di quelle che di regola appartengono a un adolescente, si fosse disperso nell'oscurità di una selva che, con l'intrico dei suoi rami, proteggeva sé stessa dalla luce della ragione. Il punto è qui.

4. Certo, nell'esordio della *Commedia*, «selva» era una parola allegorica, nella quale non era difficile indicare le specificazioni, esse stesse allegoriche, che, standovi come in potenza, facilmente sarebbero emerse alla luce e passate all'atto, se, della peccaminosità che la caratterizzava, si fosse, per esempio, come varie volte è accaduto, messo in rilievo l'aspetto politico e, nel groviglio che vi era formato dall'intrico di piante e cespugli, si fosse colto quello delle passioni che turbano e soffocano

7. Il Pascoli, *Intorno alla Minerva oscura*, p. 9, ritenne che «tutto» parlasse di «adolescenza nei luoghi che si riferiscono allo smarrimento», i cui momenti ricavò dal discorso di Beatrice nel trentesimo del *Purgatorio*. Ma il coordinamento fra i due luoghi andava eseguito con discrezione, e senza dimenticare che nella selva Dante si ritrovò quando era «nel mezzo del cammin di nostra vita», sì che è puro arbitrio leggere questo passo alla luce delle parole di Beatrice, far coincidere il suo allontanamento da lei con l'entrata nella selva, e definirla come «la vita adolescente» (p. 17). Il Pascoli sapeva bene che il primo verso della *Commedia* diceva dell'essersi, Dante, ritrovato in una selva, anzi «per» una selva, quando la sua vita aveva toccata la sua metà. Senza scoraggiarsi per così poco, si chiese tuttavia: «ma quando c'entrò?», e lasciò intendere che ci vollero anni perché Dante si accorgesse di muovere i suoi passi «per una selva oscura». In realtà, quando, nel decimoquinto dell'*Inferno*, Dante confidò a Brunetto Latini di essersi smarrito in «una valle,/ avanti che l'età» sua «fosse piena» (vv. 50-51), introdusse bensì, rispetto a quel che aveva detto nel primo verso del poema, una differenza, che dev'essere notata, ma che non potrebbe per altro essere interpretata come se, diversamente da quel che aveva fatto prima, ora avesse tenuto a far sapere che nella selva era stato a lungo. Ma si veda più oltre.

la vita delle città mal governate (Firenze allora avrebbe potuto essere definita una «selva oscura»).[8] Non sarebbe una «proiezione» necessariamente errata, o fuorviante. Si sa che, nel *De vulgari eloquentia*, I xviii 1, Dante aveva parlato della *ytalia silva*, della quale, chi aveva cura del *municipalium grex vulgarium*, quasi che, *vere*, fosse una sorta di *paterfamilias*, *cotidie extirpa[ba]t sentosos frutices*. Il paragone con le città gli stava in mente. Servirsene per l'interpretazione non è dunque illegittimo: illegittimo tuttavia è fermarvisi. Evidente è infatti che il senso del discorso va oltre. A ragione,[9] per esempio, già l'antica glossa aveva indicato nella selva la ὕλη, ossia la «materia», di modo che, in luogo del politico, a emergere era stato il senso filosofico, che vi era stato colto, per esempio, da Cristoforo Landino.[10] Nel suo commento, egli la intese come corporeità sorda al richiamo dello spirito, senza tuttavia aggiungere che, se la parola fosse stata presa nel significato forte, non di ὕλη, ma di πρότη ὕλη, non di «materia», ma di «materia prima», allora l'idea che si potesse intenderla come un luogo in cui fosse possibile camminare e perdersi, avrebbe urtato contro una difficoltà insormontabile. Restando sé stesso, l'indeterminato non può accogliere cosa che sia altra da sé stesso; e questo vale anche se la sua idea rinvii alla «materia prima», che tale è «prima» che qualcosa vi si formi, e tale non è più dopo che qualcosa vi si sia formato. Comunque, se nella selva a tal punto Dante era rimasto im-

8. Contro questa opinione, che gli piaceva «manco di tutte l'altre», e che da tempo quindi doveva aver preso a circolare, si pronunciava, con nettezza, G.B. Gelli, *Commento edito e inedito sopra la Divina Commedia*, a cura di C. Negroni, I, Firenze 1887, p. 58. Il nesso fra la selva e Firenze è accennato anche da B. Nardi, *Il preludio alla Commedia* (1963), in *«Lecturae» e altri studi danteschi*, a cura di R. Abardo, Firenze 1990, p. 47. Va oltre la questione posta qui, l'importante libro di E. Brilli, *Firenze e il profeta. Dante fra teologia e politica*, Roma 2012.

9. Non a ragione, ma a torto, invece, secondo J. Freccero, *Dante. La poetica della conversione*, tr. it., Bologna 1989, pp. 33-34, che tuttavia non adduce, al riguardo, persuasive ragioni.

10. C. Landino, *Commento sopra la Comedia*, a cura di P. Procaccioli, I, Roma 2000, p. 286. Il riferimento a Platone è generico. Per la questione della ὕλη è pressoché certo che Landino avesse in mente il *Timeo* (ma si veda il commento di Calcidio, diffusissimo nel Medioevo: Calcidii *Commentarius*, cclxviii 10-15 (Plato latinus, edidit R. Klibansky, IV, *Timaeus*, a Calcidio translatus commentarioque instructus in societatem operis coniuncto P.J. Jensen, edidit J.H. Waszink, Londini et Leidae 1962, pp. 273-274). I commentatori moderni citano Isidoro, *Etym.* XIII iii 1 (G. Inglese, *La Commedia*, I, *Inferno*, Roma 2007, p. 39). E. Ragni, *selva*, ED, V,141 a, ha addotto Bernardo Silvestre, *De mundi universitate*, I ii 23-25. Si può aggiungere che il paragone non pacque al Gelli, *Commento*, pp. 57-58.

pigliato da non potersene liberare e da rischiarvi la vita, è anche vero che, come già si è osservato, a lui soltanto era accaduto di uscirne vivo, scampando dal «passo» che vivo non aveva lasciato nessuno. Era stato perciò attraverso la sua eccezione, che la sinistra regola era stata confermata. Da quella selva, dunque, non si usciva: chi vi si fosse perso, vi moriva. Era un luogo di morte che, per altro, proprio nel momento in cui si rivelava fatale per tutti quelli che vi si erano inclusi, non poteva essere intesa nel senso che tutti vi si sarebbero resi prigionieri, nessuno potendo sfuggire a questa necessità. La regola della morte valeva per chi vi si fosse inoltrato: dal suo «passo», con l'eccezione di Dante, che era dunque, in senso assoluto, un'eccezione, nessuno era uscito vivo.[11] Non tuttavia nel senso, che troppo allora risulterebbe banale, per il quale si intendesse che, identificata con la «vita terrena travagliata dal peccato»,[12] da essa non si usciva se non morti, ma nell'altro, che da essa non usciva vivo, non chi fosse entrato nella vita, ma chi, potendo evitare di entrare nella sua «selva», per sua colpa vi si fosse disperso. La selva era perciò non tanto la vita, una qualsiasi metafora della vita, quanto piuttosto un possibile suo momento, nel quale chi vi incorreva era perduto se per lui non vi fosse stato, in cielo, un sicuro presidio e, nel suo animo, tanta forza quant'era richiesta dallo sforzo comunque richiesto per uscirne. La differenza è chiara; e insistervi potrebbe essere indizio di fastidiosa pedanteria. Ma, poiché, certamente *facilior* è l'immediata identificazione sua con la vita, valga allora l'osservazione che nella vita è impossibile non stare, se si è vivi, e impossibile esser vivi quando se ne sia inevitabilmente usciti: a differenza della selva, nelle quale si entrava se accadeva di smarrirvisi, e vivi si usciva se, per qualche ragione, la grazia fosse discesa sul capo di chi, per sua colpa, si fosse trovato a esserne prigioniero.

Se è così, non può sfuggire che la selva ha un significato che va al di là di quello che le è stato di regola attribuito, e di quello, altresì, che Dante le aveva assegnato quando, nel *Convivio*, ne aveva data la definizione che si è appena letta. Si arriva a capire quale sia se si considera, o si torna a considerare, che in essa si entrava, ma, e in ciò, come si è detto, si distingueva dalla vita, entrarvi e starvi non era una necessità ineluttabile: salvo che, una volta che vi si fosse entrati, uscirne, tuttavia, era impossibile. Certo,

11. Sul significato del «passo che non lasciò giammai persona viva», ho discusso in *«Forti cose a pensar mettere in versi»*, pp. 49 ss., *passim*.

12. Mazzoni, *Saggio di un nuovo commento*, p. 85.

quando elaborò questo concetto e dette l'avvio alla sua imponente costruzione, in Dante risuonavano le parole che la Sibilla aveva rivolte a Enea per informarlo che «facilis descensus Averno;/ noctes atque dies patet atri ianua Ditis,/ sed revocare gradum superasque evadere ad auras,/ hic opus, hic labor est»;[13] che egli svolse facendo della selva una metafora dell'Inferno, nel quale, infatti, si entra, se si entra, ma non si esce una volta che si sia meritato di esservi accolti («lasciate ogni speranza, voi ch'intrate»).[14] Dalla selva, tuttavia, Dante era uscito vivo (il che, se ci si pensa, conduce a ribadire che la selva non è la vita: se lo fosse, uscirne significherebbe morire!). Non si doveva, dunque, intenderla come una metafora, piuttosto che un'allegoria, dell'Inferno: come una sua «figura», che poneva un'analogia? Se è vero che, come dalla selva, nemmeno dall'Inferno si usciva, vero è tuttavia che, dopo esservi entrato, Dante era uscito sia dall'una sia dall'altro: sì che dalla doppia eccezione che egli rappresentava la regola era, non infranta, ma confermata. La selva era una metafora, piuttosto che un'allegoria, dell'Inferno, perché, a rigore, il significato del regno del male è in sé così estremo che pensare di trasferirne il significato in un altro che, rispetto al primo, lo innalzasse potenziandolo e approfondendolo, era, a rigore, impossibile. Meglio, dunque, una metafora. E dell'Inferno la selva lo era perché, se entrarvi era facile, uscirne non si poteva senza l'intervento della grazia divina che, per la salvezza di Dante, aveva imposto che egli compisse il famoso viaggio, entrasse nell'Inferno, ne uscisse per proseguire, attraverso il Purgatoro, un percorso che si sarebbe concluso con l'ascesa dei cieli e la folgorante apparizione di Dio. Per renderlo possibile, la grazia divina aveva quindi disposto che la sua realizzazione imponesse il sacrificio di una regola alla quale sottrarsi sarebbe stato altrimenti impossibile: una regola che, come valeva per l'Inferno («lasciate ogni speranza, voi ch'intrate»),[15] allo stesso modo valeva per la selva, il cui «passo» nessuno aveva lasciato vivo.[16]

13. Verg. *aen.* 6, 126-129. Il luogo virgiliano è stato addotto molte volte: cfr., p. es., E.R. Curtius, *Letteratura europea e Medio Evo latino*, tr. it., Firenze 1992, p. 394 n. 1. Vi torno su alla fine di questo articolo.

14. *If* III 9. Non per le ragioni addotte qui, ma perché riteneva che potesse vedervisi «la casa e la prigione del diavolo, nella quale ciascun peccatore cade ed entra, sì tosto come cade in peccato mortale», G. Boccaccio, *Esposizioni sopra la Commedia*, a cura di G. Padoan, Milano 1994, p. 68, vi indicò una metafora dell'Inferno.

15. *If* III 9.

16. *If* I 27.

5. Se questa, tuttavia, e soltanto questa, fosse stata l'idea sulla quale si intendeva richiamare l'attenzione, tornarci sopra, e riproporla, non sarebbe stato necessario. Sull'anomalia di un viaggio che, iniziato nell'Inferno dal quale non si esce, prevedeva che l'entrata in esso, e quindi l'uscita dalla sua prigione, costituissero la condizione imprescindibile del suo poter essere continuato, attraverso il Purgatorio, su per i cieli fino a Dio, – anche su questa la discussione che ne è stata fatta in altra sede, dove, per quel che si sapeva, il necessario fu detto, non richiedeva di essere ripresa.[17] Ma allora, perché la si è ripresa? Riprenderla parve necessario perché, se, come qui si sostiene, la selva è una metafora dell'Inferno, deve anche tenersi fermo che, nel proporre l'identificazione, essa si pone fra i termini e li tiene distinti, sì che, nel dire che la selva è una metafora dell'Inferno, deve anche dirsi che non è la stessa cosa di questo e, nella facilità con cui vi si entra e nell'impossibilità che s'incontra a uscirne, ha tuttavia lo stesso carattere. Ci si deve perciò chiedere quale sia, in termini specifici, il loro rapporto. Se la selva è una metafora o, come qui si è detto, un'anticipazione analogica dell'Inferno, a questa definizione che cosa può aggiungersi per renderla più stringente? Si può chiedere perché Dante, che pure ne era uscito, abbia detto che da essa non si usciva e che il suo «passo» nessuno lasciava vivo. Si può chiederlo perché, che si sappia, è una domanda che in questa forma non è stata posta. E non è, tuttavia, in nessun senso una domanda inutile, o che al testo pervenga dall'esterno. Essa, al contrario, rivela la sua pertinenza se, ponendo a confronto il primo canto dell'*Inferno* con il primo del *Purgatorio*, e constatando che in entrambi i casi Dante fu messo di fronte a uno spettacolo che mai gli era apparso prima, si arrivi a capire che, nel prologo del poema, egli anticipò il momento per eccellenza critico del viaggio, e, in certo senso, il più importante. Quel momento doveva infatti essere identificato, non nella scalata del Purgatorio e nell'ascesa di cielo in cielo, fino a Dio, ma in ciò che per ogni altro era stato impossibile, e per lui non lo fu: nell'uscita dall'Inferno, rispetto alla quale quella dalla selva non è che un'analogica anticipazione. Se si pensa alla geografia della selva e di ciò che sta nei suoi pressi, e poi la mente si rivolga a contemplare il luogo che si offrì agli occhi di Dante e di Virgilio quando furono venuti fuori della voragine infernale, lo spettacolo a cui il lettore è messo davanti si rivela subito meritevole di attenzione. La selva non è, in senso materiale, la stessa cosa dell'Inferno. Il pendìo che conduce al colle illuminato dal sole non è

17. Cfr. *«Forti cose a pensar mettere in versi»*, pp. 447-574.

la stessa cosa della spiaggia del Purgatorio. Il colle, il «dilettoso monte», non è il Purgatorio. Ma, nella materiale simiglianza delle due situazioni, il significato di ciò che si trova nella prima si presenta come una puntuale anticipazione della seconda. E forse conviene dire che se, dalla selva al colle, tutto nella prima scena è, se non allegoria, metafora, riconsiderata alla luce della seconda, assume il carattere di una, come si è accennato, anticipazione analogica. In altri termini: non si intende fino in fondo il significato della selva, del pendìo, del colle, se non li si mette a raffronto con la spiaggia del Purgatorio, con i contrafforti del Purgatorio e, quindi, con il Purgatorio stesso. In breve: se il primo dell'*Inferno* non è letto a riscontro del primo del *Purgatorio*.

6. Non occorre, per la questione di cui si tratta qui, tornare sul modo in cui Dante intese la formazione del baratro infernale e, come conseguenza di questa, l'innalzamento della terra che si ritraeva inorridita alla vista dell'angelo ribelle che vi sprofondava e il conseguente formarsi della montagna del Purgatorio; e nemmeno sul contrasto che può notarsi, ed è stato notato, fra quel che aveva scritto in *Inferno* XXXIV 119-126, e quanto aveva detto a III 7-8 e poi aggiunto in *Paradiso* XXIX 49-54. Per quel che concerne il fenomeno in questione, sarebbe certamente assurdo se, disponendo dei versi di Dante, ci mettessimo a stentamente parafrasarli, e magari, in questa sede, a ripetere quel che già da altri fu detto circa la differenza in cui si pongono con, se è suo,[18] il *De situ et forma de aqua et terra*. Basterà citare *Inferno*, XXXIV 121-126, dove di Lucifero si dice che «da questa parte cadde giù dal cielo;/ e la terra, che pria di qua si sporse,/ per paura di lui fe' del mar velo,/ e venne all'emisperio nostro; e forse/ per fuggir lui lasciò qui loco vòto/ quella ch'appar di qua, e su ricorse». Basti citarli, questi versi, e non insistervi.[19] In questa sede, conviene infatti notare la cura che, se si può dire così, Dante mise nel ridurre al minimo i particolari del quadro che gli si era spalancato di fronte. Uscito, con Virgilio, dal baratro infernale, quasi che lo stupore suscitatogli dal luogo al quale era pervenuto non gli consentisse di più, nel primo del *Purgatorio*

18. Per una sintesi della questione, cfr. M. Pastore Stocchi, *ED*, IV, 461 b-467 a.

19. Per l'interpretazione, cfr. Nardi, *La caduta di Lucifero e l'autenticità della 'Quaestio de aqua et terra'* (1959), in «*Lecturae*» *e altri studi danteschi*, pp. 227-265, e G. Stabile, *Cosmologia e teologia nella 'Commedia'. La caduta di Lucifero e il rovesciamento del mondo* (1983), in *Dante e la filosofia della natura. Percezioni, linguaggi, cosmologie*, Firenze 2007, pp. 237-272.

non dedicò nemmeno un verso a delinearlo nel suo complesso. Descrisse l'emozione che, visto per la prima volta da occhi umani, il luogo gli suscitava, la sua attenzione essendo infatti stata attratta dal «dolce color d'oriental zaffiro,/ che s'accoglieva nel sereno aspetto/ del mezzo, puro infino al primo giro» (vv. 13-15), e, naturalmente, dal forte contrasto in cui si poneva con «l'aura morta che» gli «avea contristati li occhi e 'l petto» (v. 18). Fu attratta dallo spettacolo offerto dal cielo dell'emisfero antartico e dalle «quattro stelle/ non viste mai fuor ch'a la prima gente» (vv. 23-24), sì che, dopo aver rilevato che «goder pareva 'l ciel di lor fiammelle» (v. 25), non potè non esclamare: «oh settentrional vedovo sito,/ poi che privato se' di mirar quelle» (vv. 26-27). Ma niente di più. Nemmeno una parola fu dedicata alla terra sulla quale aveva posato il piede, nessuna al paesaggio che pure gli si apriva dinanzi. Prima ancora che quello avesse ricevuto qualche segno d'attenzione, questa fu attratta dalla figura di Catone, apparsa come d'improvviso; e da lui, indirettamente per altro, venne la prima indicazione del luogo in cui si trovavano. Con un'«alterazione», è stato detto, «affettuosa, non dimunitiva»,[20] fu Catone infatti a definirlo un'«isoletta», nella cui parte più bassa, «là giù colà dove la batte l'onda,/ porta di giunchi sovra 'l molle limo» (vv. 100-101); e ancora da lui, quasi per caso, apprendiamo, che, essendo ormai sul punto di sorgere, sarebbe stato il sole a mostrare la via che, in lieve salita, conduceva al monte («lo sol vi mosterrà, che surge omai,/ prendere il monte a più lieve fatica»).[21] Dopo di che, ma fu necessario che Dante avesse scritto più di cento versi perché ci si arrivasse, il lettore fu informato che il paesaggio sul quale, provenendo con Virgilio dalla notte infernale, aveva posato il piede, era un'isola, la cui spiaggia, dopo l'improvvisa sparizione di Catone, si rivelava come un «diserto lito,/ che mai non vide navicar sue acque/omo che di tornar» fosse stato «poscia esperto» (vv. 130-132). Intenzionalmente, grande rilievo fu dato alla solitudine del luogo, alla sua assoluta novità, resa più forte e, per dir così, sottolineata, dall'allusione che, come Benvenuto[22] ben vide, in questo punto Dante aveva fatta a Ulisse, giunto in cospetto della «montagna» che, per la distanza, gli era apparsa bruna, e «alta tanto quanto veduta non avea alcuna».[23] L'allusione merita di essere commentata. Consapevol-

20. Inglese, *Purgatorio*, p. 47.
21. *Pg* I 107-108.
22. Benvenuto da Imola, *Comentum*, III, 48.
23. *If* XXVI 135-136.

mente, Dante si presentava come un Ulisse che, invece della sconfitta, aveva conosciuto, o stava conoscendo, la vittoria in un'impresa caratterizzata da sacra «follia», proprio come l'essere entrato per primo, e da uomo vivo, nel Paradiso Terrestre, gli aveva dato la certezza di essere lui il nuovo Adamo: che, a differenza del primo, nell'Eden entrava non per esserne subito scacciato, ma perché di lì prendesse le mosse il viaggio verso il Paradiso, e con questo avesse il suo inizio una storia nuova e diversa. Una storia che, rispetto a quella vissuta fin lì dal genere umano, si sarebbe diretta in tutt'altra direzione, con un tutt'altro carattere, perché, in essa, l'altra sarebbe per sempre tramontata. Non è il caso di riprendere, rendendola esplicita nei suoi termini, la questione a cui si è accennato: non qui, infatti, potrebbe discutersi della risoluzione apocalittica della storia umana, della quale la *Commedia* costituisce il documento. Di questo si è parlato in altre sedi. Accennarvi era tuttavia necessario, anche se ad altro ora convenga dirigere l'attenzione. Il luogo nel quale Dante e Virgilio si trovavano era una spiaggia deserta, su cui presto l'angelo nocchiero avrebbe depositato le anime destinate al Purgatorio, la cui alta montagna si profilava sullo sfondo. Con i caratteri che poco alla volta il suo occhio vi discerneva, il luogo al quale Dante era pervenuto richiamava quello in cui, uscendo vivo dalla selva e dal «passo» a cui nessuno era sopravvissuto, aveva dato inizo all'alta avventura del viaggio ultramondano.

7. Poche parole basteranno per indicare il punto che qui più interessa. Uscito dalla selva, Dante constatò che di fronte gli stava un pendìo, una lieve salita che conduceva a un colle la cui cima, illuminata in quel momento dal sole, faceva netto contrasto con l'«oscurità» in cui era stato immerso. Uscito dall'Inferno, Dante venne a trovarsi in un paesaggio incantato. Le luci dell'alba illuminavano il luogo su cui egli aveva messo il piede diffondendovi un chiarore che, nel suo emisfero, non era altrettanto dolce, né produceva altrettanta gioia. Il luogo si rivelò subito come la spiaggia di un'isola. Ma che in fondo a essa si elevasse una montagna, la montagna del Purgatorio, a rigore non fu detto. Le due situazioni apparvero caratterizzate da forte simiglianza soltanto quando la presenza della montagna, della quale fin lì non s'era fatto cenno, fu indirettamente rivelata da Catone nell'energica rampogna rivolta alle anime perché si affrettassero a raggiungerla. Per cogliere l'analogia che i due paesaggi rivelavano è dunque necessario arrivare al v. 122 del secondo canto, e al successivo: «correte al monte a spogliarvi lo scoglio/ ch'esser non lascia a voi Dio

manifesto». Di qui si ricava che sia il pendìo sia la spiaggia terminavano con, o conducevano a, una montagna che, nel primo caso, era un colle, ma così importante che meritava di essere definito, la prima volta, «cagion di tutta gioia», la seconda «dilettoso», e non più «colle», per altro, ma «monte». Le situazioni così descritte e definite, dunque erano simili: simili, se si vuole, fin quasi all'identità, che, tuttavia, se fra le due non era dichiarata, c'è ragione di ritenere che non fosse stata raggiunta. Che fossero identiche, infatti, non c'è prova. E identiche non erano. Gli argomenti *ex silentio* sono ingannevoli, e da usarsi con parsimonia e consapevolezza della loro natura. Dietro il silenzio può esserci questo o quello. Ma sta di fatto che, se in comune la selva e l'Inferno avevano, per chi vi fosse entrato, l'impossibilità di uscirne, a distinguere l'una dall'altra era invece la natura del luogo in cui avevano la loro sede, le rispettive uscite e che, palesemente, era simile, ma non era la stessa. Quando venne fuori della selva, e del «passo» che mai aveva lasciato persona viva (v. 27), Dante non aveva avuto occasione di notare, nel paesaggio che gli compariva davanti, niente che lo sorprendesse per qualcosa di non visto e avvertito prima, niente che gli facesse ritenere di trovarsi in un luogo che, radicalmente, gli fosse inconsueto e del quale mai avesse avuto esperienza. Quel sole era quello che sempre aveva riscaldate le sue membra e allietato il suo spirito: era quello che risplendeva nel «nostro» emifero. A sua volta, investito dal suo raggio, il colle appariva sì luminoso e tale da aprire l'animo alla speranza, ma, infine, quale che fosse l'ulteriore significato che racchiudeva in sé, era un colle collocato nell'emisfero abitato dagli uomini; e in questo infatti elevava la sua cima. Quando uscì dall'Inferno, si trovò invece di fronte un paesaggio quale mai aveva visto prima. Conviene ricordare i versi che lo descrivono. «Lo bel pianeto che d'amar conforta/ faceva tutto rider l'oriente,/ velando i Pesci ch'erano in sua scorta./ I' mi volsi a man destra e puosi mente/ all'altro polo, e vidi quattro stelle/ non viste mai fuor ch'a la prima gente./ Goder pareva 'l ciel di lor fiammelle:/ oh settentrional vedovo sito,/ poi che privato se' di mirar quelle».[24] A sancire la differenza fra la selva e l'Inferno, e, per conseguenza, fra il «dilettoso» colle e il monte del Purgatorio, c'era, dunque, qualcosa di profondo, di cui non si sarebbe potuto non tener conto se e quando si fosse provato a escogitare argomenti favorevoli alla loro identificazione.

24. *Pg* I 17-27. Sui vv. 23-24, cfr. la nota di Inglese, *Purgatorio*, p. 41. La questione che egli pone non può essere discussa qui.

8. Si aggiunga, e non si tratta, parrebbe, di un argomento di poco conto, che c'è, nel primo canto dell'Inferno, un luogo che, essendo stato molto discusso e commentato, forse non lo è stato quanto la sua importanza avrebbe richiesto: un luogo che reca comunque qualche sconcerto o, quanto meno, una certa sorpresa. Si tratta di quello in cui, ai vv. 76-78, a Dante, al quale stava rivelando la sua identità con parole che non avebbero mai potuto essere fraintese («nacqui sub Julio, ancor che fosse tardi,/ e vissi a Roma sotto 'l buono Augusto/ nel tempo de li dèi falsi e buguiardi,/ Poeta fui e cantai di quel giusto/ figliuol d'Anchise che venne di Troia,/ poi che 'l superbo Iliòn fu combusto»),[25] Virgilio aveva chiesto: «ma tu perché ritorni a tanta noia?/ perché non sali il dilettoso monte/ ch'è principio e cagion di tutta gioia?» (vv. 76-78). La domanda, in effetti, è sorprendente. Nella «bestia sanza pace», ossia nella lupa che, da ultimo, s'era messa di traverso fra Dante e il colle, Virgilio aveva pur visto che quello era l'ostacolo che aveva impedito il cammino: nel rivolgergliela, era dunque come se, tuttavia, non ne avesse valutati il peso e il significato. Era come se non avesse tenuto conto di un pensiero che era ben presente in lui che, della lupa, conosceva bene la natura e sapeva che, come avrebbe spiegato di lì a poco, soltanto il Veltro, non certo Dante appena uscito dalla selva e in pericolo di rientrarvi, sarebbe stato in grado di farla morire «con doglia». La differenza che divide la domanda dalla spiegazione è così netta che, senza ricorrere al solito, meschino espediente di chi invita a considerare sempre e comunque «soltanto apparenti» le discrasie a cui, quale che sia la loro natura, un testo dà luogo, e poi evita di far sapere che cosa ci sia e si nasconda dietro quel velo, esige una migliore spiegazione; che non è agevole, tuttavia, e comunque si provi a girarla, non soddisfa. C'è, per esempio, qualcosa di estinseco nel considerare il monito di Virgilio come diretto a conferire maggior risalto alla difficoltà che a Dante aveva impedito e stava impedendo di procedere nella direzione del monte e di affrontarne la salita; e qualcosa di meschino nell'osservare che, a quel punto del racconto, il poeta latino aveva appena rivelata la sua identità attraverso l'indicazione del tempo in cui era vissuto e dell'opera a cui si era dedicato, ma non aveva dichiarata la ragione per la quale era lì. Meno che mai persuaderebbe l'ipotesi che, con quella domanda, Virgilio avesse inteso far emergere, con più forza, la difficoltà che la sua scalata importava: dal momento che a colui che stava sperimentandola e consta-

25. *If* I 73-75.

tandone la impossibilità, niente serviva di meno del discorso di chi avesse preteso di rivelargliela. Comunque si tenti di spiegarla, la sua domanda, quella sua moralistica domanda, ha un suono tanto più anomalo in quanto sarebbe stato proprio lui, Virgilio, a spiegare la ragione dell'impossibilità che intanto si stava imponendo a Dante nell'intera sua inesorabilità. Fu lui a dichiarare che «questa bestia, per la qual tu gride,/ non lascia altrui passar per la sua via,/ ma tanto lo 'mpedisce che l'uccide;/ e ha natura sì malvagia e ria/ che mai non empie la bramosa voglia,/ e dopo il pasto ha più fame che pria».[26]

9. Le analogie, che si notano fra la situazione di Dante quando venne fuori della selva e davanti a sé vide il pendìo che conduceva al «dilettoso monte», e l'altra che si determinò alla sua uscita dal baratro infernale, sono analogie; che richiedono di essere colte perché, se il canto proemiale della *Commedia* non fosse letto in relazione al primo del *Purgatorio*, alta sarebbe la probablità che cose essenziali sfuggano. Le analogie tengono tuttavia, dentro di sé, una differenza che, come non consente (ed è ovvio) di considerare la selva come essa stessa l'Inferno, allo stesso modo vieta di identificare il «dilettoso monte» con quello del Purgatorio. In altri termini, se l'analogia non è la stessa cosa dell'identità, deve ricavarsene che questa riguardi le due situazioni nel significato generale che le accomuna, ma non le singole realtà che sono accolte nel suo ambito: l'uscita dalla selva non è l'uscita dall'Inferno, il pendìo non è la spiaggia, il «dilettoso monte» non è il Purgatorio. In altre parole, proprio perché le due situazioni danno luogo a una analogia, è la natura di questa che, per un verso assimilandole, per un altro le distingue e, mentre la toglie, mantiene la differenza. Sta forse nella duplice natura dell'analogia, e di ciò che concretamente la costituisce, la ragione per la quale, intuendo il problema e lasciandosene, nello stesso tempo, sfuggire i termini, a cominciare, salvo errore, da Benvenuto,[27] qualche commentatore vide nel colle illuminato dal sole, l'allegoria, non solo della virtù morale e intellettuale, ma anche l'*analogon* del monte del Purgatorio. Intuì tutto questo, e non riuscì tuttavia a bene intendere perché si dovesse, ma anche non si dovesse dire così, perché, nell'essere una sorta di anticipazione di quello, il paesaggio formato dalla selva e da ciò che le si riferiva fosse, e non fosse, la stessa cosa dell'altro che Dante aveva visto

26. *If* I 94-99.
27. Benvenuto da Imola, *Comentum*, I, 29.

all'uscita dall'Inferno. Varie cose, nello specifico, concorrono a provarlo: varie circostanze, e vari argomenti. In primo luogo la natura di simbolo imperiale che si riconosce al monte quando si vada oltre la generica indicazione in esso di un'allegoria concernente la vita virtuosa e ordinata. Che, in effetti, il monte sia un simbolo dell'Impero è provato dalla fortissima presenza di Virgilio e dal modo in cui rivelò a Dante la sua identità: dichiarando di essere nato sotto Giulio Cesare e di essere vissuto al tempo di Augusto, egli aveva evocata, in modo inequivocabile la stagione imperiale di Roma. A dimostrarlo era anche la differenza, sarà pedanteria ma notarla è necessario, che sussiste fra il «dilettoso monte» e quello del Purgatorio: differenza non dichiarata, com'è ovvio, ma che pur si impone a chi consideri, non solo che, sulla cima del primo, non c'era che la luce determinatavi dai raggi del sole, mentre su quella del secondo si trovava il Paradiso Terrestre, e anche, tuttavia, altro. Se il primo era risultato inaccessibile a Dante che nelle tre fiere aveva incontrato un ostacolo insormontabile, l'altro invece era, per definizione, scalabile da chi avesse meritato di giungere ai suoi piedi.

La differenza, del resto, si conferma, e si comprende nella sua seria ragione, se si considera che, se il «dilettoso monte» fosse stato quello del Purgatorio, sia nel constatare la difficoltà che Dante aveva incontrata nel raggiungerlo e scalarlo, sia nel prendere atto della sconfitta a cui si era esposto, Virgilio avrebbe dovuto riconoscerla come una sconfitta anche sua e, anzi, come in primo luogo, sua. In questo caso, la sua missione sarebbe fallita prima ancora che avesse avuto inizio, o fin dall'inizio avrebbe conosciuto un insuccesso; e questo, ovviamente, era impossibile e impensabile. In effetti, l'insormontabile difficoltà che si era opposta al suo tentativo aveva natura, non soltanto allegorica, ma, in primo luogo, storica e politica. L'Impero era allora senza un vero imperatore: un fatto di cui sarebbe stato impossibile non constatare la realtà. Chiunque fosse, il Veltro non era ancora intervenuto a vincere la cupidigia della lupa, a mettere in ordine il mondo e ad avviarlo sulla via dell'autentica virtù. Rinunziare alla scalata del monte, che pure era «principio e cagion di tutta gioia», era, dunque, per il momento, inevitabile. E, del resto, quasi che lo scopo della domanda fosse di provocare quella risposta, nel formularla Virgilio fece intendere cha la ragione per la quale egli era lì, presso l'uomo che si era disperso nella selva e ne era uscito essendo tuttavia in rischio di rientrarvi, era politica solo in senso lato, e, in effetti, era diretta a rendere possibile un «altro viaggio». Considerato nella concretezza del compito che gli era stato affidato, Virgilio era un simbolo imperiale perché tale era il suo passato di uomo che, dell'Impero, aveva narrato, da vivo, le circostanze e le ragioni che ne avevano determinata la nascita fatale. Ma che non lo fosse nel presente, e per il presente, è dimostrato dal richiamo che egli fece del Veltro, al quale, nella sua prossima venuta, sarebbe spettato di vincere la cupidigia della lupa e di farla morire «con doglia». Nell'evocazione di quel personaggio, e della potenza storica di cui era il soggetto, in modo indiretto e, non di meno, chiaro, era contenuta l'indicazione di quel che, guidato da lui fin sulla soglia del Paradiso Terrestre, il viaggio di Dante sarebbe stato: un viaggio nel quale la storia umana avrebbe realizzato il suo senso nell'atto in cui, nell'andar oltre il piano degli eventi mondani, li avrebbe consumati in sé stessa, che assumeva pertanto il carattere di un'apocalisse. Nella distinzione che in tal modo Virgilio eseguiva della missione sua da quella del Veltro, era contenuta anche la ragione della sconfitta che pur si doveva, o si sarebbe potuto, attribuirgli nei confronti della lupa: della sconfitta o, se si preferisce, della battaglia non intrapresa con lei, e, in definitiva, anche della diversità della sua specifica missione. La inattualità che la politica rivelava nella *Commedia* ha la sua radice, o una delle sue radici, nella distinzione che Virgilio fece fra la missione sua e quella del Veltro, missioni coordinate, ma non coincidenti; e spiega perché, mentre ai piedi del colle la lupa era pur sempre presente e impediva che l'uomo che era uscito dalla selva ne intraprendesse la scalata, egli, in sostanza, indicasse e prendesse la via che conduceva alla meta del diverso viaggio di cui sarebbe stata la guida e la indicasse a Dante, al quale ne aveva dichiarata la natura e lo scopo.

Rinunziare alla scalata del Purgatorio sarebbe stato inconcepibile, e se ne sono dette le ragioni. Non altrettanto la rinuncia a scalare il colle che, a parte le tre fiere che impedivano il cammino, non era, e non poteva essere, quello del Purgatorio. Era impossibile, infatti, che lo si incontrasse e che ponesse il problema della sua scalata, prima che il viaggio avesse condotto Dante a percorrere con Virglio l'intera regione infernale e che, uscendone, egli fosse pervenuto all'altro emisfero, dove quella montagna aveva il suo luogo. Non si formulerebbe tuttavia un'ipotesi plausibile se si dicesse che, essendosi accorto della sua inaccessibilità, Dante avesse già capito che la sua scalata richiedeva la previa discesa nelle profondità dell'Inferno e che, solo dopo che questa fosse stata compiuta, quella sarebbe stata eseguibile. L'ipotesi non sarebbe plausibile, in primo luogo, perché delle ragioni per le quali era stato mandato in soccorso dell'uomo che si era disperso nella selva e ne era appena uscito, a essere informato era bensì Virgilio, al quale il compito era stato affidato da Beatrice,[28] ma non lui che, a quel punto, del progetto che lo destinava al viaggio ultramondano niente sapeva. In secondo luogo perché, come già si è detto, il monte del Purgatorio era collocato nell'emisfero opposto a quello in cui egli si trovava con Virgilio. Per averne la vista e, eventualmente, scalarlo, era necessario perciò che si pervenisse là dove si trovava: il che, di nuovo, presupponeva la discesa nell'Inferno, della quale, e della sua necessità, si ripete, a quel punto del racconto Dante non aveva avuta alcuna notizia. Quel che sapeva, perché lo stava apprendendo dalle parole di Virgilio, era che la scalata del colle non sarebbe stata possibile prima che il Veltro avesse cacciato di villa in villa le fiere che impedivano il cammno, e ucciso la lupa in cui era culminata la malizia delle prime due. Quale rapporto temporale, e non solo, Dante poi ponesse fra l'avvento del Veltro liberatore del mondo dalla «malizia» rappresentata dalle tre fiere e l'inizio del suo viaggio con la discesa agli inferi, non si sa perché egli stesso non poteva averne nozione. Se del nesso temporale sussistente fra i due eventi niente disse, fu perché questa era materia non sua, ma di Dio, e, osservarlo sarà banale, ma pure è un fatto, quel personaggio non si era ancora reso visibile mentre il viaggo era sul punto di avere il suo inizio. Quel che è certo è che la sconfitta delle tre fiere era consistita non, e può sembrare paradossale, nella vittoria che egli avesse riportata su di esse, ma, al contrario, nella rinunzia, tacitamente approvata da Virgilio, che egli le affrontasse per scalare il colle: una rinunzia che, poiché lo teneva lontano da esse, le aveva messe nell'impossibilità di ucciderlo impedendogli di intraprendere il viaggio nell'aldilà. Le fiere erano lì, anche se sembrava che l'ultima, la lupa, avesse risolta nella sua la malizia delle precedenti due, e ne fosse come la sintesi. Ma Dante, che era stato sottratto a esse, e messo al riparo della loro ferocia, non le avrebbe vinte, o, meglio, non avrebbe cominciato a contrastarne il potere, se non dopo che si fosse realizzata la decisione provvidenziale che, con la guida di Virgilio, egli scendesse nelle profondità infernali, affrontasse e osservasse il male in tutte le sue molteplici facce e se ne giovasse per la sua edificazione interiore. Solo a quel punto le avrebbe fatte morire in modo che, uscito «a riveder le stelle», si sarebbe trovato nella disposizione adatta ad affrontare un cammino che, svolgendosi nell'emisfero opposto al suo, era simile, ma non coincideva,

28. *If* II 52-72.

con quello che egli vi compiva: come simile, ma non lo stesso, era il monte che sovrastava la spiaggia su cui, con Virgilio, avrebbe posato il piede: simile, non identico, e ora, sia pure con difficoltà, scalabile. Se, quindi, per un verso, occorre riconoscere e ribadire che quella riportata sulle tre fiere era stata una vittoria, non politica, ma di altra natura, per un altro deve osservarsi che, avendo tacitamente accettate le ragioni che Dante gli aveva esposte per giustificare la insuperabile difficoltà che incontrava ad avviarsi su per il colle illuminato dal sole, Virgilio era invece stato intransigente nel respingere quelle da lui addotte in merito alla sua idoneità ad affrontare il viaggio intramondano («io non Enea, io non Paulo sono»). La battaglia politica che doveva combattersi perché l'Imperatore tornasse alla guida del genere umano era affidata all'avvento del Veltro; che, d'altra parte, poiché apparteneva a un non determinato e determinabile futuro, e non era detto se fosse un imperatore o altra cosa, attraeva su di sé il segno di ciò che è inattuale e tendeva a sfumare nell'ambito di un'imprecisata attesa. Così, un canto nel quale ben percepibile era la tonalità politica e imperiale, era anche quello in cui questa sfumava cedendo all'altra che, oltre la dimensione politica, indicava quella escatologica. La situazione che l'idea del viaggio e la sua realizzazione determinavano nei confronti dell'attesa del Veltro venivano, in tal modo, a essere segnate dalla constatazione dell'impossibilità della coincidenza. Il viaggio aveva inizio, e Dante, che l'aveva intrapreso uscendo dalla storia dei vivi, lasciava un mondo che l'assenza dell'Imperatore rendeva infelice.

10. È un punto, questo, che, per la sua importanza, merita di essere notato. Nel primo canto, più volte lo si è rilevato, Dante aveva intrecciate insieme fin troppe cose, che avrebbero perciò richiesto di essere distinte e considerate in sé perché fosse evitato il rischio che, invece di mostrarle, l'intreccio le nascondesse rendendo difficile la loro individuazione. Sono, tuttavia, in primo luogo, le due, che qui si sono indicate, a richiedere attenzione. Sono esse, infatti, che, distinguendosi, rivelano che, opera polisensa e non riducibile a un solo significato, a quello politico la *Commedia* aggiunse l'altro, escatologico, dal quale il primo era reso inattuale. Virgilio è perciò, nel primo canto, una figura duplice: politica perché in lui e nella sua opera la storia di Roma e l'Impero davano di sé alta testimonianza, ma metapolitica perché egli era la guida di un viaggio, inteso a realizzare la sua intrinseca finalità apocalittica. Anche per questo, forse, in tutt'intera la prima cantica, e non meno nella seconda, non c'è discorso

politico in cui Dante si fosse lasciato involgere, che non veda Virgilio estraneo e in disparte. In un solo caso, salvo errrore, quello di Filippo Argenti, si lasciò coinvolgere: non, tuttavia, per partecipare a un dibattito politico che in quel caso non aveva avuto luogo, ma compiendo il gesto d'ira con cui aveva respinto nella palude stigia il dannato che, dopo il violento alterco avuto con Dante, aveva cercato di rovesciare la barca sulla quale entrambi si trovavano. L'estraneità dimostrata da Virglio nei confronti della politica comunale e delle passioni che accendeva in Dante, il suo discreto e elegante tenersene in disparte, il superiore senso storico che lo collocava lontano da esse, si spiegano, del resto, con la sua appartenenza, non solo e non tanto a una storia diversa da quella del suo discepolo, ma, come si è detto, a una dimensione che non era né storica né politica. Nemmeno quella imperiale, alla quale il suo personaggio pur alludeva, era una sua attuale dimensione: rispetto a questa, infatti, andava oltre. Nella *Commedia* Virgilio rappresentava in modo specifico il senso di un viaggio che dalla terra conduceva al cielo e che, come si è detto, realizzava, o contribuiva per la sua parte a realizzare, la sua finalità apocalittica. Il che, per altro, non toglie che a lui pure la politica appartenesse, anche se in una sua dimensione peculiare; quella della saggezza pratica, e perfino dell'arte diplomatica, che, per esempio, gli accadde di dispiegare, non solo nelle trattative intavolate con i diavoli e con altre figure dell'Inferno, ma anche nel caso del colle rivelatosi irraggiungibile a causa delle tre fiere che a Dante impedivano di raggiungerlo e scalarlo. Virgilio rivelò, al riguardo, il senso della realtà che è proprio dei politici accorti, i quali, se è possibile, evitano di combattere battaglie che siano perse in partenza, e non le affrontano comunque in campo aperto. Senza darlo a vedere, senza perder tempo a dichiararne le ragioni, fu lui infatti a deviare Dante dall'impresa, giudicata impossibile, del monte da conquistare, e a indirizzarlo al viaggio al quale era destinato. In questo modo, pose rimedio anche alla «svista» in cui, come si è notato, era incorso quando a Dante aveva chiesto perché avesse rinunziato, o stesse rinunziando, a scalare un monte che pure era «principio e cagion di tutta gioia»:[29] una svista che forse non si direbbe male se la si definisse calcolata, diretta a sottolineare, da una parte, l'indispensabilità del Veltro, da un'altra la necessità che Dante intraprendesse il viaggio al quale il cielo lo destinava. «A te convien tenere altro viaggio»,[30]

29. *If* I 78.
30. *If* I 91.

gli aveva detto dopo aver constatato che l'ostacolo rappresentato dalle tre fiere, e dalla lupa che ne riassumeva in sé la ferocia, non era, nella situazione data, superabile. Aveva capito che la scalata di un monte avrebbe costituito una difficoltà da vincere, e un problema da risolvere, quando con Dante fossero finalmente giunti sulla spiaggia del Purgatorio e esso si fosse profilato ai loro occhi. Discretamente, perciò, e senza dirlo, verso quella meta mosse i passi suoi, e quelli di Dante. Fosse o no quello del Purgatorio, ma, come si è visto, deve escludersi che lo fosse, resta che, scalando questo, anche quello sarebbe stato vinto.

11. L'esegesi antica e quella moderna sono state concordi, e non poteva essere se non così, nel considerare il primo canto, che in realtà è un proemio, come fortemente connotato in forma allegorica. Piaccia o no, tutto, in questo canto, è allegoria. Se, per certi aspetti meglio che un'allegoria, la selva potrebbe, come si è detto, esser considerata una metafora, resta che essa non era una semplice selva, e che il carattere allegorico non le sconveniva: con quel nome, si volgeva ad altro, cercava e indicava un altro significato. Allegorico in senso stretto e forte era l'uomo che vi si era disperso e, se diceva «io», nel dirlo rappresentava in sé anche coloro che, al pari di lui, vi si erano smarriti e, a differenza di lui, non ne erano usciti. Lo era il «colle» illuminato dal sole e che, qualunque cosa significasse, è certo che anch'esso aveva in «altro» il suo senso. Lo era Virgilio, che, senza dubbio, era colui che aveva scritto l'*Eneide*, il maestro e l'autore di Dante, ma anche era il trascendimento della sua persona storica nell'ombra del Limbo eletta a guida[31] di un viaggio eccezionale, voluto da Dio. Queste sono cose acquisite che, per essere ovvie, non perciò sono meno vere. Ma se quelle descritte (la selva, il pendìo, il monte), sono tutte situazioni allegoriche, esse valgono anche per l'analogia che stabiliscono con l'altra relativa a Dante che, venuto fuori dell'Inferno, metteva il piede sulla spiaggia del

31. Su questo punto si leggono ancora con profitto le considerazioni di D. Comparetti, *Virgilio nel Medio Evo*, n. ed. a cura di G. Pasquali, I, Firenze 1955, pp. 251 ss. (Vorrei dire qui, in parentesi, che mi scuso di aver usato la parola 'ancora', nella quale qualcuno potrebbe aver avvertito il suono della stolta opinione secondo cui l'oggi è per definizione superiore a quel che l'ha preceduto. Alle tesi del Comparetti se ne sono aggiunte altre, che hanno reso più ricco il quadro, e altre ancora che l'hanno reso più povero. Quel che è certo è che quel che nel tempo fu pensato di intelligente lo è «ancora» perché lo è sempre: il che sarà ovvio, e da tener presente tuttavia con particolare cura per ciò che riguarda gli studi danteschi, che hanno una così lunga storia.

Purgatorio e, percorrendo il necessario cammino, si dirigeva verso il monte che la sovrastava. L'analogia che, come si vede, è molto stretta, mette dunque in comunicazione una situazione puramente allegorica con un'altra che allegorica è anch'essa, e nei termini della poetica medievale, potrebbe tuttavia e, soprattutto, dovrebbe essere caratterizzata come, non essa stessa allegorica, o soltanto allegorica, ma storica, letterale e fattuale: come ciò, insomma, che l'allegoria allegorizza trasferendo, e innalzando nel suo, il suo significato. Un'allegoria, dunque, che, essendo tale, è anche lettera di un'altra che, a sua volta, per il tramite dell'analogia, assume, rispetto alla prima, il significato della seconda, e lettera è anch'essa. Si danno, perciò, due allegorie che, a specchio l'una dell'altra, sono anche lettera. Al di là delle complicazioni a cui potrebbe dar luogo, si tratta di una situazione che, essendosi determinata sul fondamento, non della riflessione teorica, ma di un concreto racconto, deve, in primo luogo, essere considerata in riferimento a questo, senza che le complicazioni teoriche a cui, in altra sede, potrebbe dar luogo, richiedano di essere trasferite in questa.

Se è così, si conferma che il quadro che Dante delineò nel primo dell'*Inferno* è bensì la descrizione, schiettamente allegorica, di quel che avvenne quando, uscito dalla selva del peccato, il suo personaggio incontrò Virgilio, che gli spiegò come a lui convenisse «tenere altro viaggio»: un viaggio eccezionale e, in ogni senso, straordinario, che lo avrebbe condotto a visitare l'aldilà in tutte e tre le sue parti. Ma, con elementi diversi, e tuttavia analoghi (l'Inferno, la spiaggia, la montagna del Purgatorio sono allegoricamente anticipati dalla selva, dal pendìo, dal colle), il contenuto «historiale» e letterale dell'allegoria si presentava come, esso stesso, allegorico, la sua «lettera» essendo infatti costituita dall'uomo che, rappresentato da Dante, puniva in sé i suoi peccati, se ne pentiva e si avviava, per la strada del Purgatorio, verso il Paradiso. Ci troviamo perciò di fronte, si deve ribadirlo, a due allegorie. E se, a prima vista, non è ben chiaro se la funzione della «lettera» debba essere assegnata alla prima, e quella dell'allegoria all'altra, o se le cose stiano al contrario, a guardar meglio si comprende che, nell'un caso e nell'altro, si dà un'allegoria e una lettera: un'allegoria che, nell'esser tale, anche è, nello stesso tempo, lettera dell'altra. Certo, nel delineare la selva come un'anticipazione dell'Inferno da cui solo per virtù di un miracolo, operato dalla grazia, era possibile uscire, Dante può aver pensato che il senso allegorico si trovasse nel suo personaggio uscito vivo, dal vero e proprio Inferno, e che in esso, perciò, risiedesse l'autentica allegoria, quella che della lettera intensifica e potenzia il significato.

Ma, se allegorica fu l'uscita dall'Inferno, allegorica era stata anche quella dalla selva; e decidere a quale, fra le due, fosse da riconoscere la maggiore importanza e la funzione propriamente allegorica, era, nei termini del suo discorso o, per dirla alla maniera medievale, della sua *fictio*, impossibile: entrambe, infatti, si presentavano come funzioni miracolose, come eventi straordinari che, poiché allo stesso modo l'impossibile vi si faceva e vi si rivelava possibile, erano indistinguibili. Nello stesso atto, la prima poteva, dunque, essere la «lettera» dell'altra, che ne era perciò l'allegoria: salvo che a sua volta, e si deve ribadirlo, di quella poteva dirsi che era la lettera di questa, fermo restando che, prese a sé, le due allegorie avevano ciascuna la sua propria lettera nel fatto materiale di un luogo (la selva, l'Inferno) sottendente il significato ulteriore che poteva esservi indicato. Se, dunque, rispetto alla lettera, all'allegoria apparteneva di essere un potenziamento del significato «letterale» o «istoriale», in quanto l'una lo era anche dell'altra, entrambe allora erano, nello stesso tempo, forti e deboli: forti in quanto allegorie, deboli in quanto entrambe lettera. Il quadro allegorico delineato nel primo canto, e che ha nella selva, nell'uscita da essa, nelle tre fiere e nel colle, i suoi punti essenziali, è dunque, e insieme non è, un potenziamento di quello che, nel primo canto del *Purgatorio*, Dante tracciò descrivendo il suo essere venuto fuori dell'Inferno, e quindi sia la spiaggia, su cui aveva posato il piede, sia la montagna che si innalzava al di sopra dei suoi contrafforti e attendeva che egli la scalasse. Ma può, e anzi deve intendersi che potenziamento di quello sia, e anche non sia, questo, e che l'uno sia, rispetto all'altro, e anche non sia, la semplice anticipazione.

12. Il «dilettoso monte» che apparve a Dante quando, uscito vivo dalla selva, si guardò intorno e si dedicò a osservare la natura del paesaggio circostante, può significare, per trasposizione allegorica, la virtù umana[32] e, in senso più specifico, quella imperiale, testimoniata, come si è già detto, dalla presenza di Virgilio e dalla esplicita citazione dell'*Eneide*. L'aggiunta del significato imperiale a quello identificato nella virtù morale, è tanto più opportuna in quanto a richiederla sono, da una parte, la presenza ostile della lupa che, con il carico perverso delle sue brame, racchiude in

32. G. Gorni, *Dante. Storia di un visionario*, Bari 2009, p. 243, ha visto nel «dilettoso monte» un «emblema forse del Parnaso (secondo una lettura metapoietica) o della felicità naturale aristotelicamente intesa», ma non, malgrado Virgilio, un simbolo imperiale. E cfr. *Dante nella selva. Il primo canto della Commedia*, Firenze 2002, pp. 48-49. Dico nel testo perché la sua proposta sia inaccettabile.

sé ovvii e negativi significati politici, da un'altra l'annuncio del Veltro, profetizzato come il cane che la vincerà e condurrà a morte. Occorre tuttavia anche escludere, o, meglio, ribadire l'esclusione che, ferma restando la relazione, essa stessa allegorica, sussistente fra le allegorie intrinseche alle situazioni descritte nel primo dell'*Inferno* e nel primo del *Purgatorio*, nel «dilettoso monte» possa vedersi quello stesso del Purgatorio,[33] che apparteneva all'emisfero opposto a quello in cui, verisimilmente, Dante si trovava quando si disperse nella selva e, quindi, ne uscì. Per il gioco delle corrispondenze analogiche poteva ben darsi che l'un monte richiamasse l'altro, che richiamato ne era, in effetti. Ma l'analogia conteneva in sé la differenza; che era, in questo caso, tanto più forte, in quanto valeva su entrambi i piani: sul suo come su quello letterale, e viceversa. Se un monte corrispondeva all'altro in quanto era un monte, e collocato, per di più, in modo che, colui che usciva vivo da un luogo di morte, poteva vederlo sul-

33. Il riferimento al Purgatorio del «dilettoso monte» non è presente, per quel che mi consti, nell'antica glossa. Un accenno si trova tuttavia in Benvenuto da Imola, *Comentum*, I, 77. Fra i moderni, si veda I. Del Lungo, *La Divina Commedia*, Firenze 1928, p. 104: «il colle luminoso è simbolo opposto a quello della selva; cioè di bene contro al male. Nella figurazione contenuta in questo canto proemiale, la selva corrisponde all'inferno, il colle di salvezza alla montagna del purgatorio, l'irraggiamento solare al paradiso». Questa interpretazione è presente anche nel commento di A.M. Chiavacci Leonardi, *La Divina Commedia*, I, *Inferno*, Milano 1991, pp. 12-13, la quale sostenne che «la selva, il colle, il sole prefigurano già qui all'inizio, in un solo paesaggio, i tre regni che Dante visiterà nel suo viaggio. Il colle quindi, che preannuncia il monte del purgatorio, vuole figurare la via della felicità naturale dell'uomo (cfr. vv. 77-78), che si raggiunge con le virtù morali e intellettuali, secondo la dottrina esposta nella *Monarchia* (III xv 7-8). Tuttavia, questo senso allegorico, che sarà precisato alla fine del *Purgatorio*, qui è ancora velato, mantenuto nell'indeterminatezza del colle soleggiato, che tutti intendono rappresentare la via del bene, tanto più che tale immagine è diffusa in questo significato attraverso la Scrittura: 'quis ascendit in montem Domini? aut quis stabit in loco sancto eius' (*Ps*. 23, 3)». Ho citato con larghezza perché si veda come, nel sostenere, a proposito del «colle», quel che qui si legge, al Del Lungo, e anche alla più controllata e avvertita Chiavacci Leonardi, sfuggisse, fra l'un testo e l'altro, il gioco analogico dei rinvii allegorici, e, all'interno di questo, la differenza imposta dalla stessa analogia. Ma di questo dico nel testo. A proposito del «dilettoso monte», il Freccero, *Dante*, p. 25, ha parlato di «curiosa prefigurazione dell'ascesa alla montagna del purgatorio offerta nel primo canto: la luce alla sommità, la montagna stessa, il tentativo di scalarla». Ma, senza entrare nelle questioni poste dalla sua interpretazione, debbo pur dire che non riesco a ben comprendere come, per quanto «curiosa», una «prefigurazione» possa esser tale se sulla cima del «dilettoso monte» c'era, nel momento in cui Dante la osservava, la luce del sole, e non il giardino dell'Eden, e se il tentativo di scalarlo fu, nel caso di quello, addirittura non messo in atto, a differenza di quello, perfettamente riuscito, del Purgatorio.

lo sfondo dei rispettivi paesaggi, non era però l'altro; e la loro differenza s'imponeva sia sul piano letterale sia su quello allegorico. Nella loro realtà fisica, i monti erano due, non uno. E due, non uno, erano anche nella loro realtà allegorica. In relazione a questa, il «dilettoso monte» significava la virtù morale e politica, significava l'Impero per il momento non realizzato e non realizzabile, significava la non conseguita felicità. L'altro, il monte del Purgatorio significava il Purgatorio.

13. Se è così, poiché si è alluso ai due contrapposti emisferi, conviene piuttosto chiedersi in quale dei due Dante avesse collocata la selva, e se vi siano indizi per l'individuazione del luogo in cui si trovava. Ma, al riguardo, il testo non contiene indizi. Gli «spiriti forti» potranno ironizzare sulla questione che ora si pone, o si torna a porre. Potranno giudicare espressione e documento di vecchi metodi l'indagine che la riguarda. Chi, tuttavia, non si lasci prendere nella trappola del vecchio e del nuovo e ricorra agli argomenti ai quali il testo consente, o impone, che si dia voce, noterà che, se era impossibile che Dante fosse stato accolto nell'altro emisfero prima che, entrato nell'Inferno, da questo fosse uscito, allora è inevitabile concluderne che il paesaggio definito dalla presenza della selva, del pendìo e del «dilettoso monte» corrispondeva bensì, in termini allegorici, all'altro paesaggio, ma, per sé stesso, stava, o induceva a ritenere che stesse, nel «nostro» emisfero. Quando uscì dalla selva a Dante non dovette sembrare, e infatti non lo disse, che il cielo a cui volgeva lo sguardo fosse un diverso cielo, e nemmeno che il sole che illuminava i fianchi del monte diffondesse una luce diversa da quella consueta. Se ne deduce che la selva era stata da lui collocata nel nostro emisfero? Non necessariamente, in effetti, perché di questa collocazione non possono darsi prove che siano più salde di questa: sì che l'unica cosa certa è che del luogo in cui si trovava Dante si astenne, fosse o no di proposito, dal dire alcunché. Quel che, data la situazione, può tuttavia esser detto, è che il paesaggio dominato dalla selva, e da ciò che vi si riferiva (pendìo e monte), stava alla realtà come un disegno, uno schema, eseguito nel «nostro» emisfero, di quel che, all'uscita dall'Inferno, Dante avrebbe trovato nell'altro: un disegno che a quello apparteneva come un qualsiasi oggetto appartiene a un luogo che lo include senza tuttavia essere modificato né dalla sua presenza né dalla sua subentrata assenza. Determinazioni topografiche più definite sono impossibili; e proporne sarebbe non solo inutile, ma, se la questione sta nei termini che si sono visti, segno deciso di errore. Dove era collocata, dunque, la selva?

Se nel nostro emisfero non c'era segno o indizio della sua presenza, potrebbe tuttavia notarsi che, se si fosse trovata nell'altro, contrapposto, non sarebbe stato possibile che Dante vi si fosse smarrito. È anche vero, d'altra parte, che, non solo il silenzio, l'assoluto silenzio, che egli mantenne sul luogo in cui si trovava, ma l'impressione altresì che dette, quando ne fu venuto fuori, di trovarsi in un paesaggio che, in quanto tale, mai era stato visto prima, – tutto questo contribuisce a sottrarre realtà alla realtà e a scolorire ogni possibile ricordo di cose viste. Si aggiunga che l'analogia che è stata stabilita fra la selva e l'Inferno non basta a rendere persuasiva l'ipotesi che essa si trovasse nei pressi del luogo dove si apriva il suo grande baratro (ossia, come si vedrà, al di sotto di Gerusalemme). La selva infatti era «inferno» in un senso che aveva a che fare con l'allegorico, non con il letterale, che in nessun modo ne era implicato; e, prima di discendere in quello vero e proprio, Dante, come si sa, si era disperso in una selva che era Inferno in senso allegorico, non letterale. Se perciò non c'è indizio, nel testo, che la riveli presente nel nostro emisfero, che fosse nell'altro era parimenti impossibile, visto che era stato un abitante di questo a esservisi smarrito. Dove stava dunque la selva, se, essendo impossibile che stesse nell'altro emisfero, nel nostro non si riusciva a trovarle un posto che le si adattasse? La soluzione che a questa difficoltà si desse osservando che la selva è un'allegoria, o, in senso meno forte, una metafora, e, in quanto tale, è luogo a sé stessa, può essere giudicata soddisfacente a condizione che si torni a considerare quel che già si è accennato: e cioè che allegoria, o metafora, essa è dell'Inferno, ma in senso debole. Era un Inferno, infatti, che si svolgeva in piano e non conosceva profondità. Era una selva, non un baratro. Era un luogo in cui ci si poteva smarrire, ma non scendere in giù, nella direzione del profondo. Era, come si è detto, un Inferno senza baratro. Ma un Inferno senza baratro non è un Inferno, e se, tuttavia pretendeva di esserne l'allegoria, o la metafora, a esserlo non riusciva se non nel modo che si è detto.

Quanto al colle, o, che si dica, al «dilettoso monte», deve ribadirsi quel che già si è notato, e cioè che, se, in sé stesso, fosse stato quello stesso del Purgatorio, sarebbe stato ben singolare che, con tanta facilità, e senza accennare a una spiegazione, Virgilio avesse preso atto della rinuncia che Dante aveva fatta alla sua scalata. Ma poiché la missione alla quale avrebbe atteso gli era stata affidata da Beatrice in nome di Dio, egli non poteva ignorare che fra le sue mete una, e non la meno importante, era costituita da un monte, quello del Purgatorio, che egli avrebbe scalato, con Dante, fino alla vetta. Per questo, della rinuncia di Dante Virgilio prese atto e, lo si è visto, come se niente fosse accaduto. Accolse l'argomento che opponeva al suo monito e che riguardava la paura comunicatagli dalla «vista» della famelica lupa, confidandogli quel che sapeva, e cioè che altro era il viaggio che lo attendeva: «a te convien tenere altro viaggio», con quel che segue di qui (v. 91) fino al v. 99. Di più sembra che non possa dirsi. Ma se il «dilettoso monte» stava per l'Impero, e, a differenza di quello del Purgatorio, non consentiva che, in quel determinato tempo, un uomo lo scalasse, già qui è forse possibile sorprendere la dissociazione che, nella *Commedia*, si realizzava fra il piano storico a cui, con la Chiesa, anche l'Impero apparteneva, e l'altro simboleggiato dal viaggio dantesco, che procedeva in senso, non orizzontale, ma verticale, e, rispetto al primo, si presentava nella forma del trascendimento. Si potrebbe sostenere che l'inattualità dell'Impero riguardava quel dato momento della storia, e che inattualità non significa, in assoluto, impossibilità. Si potrebbe aggiungere che era l'evocazione del Veltro e del suo prossimo avvento a rendere avvertito il lettore che quel che era, per ora, impossibile, non lo sarebbe stato più quando quella potenza simbolica si fosse incarnata in un individuo storicamente determinato. Savie considerazioni. Ma, nella fattispecie, affette da miopia. Il viaggio che Dante era sul punto di intraprendere non era pensato né in accordo né in disaccordo con l'avvento del Veltro. Nell'un caso e nell'altro, andava al di là del tempo e del luogo in cui quello avrebbe esercitata la sua virtù redentrice. Alludeva infatti a una storia, e, nello stesso tempo, ne delineava l'idea, che si sarebbe svolta in senso, non più orizzontale, ma verticale, andando oltre e trascendendo le sue realizzazioni terrene. Il paradosso interpretativo che a questo punto torna a delinearsi è che se, alla radice dell'idea della *Commedia*, stanno, da una parte, il Veltro, da un'altra il viaggio ultramondano inteso come simbolo di una storia concepita nel segno dell'apocalisse, non si coglierebbe il senso complesso della sua genesi se si rinunziasse a spingere lo sguardo nel loro potenziale conflitto, o, comunque, nella loro differenza. Se a questa impresa non ci si sottrae, allora si torna a constatare quel che altra volta fu notato: nella *Commedia* a mutare non sono le idee della Chiesa e dell'Impero, che restano quelle che, con sostanziale coerenza, Dante aveva svolte nel *Convivio* e radicalizzate nella *Monarchia*. A mutare è bensì l'idea di una storia che andava oltre la storia in cui quelle erano contenute e avevano il loro travagliato corso.

14. Se l'Inferno era collocato nella grande voragine che, provocata dalla caduta di Lucifero, si trovava nel nostro emisfero e, per conseguenza, il

monte, che si era formato con la terra che ne era stata espulsa, aveva ottenuto il suo luogo nell'altro,[34] se, necessariamente, si escludeva da questo, e si collocava nel nostro, quando, tuttavia, giunse dinanzi alla sua porta Dante non disse dove questa si trovasse, e, come vedremo, il viaggio dovette giungere al fondo dell'Inferno perché al lettore ne fosse spiegata la collocazione. Su quella della selva non ci sono invece indicazioni che vadano al di là della dichiarazione della sua esistenza. Del che, se ci si pensa, la ragione non manca. La si trova, infatti, se si torna a considerare che, se la selva è una metafora dell'Inferno, che non avesse un luogo, ma fosse, come si è detto, luogo a sé stessa, è ben comprensibile. Non dovrebbe quindi sorprendere che, riguardo alla topografia, Dante lasciasse che a predominare fosse l'indeterminatezza. Si andrebbe contro il senso del suo discorso se questo ragionamento fosse accusato di astrattezza. In effetti, a essere astratto è, non il ragionamento, ma ciò che ne era definito. A essere astratto è il luogo metaforico, che è un luogo senza luogo, o, che ha luogo solo in sé stesso e nel suo riferimento a ciò di cui è metafora. Per questo, se ci si pensa, e solo per questo, può dar vita a un prologo, a un proemio, e essere un'anticipazione in cui i protagonisti sono, ma anche non sono, gli stessi che ne sono anticipati. In effetti, deve ribadirsi che la selva metaforica è simile all'Inferno, ma, nell'esser tale, gli è altra.[35] Il pendìo metaforico è simile alla spiaggia, ma non vi coincide. Il colle, o il monte che «è cagion di tutta gioia», è simile a quello del Purgatorio, ma non è lo stesso monte. Se, tuttavia, esiste, e il suo luogo è solo nella descrizione che se ne fa e, per il suo tramite, lo include nel mondo reale, in questo tuttavia esso sta con il carattere che si è detto. Vi sta come ciò che solo in sé è reale, e del mondo è parte senza esserlo, come è parte del mondo un disegno del mondo che in questo abbia il suo luogo. A essere lo stesso, nelle due situazioni, era Dante. Era la sua, infatti, la persona che era uscita viva dalla selva, e che viva sarebbe uscita poi dall'Inferno. Con una differenza, tutta-

34. Cfr., al riguardo, i saggi di Nardi e di Stabile citati qui su alla n. 19.

35. L'unico riferimento che, nel poema si faccia alla selva è, salvo errore, nella risposta che Dante dette a Brunetto Latini che gli aveva chiesto ragione del suo essere lì: cfr. *If* XV 49-54: «'là su di sopra, in la vita serena',/ rispuos'io lui, 'mi smarri' in una valle,/ avanti che l'età mia fosse piena./ Pur ier mattina le volsi le spalle:/ questi m'apparve, tornand'io in quella,/ e reducemi a ca per questo calle», e fu sagacemente segnalato da A. Pagliaro, *Ulisse. Ricerche semantiche sulla Divina Commedia*, I, Messina-Firenze 1967, pp. 7-8. Ma anche qui, se indeterminato è il riferimento al tempo, che potrebbe andare discretamente indietro rispetto alla mattina in cui Dante volse le spalle alla valle, inesistente è quello dato allo spazio. Nessun accenno si fa, anche qui, al luogo in cui quella valle si trovava.

via, anche qui, che non può sfuggire. Quando si trasse in salvo dalla prima, ad attenderlo, al pie' del colle, c'erano tre fiere che, l'una dopo l'altra, gli impedivano di accedervi. Quando uscì dall'Inferno vide, invece, che dinanzi a sé c'erano, non le tre fiere, ma la via che, con le sue asprezze e imponendo anche a lui la dura prova del Purgatorio, lo avrebbe tuttavia condotto, vivo, dinanzi a Dio. Dante era sempre lui. Ma, rispetto a quel che era stato quando le tre fiere gli avevano impedito di vincere la salita del «dilettoso monte», simboleggiante la virtù imperiale, era tuttavia un uomo almeno in parte diverso: non invano, infatti, era sceso nelle profondità dell'Inferno e del male aveva presa diretta visione. Se non era ancora pronto a percorrere la via delle stelle, era in grado tuttavia di scalare, balza dopo balza, il monte del Purgatorio, e di compiere l'impresa che, nei confronti dell'altro monte, non solo non era andata a segno, ma nemmeno era stata tentata. Se è così, è proprio sicuro che la differenza non sia destinata ad apparire più grande, e più significativa, di quanto, a prima vista, non fosse apparsa e non si sarebbe potuto supporre? È proprio sicuro che il personaggio fosse, e anche tuttavia non fosse, lo stesso, quando si consideri che quella della selva era stata un'esperienza sì di peccato e di perdizione riscattata da un gesto estremo di volontà protetto dalla grazia divina, ma non era paragonabile all'altra, maturata nella visita dell'Inferno, e in una sorta di ideale contatto con il male osservato in tutte le sue forme? Anche da questo punto di vista, nei confronti del viaggio compiuto nella regione infernale e dell'uscita da essa, nel suo profilo allegorico o, se si preferisce, metaforico, la selva e il paesaggio che le si apriva davanti si rivelavano più deboli di quello che si offrì allo sguardo di Dante quando venne fuori dell'Inferno: come un'allegoria, o una metafora, che, più che aggiungere significati, anticipava quel che le avrebbe tenuto dietro e, più che sé stessa, proponeva un'analogia e un paragone, nei quali si risolveva. Se è così, è evidente che la situazione interpretativa costituita dal rapporto delle due allegorie, quella della selva, con il paesaggio che le stava dinanzi, e l'altra dell'uscita di Dante dall'Inferno, si fa, a misura che se ne approfondisce il carattere, più complessa. Le allegorie sono due; e fra l'una e l'altra sussiste il rapporto di cui si è cercato di definire la natura. Ma, poiché aveva il carattere dell'anticipazione, quella della selva si rivelava più debole dell'altra a cui introduceva. Nell'uscirne, Dante non sapeva ancora quale fosse la strada sulla quale avrebbe dovuto incamminarsi, e neppure perché Virgilio, un'ombra, fosse lì per soccorrerlo. Vedeva il colle illuminato dai raggi del sole, ma anche il feroce impedimento che lo teneva lontano da esso. Il «sonno» che era stato all'origine dello smarrimento nella selva, non gravava più sul suo animo. Ma gli era subentrato un senso grave di disorientamento. All'uscita dell'Inferno, tutto, invece, era chiaro. L'allegoria del viaggio si era definita, o si stava definendo, come storia della salvezza.

15. Deve darsi spazio, a questo punto, a due brevi *excursus*, uno che può prendere le mosse dall'età che Dante si era attribuita nel primo verso del Poema, l'altro che può prenderle dal silenzio che egli mantenne sul luogo in cui si trovava la porta dell'Inferno, e quindi, per trenta canti, su quello dove si apriva il suo baratro. In quel celebre verso aveva affermato di essere giunto nel «mezzo del cammin di nostra vita», e quindi al suo trentacinquesimo anno. Nel canto decimoquinto dell'*Inferno*, rispondendo a Brunetto Latini che gli chiedeva «qual fortuna o destino/ anzi l'ultimo dì quaggiù» lo «menasse» (vv. 46-47), gli aveva spiegato che «là su di sopra, in la vita serena», si era smarrito «in una valle/ avanti che l'età» sua «fosse piena» (vv. 49-51). Fra i due passi c'è una lieve, ma indubbia, discordanza; e, parafrasando il secondo con le parole «prima che la parabola della mia vita fosse giunta al suo colmo, al suo punto medio» e con il rinvio a *Inferno* I, 1-2, Sapegno dette involontario rilievo alla differenza che, con quel rinvio, non riconosceva e, tuttavia, asseriva dal momento che, nell'uno, il «medio» appariva raggiunto e, nell'altro, non ancora. Non se ne farà un dramma. Ma la differenza c'è; e né potrebbe né saprebbe negarle importanza chi riflettesse su quel che altri ha notato, e cioè che gli anni che Dante si era attributi nell'esordio del Poema erano gli stessi di Cristo giunto al termine della sua vita, e che l'identità che, nel primo verso del Poema, egli aveva stabilita, o suggerito che altri stabilisse, fra l'età del primo e la sua, tanto meno avrebbe potuto esser messa da parte come irrilevante, in quanto rinviava a un altro dei significati della selva: un significato forte e impegnativo, perché rivelativo di un tratto decisamente cristologico. La selva avrebbe potuto, infatti, essere identificata nell'orto di Getsemani, e nella notte di dolore e di attesa della morte che Cristo vi aveva trascorsa a condizione che fra l'uomo che stava per morire sulla croce, e quello che si era smarrito in una selva, l'affinità non facesse perdere di vista la differenza. Entrambi erano destinati alla morte; che una cosa, tuttavia, sarebbe stata per l'uomo che, attraverso di essa, si sarebbe liberato dell'involucro terreno per tornare a essere la seconda persona della Trinità, un'altra per quello che, anch'esso, si sarebbe idealmente distaccato dalla sua fisicità peccaminosa attraverso il processo che l'avrebbe condotto alla contemplazione di Dio, ma senza poterla abbandonare e risolvere, perché con quella sarebbe tornato in terra.

L'audacia teologica che, qualunque significato si attribuisca al viaggio ultraterreno, tanto più si imponeva quanto più si fosse cercato di attenuarla definendo *fictivus* o poetico il racconto che lo descriveva, era e resta sconcertante. Ma, una volta che fosse stata posta e la consegenza ne fosse stata tratta, la premessa esigeva che fra i due protagonisti, che restavano ovviamente diversi, in comune vi fosse qualcosa di indiscutibile e di certo; e questo era dato sì dall'età che, nell'uno e nell'altro, era la stessa, ma anche dal significato che a questa medesimezza poteva essere assegnato. Non si trattava, infatti, di un dato puramente cronologico e, in quanto tale, estrinseco. Nel *Convivio*, e tornerà a farlo nella *Monarchia*, alla morte di Cristo, ai suoi anni e alla corrispondenza fra questi e quelli del mondo in quel momento, Dante aveva assegnato un significato assoluto. Quelli erano gli anni del mondo e quelli, necessariamente, dovevano essere quelli del Cristo che moriva sulla Croce per «riconformare» a Dio la creatura umana che se ne era «disformata». Ne conseguiva che se il percorso che Dante era chiamato a seguire era modellato su quello del Cristo, anche gli anni dell'uno dovevano corrispondere a quelli dell'altro. La ragione per la quale, nel decimoquinto dell'*Inferno*, Dante introdusse una lieve correzione in quel che aveva asserito nel primo verso del Poema, e disse infatti che non aveva ancora del tutto raggiunta l'età «piena» della vita quando si era smarrito in una valle, potrebbe perciò esser ritrovata in quel che si è detto: nell'esigenza di far coincidere i suoi anni con i trentatre/trentaquattro che per lo più si attribuivano a Cristo quando fu messo a morte. Il che, se, per un verso, è ovvio, riposa tuttavia sulla congettura non verificabile che, nel periodo intercorso fra la stesura del canto proemiale e quella del decimoquinto dell'*Inferno*, non solo Dante fosse venuto in possesso di un'informazione relativa agli anni del Cristo, che l'aveva indotto a correggere la prima determinazione cronologica a favore della seconda, ma avesse inteso fornire un forte segnale del senso cristologico che egli dava, e che doveva darsi, al poema che stava scrivendo. Resta, in ogni caso, che se l'attribuzione alla selva, e alla storia che di lì aveva preso le mosse, di un significato apertamente cristologico può sconcertare,[36] non dovrebbe tuttavia esserne sorpreso chi considerasse che già nella *Vita nuova* la presentazione di monna Vanna come

36. Gorni, *Dante nella selva*, p. 40, che parlò del «mistero di una parziale, ma sconcertante, imitazione di Cristo», ritenne tuttavia innegabile che «l'afflato profetico» soffi «nel poema fin dall'incipit» (p. 41).

«figura» di Beatrice implicava l'identificazione, in Guido Cavalcanti, di Giovanni il Battista e, in Dante, del Cristo: per non parlare della *Commedia*, per la quale, a parte l'impianto complessivo e il significato del viaggio identificato con la seconda *parousia*, basterà ricordare la profezia o, meglio, l'annunzio di Beatrice in *Purgatorio* XXXII 100-102: «qui sarai tu poco tempo silvano;/ e sarai meco sanza fine cive/ di quella Roma onde Cristo è romano».

Il nesso che si assuma sussistente fra la selva e l'orto di Getsemani richiede, d'altra parte, di essere interpretato, o, se si preferisce, che l'interpretazione accennata sia condotta alle sue conseguenze. Non è ovvio, non è lineare, e, come le rispettive situazioni non possono, semplicemente, essere giustapposte, così deve escludersi nel modo più reciso che il paragone proposto con l'orto in cui Cristo passò la sua notte di passione richieda che la selva sia collocata nella stessa posizione geografica. Niente induce a pensare che fosse così, e che, se il paragone con Getsemani gli si formò nella mente, Dante lo spingesse fino all'identificazione topografica. Particolare rilievo deve invece, e in primo luogo, essere assegnato al tema del «sonno» che, nei Vangeli sinottici, cade sui discepoli incapaci di vegliare con Gesù, e, nel primo canto della *Commedia*, direttamente su Dante, che infatti ne era «pieno» quando si smarrì nella selva. Cercare analogie, strette e puntuali, sarebbe tuttavia assurdo; e facile, per contro, indicare le specifiche differenza. L'orto di Getsemani era un orto, un giardino che, di per sé, non aveva niente che, come la selva della *Commedia*, alludesse a un destino di morte. La selva era invece connotata in quel segno. Ma, come l'uscita da Getsemani di Gesù prigioniero delle guardie del Sinedrio era stato il primo atto del dramma che l'avrebbe condotto alla morte sulla croce e, quindi, alla resurrezione e al riacquisto della vita eterna, qualcosa di analogo era accaduto a Dante, ed era visibile nella sua vicenda. Nella «selva» che «tant'è amara che poco è più morte», era questa a costituire il destino che incombeva su chi non avesse avuta forza bastante a uscirne. Ma in lui, che nell'impresa era invece riuscito e, fra cento pericoli, si avviava a percorrere la via della salvezza, a rendersi visibile era invece un itinerario simbolicamente analogo a quello del Cristo che, tratto fuori da Getsemani e quindi privato della vita, si accingeva a percorrere le tappe di un viaggio che dalla morte lo avrebbe condotto alla resurrezione e al ritorno al padre. Non diversamente da Dante che, dall'Inferno era pervenuto a contemplare per un istante il volto di Dio, essendo sì destinato a tornare sulla terra, ma per essere poi senza fine «cive di quella Roma onde Cristo è romano».

Quando s'interpreta una situazione allegorica, e più che mai quando si pretenda che l'analogia stabilita con l'elemento letterale sia puntuale, il dubbio che si stia per entrare nella regione della fantasia e dell'irresponsabilità interpretativa si fa pungente; e ci si chiede, quindi, se il rischio non sia di andare al di là di quel che il testo consente se nella discesa di Dante nella regione infernale si pretenda di vedere la passione di Cristo che si avviava alla morte, e nell'ascesa verso l'alto, il tratto essenziale della resurrezione. Ma poi si osserva che è il testo che, con il modo in cui è congegnato e con le sue tante allusioni, impone che gli anni di Dante siano messi in relazione a quelli di Cristo, e il viaggio assuma il significato della sua seconda apparizione in vista della definitiva salvezza. È perciò l'intero senso della *Commedia* a rivelare la legittimità di una lettura che, tenuta ferma sul particolare, potrebbe sembrare che non riuscisse ad aver ragione dei dubbi che ne nascono. In realtà, è difficile non pensare che, considerata in relazione alla vicenda del Cristo, quella di Dante non si configuri come una replica della storia della salvezza; che, avendo tuttavia il suo modello nella prima, ed essendo, rispetto a questa, seconda, assumeva il carattere di una nuova, e definitiva, *parousia*.[37]

16. Il primo *excursus* termina qui. Il secondo richiede un discorso che potrebbe assumere dimensioni notevoli, se si desse spazio alle differenze che dividono il discorso di Dante da quello di Virgilio nel sesto dell'*Eneide*. Ma, a causa dell'eccezionale stringatezza del primo, il confronto può essere contenuto in brevi termini. È nozione ovvia che nell'ideazione del suo Inferno cristiano Dante si servì del sesto libro dell'*Eneide*. Ma, nel caso specifico, egli attinse in profondità nell'atto stesso in cui, con il suo eccezionale senso dell'essenziale, ne restrinse l'ambito e a un'infinità di particolari, del resto fondamentali nella dottissima rappresentazione datane da Virgilio, fece che non entrassero nel suo discorso. Molte, non tutte, tra le figure che popolano l'aldilà virgiliano sono presenti nel suo. Enumerare le inclusioni è altrettanto inutile che indicare le esclusioni. Fra queste converrà forse osservare che nell'Inferno Dante non dette spazio alle personificazioni allegoriche che popolano l'oltretomba virgiliano, ai *pallentes Morbi tristisque Senectus*, alla Paura, alla Fame, alla *turpis Egestas* per arrivare al *mortiferum* [...] *Bellum*, alla guerra che semina stragi. Ma basti così. La

37. Ho sostenuto e argomentato questa tesi ne *Le autobiografie di Dante*, Napoli 2008, pp. 107 ss., e quindi in *«Forti cose a pensar mettere in versi»*, pp. 374 ss., *passim*.

descrizione del luogo in cui si trovava l'antro dell'Averno è, in Virgilio, di una ricchezza che, non avendo, in Dante nessun riscontro, pone con forza la questione e la ragione di questa differenza. Si lasci qui da parte, fra le altre di cui non si farà menzione, quella della ricerca del ramo d'oro («talis erat species auri frondentis opaca/ ilice»),[38] che Enea presto trovò e trasferì nell'antro della Sibilla mentre *Misenum in litore Teucri/ flebant et cineri ingrato suprema ferebant* (vv. 212-213). Si lasci da parte, dopo la descrizione del rito funebre (vv. 212-235), quella dell'alta *spelunca* alla quale *haud ullae poterant impune volantes tendere iter pinnis* (vv. 239-240), a causa delle esalazioni che ne provenivano, *unde locum Grai dixerunt nomine Aornum* (v. 242), e da parte si lasci anche la descrizione delle infauste figure da cui l'antro era popolato, perché è soprattutto la descrizione del luogo in cui esso si trovava a richiedere attenzione. Se si considera che certamente questo testo era sotto gli occhi di Dante mentre componeva il primo canto dell'Inferno, e quindi il secondo, la differenza di quel che egli scrisse da quel che leggeva in Virgilio, non può essere senza una ragione; che va ben oltre quella che si proponesse richiamando la sua inclinazione alla sintesi. Si sa che nella descrizione della natura, e dei suoi fenomeni, ogni volta che vi si cimentò, non era secondo a nessuno, quale che fosse l'intonazione che dava a essa. Nel caso che ci sta di fronte, l'essenzialità raggiunse un grado tale che la sua non fu nemmeno una descrizione. Fu piuttosto, a partire dal v. 114 del primo canto un'elencazione di quel che a lui, Dante, sarebbe stato dato di vedere nel suo viaggio attraverso i tre regni dell'aldilà. Accenni al luogo in cui avrebbe incontrato la porta dell'Inferno, non ce ne sono. Alla fine del secondo canto, che è, si potrebbe dire, il canto dei dubbi vinti e della risoluzione presa, dopo le parole dette a Virgilio («tu duca, tu segnore, tu maestro»), due versi riassumono la natura del luogo in cui il viaggio ebbe inizio. «Così li dissi: e, poi ch'e' mosso fue/ intrai per lo cammino alto e silvestro» (vv. 141-242). Se ne può ricavare che il percorso che conduceva alla porta dell'Inferno era una strada in salita che si trovava all'interno di un bosco; e anche che, per raggiungerlo, i due poeti si erano mossi dal pendìo che conduceva al monte. Quale nesso, tuttavia, sussistesse fra il pendìo e il «cammino alto e silvestro», non fu detto; e nemmeno in quale parte della terra conducesse. All'inizio del canto successivo, a dominare era la porta dell'Inferno con le famose parole di «colore oscuro» che si trovavano al suo «sommo», e a risaltare era la completa assenza di

38. Verg. *aen.* 6, 208-209.

particolari che consentissero di collocarla in un luogo determinato. La loro assenza è così studiata che non può non concludersi che Dante evitò di proposito che le si potesse dare una collocazione.

17. Su questo punto si è detto abbastanza, e altro, del resto, non si saprebbe. Al contrario, è sul luogo occupato dalla selva, dal pendìo e dal «dilettoso monte» che occorre soffermarsi per osservare che quello in cui si trovava coincideva con la selva stessa e con il resto, e né era includibile né appariva incluso in un luogo più ampio che li contenesse.[39] In altre parole: la selva, il pendìo, il monte non consentivano che, al di là di sé stessi, l'occhio discernesse alcunché, ossia un luogo più ampio da cui il loro fosse contenuto. Non si tratta di una questione oziosa, come può capirsi se si considera che una, definita negli stessi termini, si pone anche per l'Inferno. La selva, il pendio e il monte sembrava che non avessero, e sul serio non avevano, un luogo che, andando oltre il loro confine specifico, ossia l'area con la quale coincidevano, li includesse in sé. Il loro specifico confine era dunque determinato, non da una rappresentazione che potesse farsene in termini di spazio, ma unicamente dalla dichiarazione della loro esistenza. Lo stesso, come si è visto, valeva per l'Inferno, del quale, poiché stava ancora al di qua di esso e non era entrato nel suo baratro, Dante non descrisse se non la porta, senza dire, per altro, dove si trovasse, e indirettamente ponendo la relativa questione.[40] Che, si ripete, era non oziosa, ma, invece,

39. Se la selva coincidesse con la valle, e questo fosse un altro nome di quella, o non vi coincidesse, ma, piuttosto la includesse in sé e quella, perciò, ne fosse parte, costituì un problema per i dantisti di fine secolo decimonono e gli inizi del successivo. Non così per quelli dei tempi più recenti, per i quali la «valle» e la «selva» sono in sostanza la stessa cosa (Sapegno, *Inferno*, p. 174, Inglese, *Inferno*, p. 180, con il rinvio a p. 40). Detto con il massimo rispetto per chi, comunque, si impegnò a fondo per rendere chiara ai lettori la struttura, anche topografica dell'Inferno e del Purgatorio, e senza tuttavia arrivare a capire fino in fondo l'accanimento di certe misurazioni e contromisurazioni, credo che questioni relative alla struttura generale del primo e del secondo regno valgano se siano poste in relazione all'interpretazione complessiva delle idee che Dante mise a fondamento della sua costruzione, e non per sé, come se l'aldilà infernale e quello purgatoriale fossero, appunto, oggetto possibile di misurazione. Ma leggere le considerazioni di F. Flamini, *Nel 'gran deserto'*, in «Giornale dantesco», 10 (1902), pp. 145-156, sulla struttura dell'Inferno, studiata anche da M. Porena, ivi, pp. 63-66, in polemica con Luigi A. Michelangeli, o di Vincenzo Russo, *Le condizioni necessarie all''Inferno' dantesco,* ivi, pp. 36-44, è pur sempre istruttivo per chi, volendo capire, ami trasferirsi in lontani ambienti.

40. Avendo per suo conto giustamente osservato che, per quanto concerne il luogo della selva, Dante non fornì «alcun dato topografico», E. Ragni, *selva*, *ED*, V, 137 b-138

di essenziale importanza, per la comprensione sia del modo in cui Dante si pose nei confronti della sua fonte principale, e cioè del sesto dell'*Eneide*, sia per sé stessa. In effetti, la sua importanza è provata da quel che si è appena notato, e cioè dal modo da lui tenuto nel connettere, o, piuttosto, nel non connettere, il punto di partenza del viaggio ultramondano con la sua prima tappa, coincidente con l'arrivo dinanzi alla porta dell'Inferno. Per pervenire al luogo in cui l'Inferno si trovava, era necessario, come si è visto, che, da quello in cui era avvenuto il loro incontro, i due poeti percorressero un cammino, e raggiungessero il luogo previsto. Ma necessario o, se si preferisce, inevitabile, era altresì che, una volta che lo si fosse raggiunto, quel luogo si rivelasse incluso in un luogo più ampio che, circondandolo, ne definisse i confini. Allo stesso modo, era necessario che, nel muoversi in quella direzione, i due poeti percorressero il tratto che li divideva dalla meta. Ma, come si è visto, su questo punto Dante tacque. Lasciò intendere soltanto che per giungere nel luogo in cui era la porta, doveva compiersi un cammino. Ma quanto lungo, e per quali luoghi, invece non si diceva. Niente concedendo alla legittima curiosità del lettore, dette invece rilievo, un eccezionale rilievo, al dibattito intrapreso con Virgilio a proposito del

a, ha aggiunto che infondate appaiono, al riguardo, «le ipotesi avanzate [...] dai commentatori», come quella, per esempio, di chi indicò Gerusalemme, o, per evidente suggestione virgiliana, la pose sulla costa tirrenica, a Cuma. Ma, a proposito dei commentatori e delle ipotesi da essi avanzate, non ha fornito alcuna indicazione; e lo stesso vale per Gorni, *Dante nella selva*, pp. 53-54, che, per suo conto, propende per Gerusalemme, «gran coperchio del sottostante Inferno» (p. 54). In realtà, se, per quel che ho visto, nei commenti recenti la questione del luogo è ignorata, non direi che la si trovi particolarmente discussa in quelli antichi che, infatti, dal Lana a Benvenuto, dal Lancia al Landino e oltre, tutti ne tacciono. A sostegno dell'ipotesi cumana, da lui per altro non condivisa, il Ragni, p. 138 a, ha osservato che essa ha il suo riscontro nella xilografia *Sito e forma della valle Inferno*, incisa per la seconda edizione aldina della *Commedia*, Venezia 1515 e riprodotta in *ED*, III, 432. Ma nella xilografia in questione, che è opera di Jan van der Straet, italianizzato in Giovanni Stradano, è dato cogliere un riferimento, non a Cuma, bensì, se mai, a Gerusalemme, collocata nel punto della terra a cui, nel cono capovolto dell'Inferno, corrisponde in basso la «burella» che conduceva sulla spiaggia del Purgatorio. Resterebbe poi da stabilire da quale fonte dantesca lo Stradano, che in Italia era legato al Vasari, avesse tratto la sua idea dell'Inferno. Può essere interessante notare che nella riproduzione stilizzata, e con aggiunta recente di figure estranee all'originale, del cono capovolto raffigurante l'Inferno, che si trova nell'edizione della *Commedia* commentata da Bosco e da Reggio (Roma 2005), una mano moderna ha disegnato una selva e, sullo sfondo di essa, la porta dell'Inferno, ma senza contribuire, in tal modo, alla soluzione del problema. Aggiungo che, per parte loro, Bosco e Reggio non concessero a esso alcuna attenzione.

viaggo che quest'ultimo gli proponeva nel nome del coraggio che doveva, alla fine, trionfare della viltà. Dopo aver alluso alla possibilità che la lupa non permettesse a Dante, e ad altri come lui, di «campar d'esto loco selvaggio:/ ché questa bestia per la qual tu gride,/non lascia altrui passar per la sua via,/ ma tanto lo 'mpedisce che l'uccide»,[41] il discorso di Virgilio si era svolto sul tema che si è detto. E invece che al luogo nel quale essi stavano avviando il loro cammino, le uniche notazioni topografiche che il canto registrò furono rivolte bensì a una storia e a un luogo, alla storia di Roma, che, agli inizi, aveva avuto il suo sulla terra italiana, e lì si era svolta, ma senza indicare che fosse necessariamente questa la terra su cui i due poeti si trovavano a parlare, e che dunque si trovasse in Italia la «selva selvaggia» in cui era accaduto che Dante si smarrisse. In Italia, nella virgiliana *humilis Italia*, avevano vissuto, avevano agito ed erano morti Camilla, Eurialo, Turno e Niso, personaggi della storia di Roma, evocati nel poema dell'*Eneide.* Ma niente, a rigore, dice che quella fosse più che un'allusione e che lì si fossero svolti i discorsi relativi al viaggio che, con la guida di Virgilio, Dante avrebbe dovuto compiere nell'aldilà. Chi ricorresse alla constatazione che, pur peregrinandovi, Dante viveva la sua vita in Italia, e che era perciò ragionevole che in una parte di questa avesse collocato la selva, incorrerebbe in una fastidiosa banalità. A non tener conto che allegorie e metafore hanno il loro luogo in sé stesse, non può non aggiungersi che, come l'Inferno, la selva era aperta, non a uomini di una particolare nazione, ma all'umanità: allo stesso modo che a questa erano dedicati sia il colle illuminato dal sole, se il suo significato era quello dell'Impero universale, sia il monte del Purgatorio, se a esso erano destinati tutti coloro che, attraverso le sue balze, si fossero messi in cammino nella direzione del cielo. Che perciò stesse in un luogo che, essendo tale, non consentiva tuttavia di essere definito come un determinato luogo, si deduce dal silenzio che Dante mantenne su questo punto. Ma occorre onestamente riconoscere che si tratta di una deduzione, quanto meno, problematica.

18. Se il primo canto non contiene, rispetto al luogo in cui era collocata la selva, indicazioni che valgano a situarla in uno sicuro, il secondo non offre, al riguardo, niente di più. Dal primo verso al penultimo vi sono descritti i timori suscitati in Dante dall'assoluta eccezionalità dell'impresa a cui era chiamato, dalle esortazioni di Virgilio perché superasse angosce

41. *If* I 93-96.

e paure, dalla parte svolta in cielo da Beatrice, e quindi dall'impetuoso irrompere, della decisione di accettare la sfida. Soltanto ai vv. 141-142, gli ultimi del canto, si accenna al luogo da cui il viaggio aveva avuto inizio: «...e poi che mosso fue,/ intrai per lo cammino alto e silvestro». Ma non, come si è già osservato, a quello di arrivo e alla sua descrizione. Se definita così, la questione del luogo che ospitava la selva è, piaccia o non piaccia, ben definita, resta, invece, da dire qualcosa sulla collocazione dell'Inferno. Deve subito osservarsi che, se la domanda era legittima per la selva, non altrettanto lo sarebbe stata, e non lo sarebbe, per l'Inferno, che nel canto trentesimoquarto della prima cantica fu ben definito nella posizione che occupava nel nostro emisfero. Resta tuttavia che, come si è già notato, per conoscere la sua collocazione nella terra il lettore deve passare per i canti che dall'inizio del terzo giungono all'ultimo, e concentrare la sua attenzione su quel che è detto nei versi che da quello segnato col numero100 vanno alla fine del canto, avendo constatato che nella prima cantica non ci sono luoghi in cui la questione sia affrontata. È una circostanza, questa, che, per la sua singolarità non può andare senza un tentativo di spiegazione; che si rende tanto più necessario se si considera il diverso modo tenuto, nel descrivere la situazione dell'aldilà, da Virgilio. Il quale non attese la fine del racconto per dire dove il relativo antro fosse collocato, ma, ordinatamente, comincò dall'inizio. Dante, invece, procedette in senso inverso. Quando, pervenutivi attraverso un percorso non descritto, i due poeti si trovarono dinanzi alla porta dell'Inferno, varie parole furono spese per definirne l'eternità, nemmeno una per consentire l'individuazione del luogo. Quel che non era avvenuto nel canto terzo avvenne nel trentesimoquarto. Alla domanda formulata da Dante («prima ch'io de l'abisso mi divella,/ maestro mio, – diss'io quando fu' dritto – a trarmi d'erro un poco mi favella./ Ov'è la ghiaccia? e questi com'è fitto sì sottosopra/ E come, in sì poc'ora/ da sera a mane ha fatto il sol tragitto?», vv. 100-105), Virgilio era stato lui a fornire la vera spiegazione e a indicare il punto preciso in cui l'Inferno era collocato. Era collocato giusto sotto il luogo in cui «consunto/ fu l'uom che nacque e visse sanza pecca»; e il luogo era Grerusalemme, che qui per altro non era nominata, l'uomo era Cristo, nato e vissuto senza peccato. Le simmetrie morali, la polare contrapposizione fra Cristo e Lucifero, prigioniero nel suo regno, e fra Gerusalemme e l'Inferno, furono studiate con tanta cura quant'era quella che Dante aveva posta nella spiegazione fisica; che qui, per altro, non occorre né mettere a confronto con la diversa spiegazione fornita da Beatrice in *Paradiso* XXIX 49-54 e con quel che si legge nella *Quaestio de aqua et terra*, né commentare dopo le ottime esegesi che ne sono state date.[42] Resta, tuttavia, da capire la ragione per la quale della collocazione dell'Inferno, il cui baratro si apriva nel luogo sottostante Gerusalemme, e quindi nel «nostro» emisfero, Dante non parlasse se non alla fine della prima cantica. Non è una ragione che si riveli con facilità a chi la indaghi. Si potrebbe tuttavia proporre che, poiché, fin dall'inizio, aveva avuto chiaro nella mente che dall'Inferno non si usciva se non prendendo diretto contatto con il corpo di Lucifero che stava prigioniero nella sua parte più profonda, la descrizione del luogo non sarebbe stata possibile se non nel momento in cui vi fosse pervenuto e il contatto si fosse stabilito. È una spiegazione che, senza accusare sé stessa di falsità o improbabilità, non finirebbe tuttavia di persuadere, e resterebbe estrinseca, se non si aggiungessse che, per quella via, entrato in contatto con il signore del male, Dante gli recava un paradossale omaggio riconoscendo in lui la nota dell'eternità. È una spiegazione plausibile, che tuttavia, anche se la si preservi da impropri svolgimenti modernizzanti, non soddisfa e richiede che se ne delinei un'altra. Nel momento in cui, nel suo nome stava per accadere ciò che non era stato possibile se non a Cristo quando era disceso nel Limbo per trasferire in cielo i patriarchi del Vecchio Testamento, era impensable che Dante non sentisse risuonare dentro di sé il monito della Sibilla virgiliana e che a lui non accadesse di ritradurne in termini cristiani, il tetro avvertimento: «sate sanguine divom,/ Tros Anchisiade, facilis descensus Averno;/ noctes atque dies patet atri ianua Ditis;/ revocare gradum superasque evadere ad auras,/ hoc opus, hic labor est».[43] Certo, a differenza di questa che notte e giorno era aperta, non necessariamente così si presentava la porta dell'Inferno, che Dante non disse, a rigore, se fosse aperta o chiusa quando vi giunse davanti, e se ad aprirla ogni volta fosse il sopraggiungere di chi fosse stato destinato ad abitarlo per sempre. Allo stesso modo, non c'era materiale accordo fra quel che la Sibilla aveva proclamato a proposito della difficoltà di uscirne e quel che, al riguardo, era pensato da Dante, il quale sapeva bene che dall'Inferno uscire era, non difficile, ma impossibile. L'eccezione, tuttavia, era stabilita da lui, che vi era entrato da vivo, e, ora che stava per uscirne, era sul punto di comprovare l'eccezionа-

42. Si veda, in particolar modo, Nardi, *«Lecturae» e altri studi danteschi*, pp. 87-88, e Stabile, *Dante e la filosofia della natura*, pp. 156 ss.

43. Verg. *aen.* 6, 126-129. Su questi versi osservazioni e bibliografia nel commento di E. Paratore, in Virgilio, *Eneide*, tr. di L. Canali, III, Milano 1995, pp. 228-229.

lità del viaggio che aveva compiuto nel regno del male. La decisione per la quale egli riservò alla fine della cantica infernale quel che avrebbe potuto esser posto all'inizio, fu presa, forse, per sottolineare la straordinarietà di un'impresa che prevedeva come possibile quel che, non essendolo in assoluto, lo sarebbe stato per chi dalla divina provvidenza fosse stato destinato a essere il nuovo e vittorioso Ulisse, e il nuovo Adamo. Nel descrivere la formazione del baratro infernale, e necessariamente, perciò, partendo dal basso, Dante indicava il passaggio (la «burella») che gli avrebbe permesso di proseguire il viaggio nell'altro polo, nella direzione del Purgatorio e, di lì, dei cieli paradisiaci. Collocando alla fine quel che bene avrebbe potuto porre all'inizio, per il tramite di questa inversione egli suggeriva al lettore la linea di un'interpretazione che svelava il senso profondo del viaggio e la sua radice apocalittica.

# Indice dei nomi

# Indice dei personaggi danteschi

Finito di stampare
nel mese di gennaio 2019
da The Factory srl
Roma